Renaître à la spiritualité

Richard Bergeron

Renaître à la spiritualité

FIDES

Données de catalogage avant publication (Canada)

Bergeron, Richard, 1933-
Renaître à la spiritualité

ISBN 2-7621-2468-9

1. Vie chrétienne – Christianisme. 2. vie spirituelle.
3. Expérience religieuse. I. Titre.

BV4502.B47 2002 248.4'8 C2002-941200-5

Dépôt légal : 3e trimestre 2002
Bibliothèque nationale du Québec

Les Éditions Fides remercient le ministère du Patrimoine canadien du soutien qui leur est accordé dans le cadre du programme d'aide au développement de l'industrie de l'édition. Les Éditions Fides remercient également le Conseil des Arts du Canada et la Société de développement des entreprises culturelles du Québec (SODEC).
Les Éditions Fides bénéficient du Programme de crédit d'impôt pour l'édition de livres du Gouvernement du Québec, géré par la SODEC.

IMPRIMÉ AU CANADA

Oui, je me lèverai
et j'irai vers moi-même.

Mes remerciements et ma reconnaissance
s'adressent à Claudette Mayer,
fidèle collaboratrice depuis 15 ans,
dont la disponibilité et la compétence
n'ont jamais fait défaut.

INTRODUCTION

Le livre que voici a jailli de la vie, de ma vie. Il a pris naissance dans l'expérience d'un effondrement qui a emporté mon monde clérical et mon univers religieux et, avec eux, les grands modèles spirituels qui les encadraient, c'est-à-dire la spiritualité sacerdotale fondée sur la dignité du prêtre et destinée à féconder sa vie et sa fonction, et la spiritualité religieuse structurée autour des trois vœux de religion.

Suite à cet écroulement dont j'ai rendu compte, à ma façon, dans mon livre *Les Pros de Dieu*, il me fallait édifier un nouveau modèle de spiritualité pour le laïc et le séculier que j'étais devenu. Le vieux vêtement ne pouvait plus habiller le nouvel homme, ni l'ancienne maison abriter une nouvelle vie. Tout en restant attaché à la tradition chrétienne et aux grandes inspirations franciscaines, je me voyais contraint de reconstruire ma demeure spirituelle. Il me fallait à tout prix reconfigurer ma vie spirituelle selon les exigences d'une situation existentielle inédite pour moi. J'étais convoqué à advenir comme sujet spirituel dans la laïcité et la sécularité.

Après une vie passée en communauté, j'étais invité à développer une spiritualité ajustée à la « vie dans le monde ». Après une vie dans le clergé, je me devais d'explorer les possibilités d'une spiritualité laïque correspondant à mon nouvel état. Après une existence structurée autour des vœux de pauvreté, de chasteté et d'obéissance, il fallait me donner une spiritualité capable de redéfinir mon rapport aux biens matériels et à l'argent, de façonner ma nouvelle relation à la sexualité et à la femme et de diriger ma vie d'une manière socialement imputable et personnellement indépendante. Bref apprendre à vivre spirituellement comme un laïc dans un monde séculier et pluraliste.

En dépit de son paraître objectif et abstrait, ce livre cherche à répondre à une interpellation personnelle urgente. Quel genre de spiritualité dois-je élaborer pour vivre librement et humainement dans cette société qui est mienne, sans fuite nostalgique dans le passé et sans évasion utopique dans le futur ? Il n'y a pas de réponse toute faite à cette question. Je me contente dans ces pages d'offrir un cadre générique qui nous permette, à moi et à toi lecteur, d'y répondre selon nos situations spécifiques. Je ne fais pas ici l'exposé de ma spiritualité ni ne promeut aucun modèle spirituel. Mon propos est d'offrir des jalons pour l'élaboration d'une spiritualité pertinente à la culture contemporaine. *Vade-mecum* provisoire qui n'a rien d'un précis ou d'un traité de spiritualité. Rien qu'un essai théorique destiné à guider ma propre tentative de reconstruction.

Le schème présenté ici n'a pas été mijoté dans le huit clos d'un cabinet sans fenêtre. Grâce à l'initiative de Maria Côté, de la Commission scolaire des Patriotes, j'ai eu l'heureuse occasion, à de très nombreuses reprises au cours des deux dernières années, de présenter mes réflexions aux professeur(e)s de religion et de morale ainsi qu'aux préposé(e)s à la pastorale et à l'animation spirituelle de différentes commissions scolaires. Un dialogue s'est instauré entre eux et moi. Leur réaction, leurs questions et leurs critiques m'ont obligé à ajuster mon tir et à fignoler mon modèle théorique. Mon livre est donc aussi leur œuvre et ils sauront s'y reconnaître.

Ma préoccupation ne se limite pas aux horizons de mon univers subjectif, elle se veut ouverte sur le vaste monde. Je réfléchis sur « mon » problème spirituel dans le contexte général de la société et de l'Église. Que l'une et l'autre connaissent une crise spirituelle profonde, cela tient de l'évidence ! D'une part, malgré ses étonnantes réalisations et ses précieux acquis, la modernité n'a pas tenu ses promesses de bien-être et d'accomplissement humain. Bien au contraire, ses dérives ont abouti à des apories qui assiègent l'individu dans sa subjectivité et son humanité. Paradoxe étonnant : l'humanisme moderne se tourne contre le sujet qui se dissout dans une outrageuse affirmation de soi.

Quant au christianisme, force nous est de reconnaître que le système catholique, hérité du Moyen Âge et de la Contre-Réforme, est devenu obsolète et tombe en désuétude. Les gens le désertent, souvent au nom même de leur quête spirituelle. À leurs yeux, l'Église n'est plus la source d'eau vive capable d'étancher leur soif. Le problème de l'Église, écrit le grand Henri de Lubac « est un problème *spirituel*... La conception chrétienne de la vie, la spiritualité chrétienne, l'attitude intérieure qui, avant tout acte particulier et tout geste extérieur, définit le chrétien : voilà ce qui est la cause[1] ». Ce qui est en cause c'est le « pouvoir spirituel » de l'Église, c'est-à-dire sa capacité de dynamiser spirituellement la culture contemporaine et de nourrir l'*homo spiritualis* séculier.

Que faire ? D'un côté, l'État n'est pas qualifié pour proposer une quelconque spiritualité. Et de l'autre, la religion traditionnelle est en panne de crédibilité spirituelle. Il ne suffit pas de rafistoler de vieilles spiritualités élaborées sur l'arrière fond de conceptions du monde révolues et de visions négatives du corps et de la femme et articulées à partir d'une culture dont les réseaux sémantiques et les représentations symboliques nous sont devenus étrangers. Devant des exigences inédites, la spiritualité, chrétienne ou autre, est appelée à se redéfinir. Se redéfinir, d'une part, en s'arrimant aux acquis de la modernité séculière et pluraliste tout en protestant contre les règles falsifiées du jeu social ; et, d'autre part, en s'abouchant au donné éprouvé des grandes traditions philosophiques et spirituelles tout en les décantant de leurs scories ou de leurs gangues culturelles. Travail d'assimilation, d'adaptation et surtout d'inculturation. Réinterprétation risquée et ajustements aux requêtes de la conscience et de la sensibilité contemporaines. Spiritualité de dialogue, mais aussi de résistance ; d'accueil du passé, mais aussi de refus du dépassé.

Partir, abandonner les sentiers usés par tant de sandales vénérables, pour s'avancer sur des terres inconnues et y faire lever des significations inédites et des formes de vie originales : voilà ce qui nous est demandé. Toute spiritualité doit se redéfinir chaque fois qu'émerge un nouveau contexte culturel. La spiritualité chrétienne n'échappe pas à cette loi de la vie, puisque loin d'être « la mouture ou la vulgarisation de systématisations acquises, elle est l'exploration

1. Henri De Lubac, *Le drame de l'humanisme athée*, Lyon, Éd. Spes, 1944, p. 92.

hasardeuse, en avant des formules, dans une expérience dont les balises n'ont pas de noms chrétiens[2] ». Oser une spiritualité chrétienne porteuse de promesses d'avenir.

J'aime croire que ce livre s'adresse à tous : chrétiens, croyants de toutes allégeances, agnostiques et même athées. Au nom de quoi pourrais-je nier à celui qui est incapable de croire la possibilité de mener une vie spirituelle ? Ce livre est pour tous et n'exige aucun préalable de quelque ordre que ce soit. Il propose un schème générique nettement anthropologique élaboré à l'aide de la philosophie, de la théologie, de l'anthropologie culturelle et de l'histoire de la spiritualité. À partir de ce schème, chacun est invité à édifier sa propre spiritualité, compte tenu de ses croyances, de ses affinités spirituelles, de ses obligations sociales et de ses appels intérieurs. Quant à moi, je l'utilise pour me fabriquer un nouveau modèle de spiritualité à la suite du Maître de Nazareth.

Dans la philosophie occidentale jusqu'au XVIIe siècle et dans la théologie officielle jusqu'à aujourd'hui, tout était pensé à partir de Dieu et après lui. D'abord Dieu ; puis, en rapport avec lui, l'homme et l'univers. Dieu était logiquement, moralement et métaphysiquement avant l'être humain. Logiquement : la théologie était la reine des sciences. Moralement : la volonté divine était le fondement de l'éthique. Métaphysiquement : Dieu était vu comme la cause première de tout être. La spiritualité chrétienne traditionnelle a toujours cherché en Dieu son fondement ; elle s'est moulée dans ce mouvement descendant de Dieu vers l'homme.

En contraste, mon approche est nettement anthropologique. Avec la modernité, s'accomplit le renversement des perspectives. Le monde s'est inversé. À mesure que l'espace public devenait profane, la référence au divin reculait et l'homme passait à l'avant-scène. La culture séculière actuelle accorde le primat à l'humain ; le mouvement part désormais de l'être humain ; car c'est en l'homme d'abord, dans sa raison et dans sa liberté — et non plus dans la divinité — qu'il faut découvrir la dignité du sujet et fonder de nouvelles formes de spiritualité compatibles avec les acquis de la modernité, pertinentes à la culture et respectueuses de la sensibilité contemporaine. Une spiritualité non pas horizontale et plafonnée à

2. Fernand DUMONT, *Une foi partagée*, Montréal, Bellarmin, 1996, p. 123-124.

l'humain; mais une spiritualité d'en-bas qui s'inscrit dans un mouvement ascendant vers… l'innommable.

Je cherche un modèle de spiritualité fondé sur l'humain et enté sur la conscience et la subjectivité dont on sait l'importance pour la modernité. Devenir conscient de sa propre conscience et se concentrer sur la façon dont le monde existe pour soi et en soi. Retrouver les sources de son moi, non seulement en remontant le cours de l'histoire occidentale[3], mais en allant en amont de son propre présent et au-delà de ses personnages. L'affirmation moderne de la subjectivité n'enferme pas le sujet dans le huis clos de l'*ego* narcissique. Loin de signer la mort de l'*homo spiritualis*, elle offre des possibilités nouvelles à la spiritualité. Passe la spiritualité fondée sur des données extérieures, sur des croyances objectives et sur toutes espèces d'autorité patentée ! Vienne la spiritualité qui, sans mépriser l'hétéronomie, pose ses assises sur les structures de la subjectivité et de la conscience.

Ma démarche se déploie selon quatre grands axes de réflexion. Le premier traite de la panne spirituelle actuelle et de la façon d'en sortir; le second, de l'œuvre spirituelle. Dans le troisième, j'amorce les difficiles relations entre la spiritualité et la religion; et dans le dernier, je dégage les grandes coordonnées d'une spiritualité d'avenir.

Un avertissement pour finir. Le ton didactique de cet essai et la circularité de la démarche entraînent la reprise de certains thèmes sous des angles complémentaires. Ce qui peut sembler une répétition n'est en réalité qu'une requête de la forme adoptée. Méthode oblige !

3. Charles Taylor, *Les sources du moi : la formation de l'identité moderne*, Montréal, Boréal, 1998.

PREMIÈRE PARTIE

En quête de spiritualité

La vie spirituelle est indissociable du contexte socioreligieux ; elle se construit à même les éléments trouvés dans la culture ambiante et en réaction contre les règles falsifiées du jeu social. Or, la société est en panne, de même que les Églises traditionnelles. Les dérives de la modernité et l'écroulement du système catholique romain ont porté atteinte à la subjectivité et au principe d'humanité. C'est la crise spirituelle ? Y a-t-il moyen de sortir de l'impasse ? Y a-t-il quelque part une passe ? Cette première partie analyse brièvement la panne socioreligieuse, dégage quelques éléments de la crise spirituelle actuelle et analyse longuement le lieu et le processus de la passe.

CHAPITRE 1

L'impasse

En spiritualité tout commence par une panne. L'expérience de l'impasse est l'élément déclencheur de la démarche spirituelle. On se met en marche parce que ça ne marche plus et qu'on est malheureux qu'il en soit ainsi. On ne décide pas comme ça, à l'improviste, un bon matin en prenant son café sur la terrasse, de s'arracher à ses sécurités, à ses habitudes, aux idées reçues, aux stéréotypes sociaux et aux façons de faire reçues. Ça vient de loin, ça vient de creux, ça vient de haut. Si la partance spirituelle se fait en réponse à un appel aussi mystérieux qu'irrésistible surgissant de quelque caverne ténébreuse, elle se fonde aussi sur la prise de conscience qu'on tourne en rond et qu'on s'active sans avancer. C'est la panne.

I- La panne sociale

La modernité est en panne. La civilisation moderne croyait se diriger vers un avenir de progrès illimité, grâce aux développements conjoints de la raison instrumentale, de la science, de la technique, de l'économie et de la démocratie. La modernité n'a pas tenue ses promesses alléchantes. Les forces de mort et d'asservissement ont détourné de leur finalité les instruments de la modernité et ont sapé les piliers qui lui servaient d'assises. La foi inconditionnelle dans le progrès et dans le pouvoir de la science et de la technologie se trouve gravement ébranlée. Après la révolution tranquille, c'est la désillusion paisible. Quel mécompte et quel désappointement!

Finies les utopies ! Le prix à payer pour le progrès est vraiment trop lourd ! Décidément la soi-disant croissance produit trop de déchets.

Le sujet en danger

Tout en reconnaissant les apports incontestables de la modernité, les observateurs reconnaissent qu'elle a fini par assiéger l'être humain dans sa propre subjectivité. Et cela est dû au fonctionnement même du type de rationalité qui lui a donné naissance et en a assuré la grandeur.

On sait que la rationalité moderne, qualifiée d'instrumentale et de fonctionnelle, se caractérise par la dissociation du sujet et de l'objet connu, par la fragmentation du réel et la parcellisation du savoir. N'étant pas pris en compte dans l'acte de connaître, le sujet risque d'être oublié. Pour la rationalité moderne, la subjectivité brouille le véritable savoir qui, lui, ne peut être que de nature objective. L'objectivité est le guide absolu de la démarche rationnelle. Mais la mise entre parenthèses obligée de la subjectivité risque d'aboutir à l'oubli du sujet dans ses déterminations concrètes.

Cette rationalité s'épanouit dans un éventail illimité de sciences physiques qui étudient l'univers, sans prise en compte de l'être humain. Même les sciences humaines, qui traitent de l'homme, de son corps, de sa psyché et de son cerveau, l'objectivisent, elles aussi ; elles le voient volontiers comme une machine ou comme un ensemble d'organes éventuellement remplaçables. Cette conception mécaniste risque de masquer ce qui constitue l'humanité même de l'homme.

Faisons un pas de plus. Grâce à la technologie, la modernité s'est dotée de techniques, d'instruments et de machines capables d'assurer non seulement une parfaite connaissance du fonctionnement de l'univers, mais encore une domination toujours plus étendue sur la nature. S'en est suivie une extraordinaire capacité de transformation et de production. Transmuter la planète pour en faire une demeure pour l'être humain. Aménager la terre pour la rendre fertile et habitable. Produire assez des biens pour assurer non seulement la subsistance mais l'abondance.

Monde vu comme une immense carrière à exploiter, comme un réservoir inépuisable de ressources à extraire et d'énergies à capter et à harnacher. Non sans risquer de provoquer des problèmes écologiques graves et de mettre en péril l'environnement. Non sans risquer surtout de compromettre le fragile équilibre du rapport de l'homme avec la nature. Pas besoin d'être grand clerc pour constater que tout cela n'est pas sans menacer l'être humain dans sa dimension cosmique.

De plus, les moyens mis en œuvre se sont révélés d'une extrême efficacité, capables de surmonter tous les obstacles et de produire rapidement une immensité de biens. Monde d'objets. Société de consommation et d'abondance. Il n'est pas illusoire le danger de voir le sujet suffoquer sous le poids des choses. Pas illusoire non plus le risque de ne considérer l'individu que comme pouvoir d'achat.

Les dangers potentiels inhérents à la modernité ont été aggravés par la gérance autarcique du principe économique sur le culturel et le sociopolitique. Devenue norme absolue et instance suprême, l'économie, grâce entre autres à la mondialisation des marchés, a réussi à imposer son hégémonie trans-frontalière et à dicter sa loi d'airain à tous les secteurs de la vie individuelle et sociale. Le principe économique s'est emballé sous l'impulsion de la compétition, de la rentabilité, du profit et du dogme de la croissance à tout prix. Et cela, au prix des pires catastrophes écologiques, de la dégradation de l'environnement, de l'extinction des espèces animales et de la destruction des écosystèmes. Au prix d'un clivage scandaleux entre pays bien nantis et nations pauvres, et à l'intérieur des pays riches, entre la minorité des fortunés et la classe moyenne ou pauvre. Au prix de la qualité de vie, de la solidarité sociale et des rapports harmonieux et pacifiques entre les citoyens.

Au prix surtout du *sujet*. Le sujet est non seulement oublié, il est tout simplement sacrifié sur l'autel du dieu Profit. Tout est mis au service de l'argent : la science, la technique et la politique. Même les valeurs démocratiques sont vassalisées et détournées de leur finalité propre par le principe économique. Qu'advient-il du sujet en pareille occurrence ? Il n'est guère plus qu'un objet de savoir, une force de travail, une machine à consommer ou un numéro-matricule. Que reste-t-il de la subjectivité, de la conscience, de l'identité personnelle et de l'originalité de chacun ? L'objectivation de l'individu a-t-elle signé la mort de la subjectivité ?

Le principe d'humanité

Allons plus loin et reconnaissons que ce n'est pas seulement la subjectivité de l'homme qui est sacrifiée, c'est son humanité même. Ce qui est en cause, comme le montre avec force Jean-Claude Guillebaud, c'est le principe d'humanité[1]. Pèche contre le principe de l'humanité, tout ce qui nie la dignité de l'humain et bafoue ses droits fondamentaux, tout ce qui est de nature à le réduire, en théorie et en pratique, à l'animal suite à la transgression des barrières des espèces et à la violation des seuils de la vie. Faire rétrograder l'humain au statut d'animal. *Homo* animal.

Pèche contre le principe d'humanité tout ce qui tend à réduire l'être humain à une machine ultra sophistiquée, à un jeu complexe de connexions neuronales capables d'induire une intelligence artificielle et des processus de conscience. Cet *homo* neuronal sans subjectivité est corporellement une mécanique qui remonte elle-même ses propres ressorts, une machine à laquelle on peut greffer des organes en provenance de tiers humains ou d'animaux (xénogreffe), et à l'intérieur de laquelle on peut poser des implants et des prothèses tous azimuts. C'est l'apparition de Cyborg, de l'homme augmenté, dans lequel la différence de l'humain avec la machine n'est plus un problème de frontières infranchissables, mais de proportions et de dosage[2].

Pèche contre le principe d'humanité tout ce qui abaisse l'être humain au rang de chose, tout ce qui le fait rétrograder au statut de marchandise et de force de travail. Brevetalibilité du vivant, commercialisation des organes, stockage d'embryons, de cellules et d'organes. Corps instrumentalisé, approprié, accaparé, vendu, fragmenté, breveté. *Homo* objet d'échange et de commerce, ravalé au rang de moyen et d'instrument.

Somme toute, l'objectivation ne se limite pas à priver l'individu de sa subjectivité; elle le dépouille aussi de ce qui constitue son humanité. Telle est la conséquence du principe économique qui, emballé comme une roue d'air par la force du profit et par les lois objectives du marché, perd sa visée anthropocentrique et devient incapable de garder l'humain dans sa mire. Se drapant de la plus pure rationalité scientifique et même des valeurs démocratiques, le

1. Jean-Claude GUILLEBAUD, *Le principe d'humanité*, Paris, Seuil, 2001.
2. Laurence PLÉVERT, « Cyborg. L'homme augmenté », dans *Eurêka*, 50 (mars 2000).

principe économique fait appel aux techniques les plus sophistiquées pour asservir tous les secteurs de la société et principalement l'être humain dans sa subjectivité et son humanité. L'économie est devenue un monstre anthropophage, un moloch mangeur de chair humaine. Dans la conjoncture actuelle, on serait justifié de traduire l'antithèse évangélique « Dieu ou l'argent » en langage anthropologique, « l'homme ou le capital ». Partout la loi du marché et de la rentabilité l'emporte sur les considérations spirituelles, morales et politiques. Les impératifs humanitaires et écologiques ne pèsent pas lourds dans la balance. La course frénétique au profit contamine tout, jusqu'aux principes fondateurs de la culture moderne. Le résultat : le sujet est dépouillé de sa subjectivité et l'être humain de son humanité. C'est la panne.

Qu'advient-il de l'individu lorsqu'il se sent écrasé dans sa subjectivité et son humanité ? Ou bien il désespère d'exister comme sujet et se résigne bon an, mal an, à son aliénation en jouant à plein les règles du jeu et en travaillant plus pour pouvoir consommer davantage ou accumuler biens, argent ou dettes. Ou bien il se dresse dans l'affirmation outrancière de son ego ; il poursuit l'incontournable excellence qui lui permet de performer, de soutenir la compétition et de se faire une niche honorable dans la société. Ou bien il procède à un investissement narcissique dans sa petite personne qu'il traite aux petits soins : cures de jouvence, soins de santé, massages, thérapies et tous ces « bouillons de poulet » pour l'âme. Ou bien, en désespoir de cause, il se fuit littéralement et s'étourdit dans les divertissements, le jeu, l'alcool, la drogue ou le vagabondage sexuel. Autant de solutions pathogènes. Les adopter, c'est jouer sa vie. Que de troubles psychologiques, que de problèmes émotionnels trouvent leurs racines dans ce vide de l'âme qui cause le vertige.

II- La panne religieuse

D'emblée je reconnais que l'idée chrétienne — le christianisme sous toutes ses formes — a largement contribué à façonner l'âme occidentale et à fabriquer un modèle d'humanité qui a ses lettres de noblesse. Je voudrais seulement montrer comment le système catholique romain a finalement joué contre la subjectivité et péché contre le principe d'humanité. Contre la subjectivité, en favorisant une objectivation hypertrophique de l'idée chrétienne. Contre le principe d'humanité, en s'opposant à la modernité et au modèle d'humanité dont elle était porteuse.

L'objectivité

Au début du christianisme, c'est l'effervescence de l'idée et du charisme. L'expérience passionnante de Jésus et celle de la première communauté lancent dans le monde un dynamisme spirituel irrépressible. Puis s'opère le passage à l'institution. L'idée chrétienne assimile les matériaux culturels qu'elle rencontre sur sa route. Ainsi se sont élaborés une structure hiérarchique modelée sur l'empire romain, un corpus doctrinal inspiré du platonisme et un système éthique grandement redevable à la pensée païenne, au stoïcisme en particulier. La petite communauté chrétienne va devenir, trois siècles après sa naissance, la religion officielle de l'Empire romain. À mesure qu'elle s'éloignait de ses racines, l'intuition originale s'estompait au profit d'une institution toujours mieux structurée dont l'omnipotence finira par s'imposer à tout l'Occident.

Le passage à l'institution a été, de fait, un processus d'objectivation. L'Église est devenue une organisation fortement structurée et savamment réglée par un ensemble impressionnant de législations : règlements, canons, constitutions, lois, ordonnances. Monde parfaitement objectif où la vie des individus, la pratique de la communauté et les relations hiérarchiques sont déterminées et contrôlées jusque dans les moindres détails. L'idée chrétienne initiale est comme oppressée dans un cadre si minutieux. L'institution, fonctionnant indépendamment de l'idée qui l'a fait naître, définit un monde objectif qui se tient en lui-même indépendamment des individus.

L'idée initiale s'est transmuée en idéologie. L'expérience originelle s'est pétrifiée dans une tradition d'interprétation qui se présente comme un bloc monolithique immuable. La communauté des croyants disparaît pour ainsi dire au profit d'une hiérarchie cléricale qui s'identifie, de fait, à l'Église elle-même. La vérité est coulée dans des formules intemporelles et infaillibles ; le principe moral est codifié dans un système de lois dont l'observance conduit tout droit au ciel ; et le système sacramentel est pourvu d'une efficacité objective, *ex opere operato*.

Tout fonctionne en soi et par soi, sans référence à l'individu aux prises avec sa quotidienneté et son expérience subjective. Le vrai est contenu objectivement dans la formule ; je dois croire non parce que c'est vrai pour moi, mais parce qu'un dogme ou une voix infaillible m'y oblige. Ce qui est moralement bon pour moi est déterminé par des instances lointaines qui ne connaissent rien de ma vie. La parole que Dieu m'adresse aujourd'hui se présente sous la forme d'un texte inerte, écrit il y a deux mille ans. À mon angoissante question : Que dois-je faire pour accomplir la volonté de Dieu ?, c'est une prescription objective, une loi neutre et l'ordre d'une autorité extérieure qui répondent. Sans me connaître, ils me disent comment je puis plaire à Dieu dans le concret de ma pratique. Le sujet que je suis disparaît sous la chape de l'objectivité. Le vrai, le bon, le moral, la volonté de Dieu sont définis sans jamais prendre en compte ma situation subjective concrète. D'ailleurs ce qu'on attend de moi, c'est que je sois bon pratiquant, muet devant l'autorité, soumis aux prescriptions et interdits.

Le sujet individuel vaut-il qu'on s'en préoccupe ? Ne relève-t-il pas du domaine de la relativité et de l'impermanence ? Les individus passent, dit-on, mais les institutions demeurent. Cette maxime générale se vérifie à merveille dans l'Église, elle qui se pose comme dépositaire de promesses éternelles. Le système ecclésial se veut immuable comme la vérité révélée qu'il entend servir. Aucun changement substantiel ne peut s'y opérer puisque le système infailliblement défini remonte prétendument au Christ, son divin fondateur, qui l'a voulu tel qu'il est avec ses sept sacrements, son régime doctrinal, sa hiérarchie cléricale et sa suprématie papale. Rien ne doit et ne peut évoluer. Puisque l'appareil se réclame pour l'essentiel de la volonté explicite du divin Fondateur ou de Dieu lui-même, aucun changement n'est possible, sauf peut-être la longueur des chandeliers et le bleu marial, et encore !

Cette absolutisation des structures par le recours à la volonté suprême du Christ a engendré une forme d'objectivation pétrifiée qui nie finalement l'histoire et la relativité de toute chose et de tout événement. D'où l'immutabilité des formes dans lesquelles la vie et la vérité se trouvent enfermées. En moulant la vérité religieuse dans des formules intangibles, en coulant la volonté divine dans des lois morales et ecclésiastiques et en communiquant la grâce divine par des conduits sacramentaires objectivement efficaces, que fait-on finalement sinon emprisonner Dieu et l'homme dans le cercueil de l'objectivité ? Ainsi se trouve barré l'accès à la vérité de Dieu et à la connaissance de soi comme sujet libre. Le Dieu objectif de la religion chrétienne devient un Dieu docile entre les mains des pouvoirs religieux et civils qui le réduisent à leur service.

L'objectivation de Dieu a bien servi les classes cléricales, la noblesse et la bourgeoisie au détriment des petites gens, du bon peuple qu'on a maintenu dans la soumission et la servilité. Au nom d'un Dieu présenté le plus souvent sous les traits d'un législateur minutieux, d'un grand inquisiteur, d'un préfet de discipline et d'un juge impitoyable, on pouvait semer la peur, culpabiliser le peuple et exiger de lui conversion, contrition et soumission. Le « monde » n'était-il pas dévoyé, pécheur et perdu ? Une *massa damnata* dont pouvaient s'échapper quelques joyeux naufragés. En réalité, le pouvoir ecclésiastique avec ses structures d'objectivité est incapable d'aimer véritablement les humains. Ou plutôt il les aime à condition qu'ils soient dociles, bien-pensants et canoniquement corrects. C'est dire qu'il n'aime que leur servilité. Il n'est guère de place pour la liberté de pensée et de conscience dans le système catholique ; et les gens libres qui s'y trouvent savent trop le prix fort à payer pour afficher leur liberté. Aussi préfèrent-ils souvent le mutisme, la diplomatie, les stratégies d'obéissance et les camouflages édifiants. Le système ecclésiastique des temps modernes a exercé une influence délétère sur la subjectivité et la liberté de l'individu.

À l'apogée du Moyen Âge, le système et l'idéologie catholiques avaient réussi à juguler tous les secteurs de l'espace public. La société était devenue chrétienne. En régime de chrétienté, l'Église déborde les frontières de la religion et étend son influence et son contrôle sur les institutions civiles, le régime social et la culture ambiante. Somme toute, l'Église et la société ne font qu'un. Être homme et être chrétien, c'est la même chose. La très puissante Église médiévale a produit un modèle de société et un type d'humanité bien spécifiques. Toute liberté, toute forme culturelle, tout geste politique et toute pensée ne trouvaient leur vérité, aux yeux du pouvoir, que dans leur conformité au système ecclésiastique. Dans *Unam Sanctam*, le pape Boniface VIII (1294-1303) se prétend le seul à pouvoir porter légitimement le titre d'empereur ; il proclame la suzeraineté pontificale sur tous les rois et tous les empereurs. C'est la fusion du temporel et du spirituel.

Le test de la tolérance ecclésiastique a lieu quand la liberté sort de son silence et se dresse dans la dissidence. C'est alors que l'arsenal des moyens de répressions sont mis en œuvre pour neutraliser ces méchants garnements païens, hérétiques, schismatiques, musulmans, athées et libres penseurs. Avec l'inquisition pontificale en 1215, l'Église médiévale part en guerre contre l'humanité dissidente. Et avec l'inquisition espagnole (à partir de 1483) l'Église de la renaissance et de la modernité continue à user de force, d'intimidations et de sévices pour que soit maintenue la sainte alliance du glaive et du goupillon, du spirituel et du terrestre, de l'homme et du chrétien, du religieux et du politique. Impossibilité de concevoir le monde, la société et l'homme autrement que chrétiens. C'est à prendre ou à laisser. L'Église oppose une fin de non recevoir tragique à l'humanité nouvelle qui commence à émerger à la Renaissance ; et cela, au profit du maintien forcé du modèle médiéval d'humanité.

Contre la modernité

En se dressant contre toute nouveauté, le concile de Trente (1545), qualifié à juste titre de concile de la Contre-réforme, a donné le ton à ce que sera l'Église des temps modernes jusqu'au concile de Vatican II, en 1962. L'Église post-tridentine dans ses plus hautes instances a été une église contre… : contre la réforme protestante, contre les sciences physiques et historiques, contre la liberté de conscience en matière religieuse ; contre le pluralisme chrétien et religieux, contre les valeurs démocratiques, contre le droit de vote des femmes, contre l'Encyclopédie et les Lumières, contre le théâtre et l'opéra, contre le dialogue religieux, contre les droits de la personne, contre toute théologie non thomiste. L'Index des livres interdits prend des proportions inquiétantes. Toute liberté de pensée, de recherche et de conscience est dénoncée et bannie. Le pape Grégoire XVI (1831-1846) va jusqu'à écrire que « le principe de la liberté de conscience (en matières religieuses) est faux, absurde et débile[3]. L'Église post-tridentine apparaît, surtout à partir du XVIIIe siècle, comme un mur dressé contre la modernité. Plus s'érode le pouvoir du pape et du système ecclésiastique, plus se font tragiques les jérémiades pontificales sur les malheurs du temps et sur les doctrines

3. Cité par Leonard Swidler, *After the Absolute*, Minneapolis, Fortress Press, 1990, p. 4.

modernes si pernicieuses. On qualifie de « ismes », pour les mieux dénoncer, les idées nouvelles et les valeurs prônées par la modernité. L'autonomie de la raison, c'est du rationalisme ; la liberté de conscience, de l'indifférentisme ; la relativité historique, du relativisme ; la promotion des pauvres, du communisme ; les libertés individuelles, du libéralisme ; l'émancipation des structures sociopolitiques, du laïcisme ou du sécularisme ; la critique du système ecclésiastique, de l'anticléricalisme ; les valeurs de la modernité, du modernisme. Refus global de la modernité dont le *Syllabus* de Pie IX, en 1864, représente l'expression la plus achevée.

Certes, on prétend être et on est, de fait, pour la liberté *chrétienne*, la philosophie *chrétienne*, la justice sociale *chrétienne*, l'étude *chrétienne* des sciences, les valeurs *chrétiennes*, l'humanité *chrétienne*, la société *chrétienne*. Au fond, quand on dit « non » on veut dire « oui » et quand on est « contre » on veut être « pour ». On est « pour », mais à condition que tout soit en conformité avec la doctrine officielle et en accord avec l'autorité ecclésiastique. Quoi de plus normal, diront les apologistes chrétiens ; tout système ne cherche-t-il à promouvoir, à imposer et à maintenir sa propre idéologie, sa propre conception du monde et de la vie ? Soit. Mais ce qui me fait pleurer, c'est qu'on l'ait fait avec tant de raideur et d'acharnement, et qu'on n'ait reculé devant aucun recours pour maintenir le *statu quo* : bûchers, vexations, chasses aux sorcières, excommunications, interdits, semonces, privation de droits, culpabilisation, peur, contrôle, manigance, démotion.

Ce que je déplore par-dessus tout, c'est le refus global de la modernité. Pendant quatre cents ans, l'Église catholique s'est dépensée à défendre avec acharnement l'*homo christianus* et à empêcher l'émergence de l'*homo secularis*. Tout pour maintenir cliniquement en vie l'homme médiéval ; tout pour faire avorter l'homme moderne.

La philosophie et la théologie scolastiques ont été maintenues à bout de bras, à l'exclusion de tout autre modèle. Sclérose de la théologie dont Newman se plaint amèrement : « Il ne se fait plus de théologie ». Les structures sacramentelles et cléricales ont été conservées telles quelles, malgré les revendications des réformateurs de toutes couleurs ; la conception ptoléméenne de l'univers a été maintenue d'autorité ; le code de droit canonique est resté le même dans son ensemble; les conceptions anthropologiques n'ont pas bougé; enfin les formes traditionnelles de spiritualité nées dans l'antiquité ont été imposées à l'exclusion d'autres modèles. D'où l'interdiction de nouvelles règles monastiques après François d'Assise.

Les modèles classiques de spiritualité fondés sur une cosmologie et une anthropologie classiques ont fini par se révéler non pertinents pour l'homme moderne — à moins de les soumettre à une réinterprétation risquée et à une courageuse adaptation aux acquis de la culture et à la sensibilité contemporaine. Le signe le plus évident de cette non-pertinence, n'est-ce pas la désertion, pour ne pas dire la désertification, des communautés religieuses porteuses de ces modèles spirituels structurés autour des trois vœux de religion ? Et que dire des modèles de spiritualité populaire qui ont vu le jour au cours des temps modernes? Ils ont été incapables de s'arrimer à la modernité. Hilda Graef prétend que le XVIIIe siècle et plus encore le XIXe siècle furent des périodes de déclin spirituel[4]. Force nous est de reconnaître que les modèles consacrés et populaires de la spiritualité traditionnelle sont tombés aujourd'hui en désuétude.

Le discrédit qui a frappé l'Église, suite à son refus de la modernité et des questions inédites qu'elle posait, n'a pu hélas! être surmonté par le virage opéré par Jean XXIII et le concile Vatican II qui ont tenté une première ouverture aux principes et aux valeurs de la modernité. D'ailleurs de puissants lobbies s'exercent toujours en haut lieu pour que soit refermée la porte timidement entrouverte.

Est-il trop tard? L'Église peut-elle encore se rattraper? Peut-être, mais à condition qu'elle procède à une réinterprétation globale de sa doctrine, à une adaptation profonde de sa structure et à une inculturation courageuse de sa spiritualité[5]. Je doute que cela puisse s'accomplir un jour. Que peut-on attendre d'une institution qui a recours à l'infaillibilité, à l'autorité du Christ et à la volonté de Dieu pour justifier son système dogmatique, hiérarchique, sacramentel et moral? Toujours est-il que la majorité des gens n'y croit plus. Les églises sont vides, les communautés religieuses dépérissent, le clergé est en voie de disparition, les structures ecclésiastiques s'avèrent non pertinentes et le dogme est langue de bois. Une église en

4. Hilda GRAEF, *Histoire de la mystique*, Paris, Seuil, 1972, p. 250-267.

5. Voir à ce sujet le livre éclairant de Jean BACON, *Les cultures à la rescousse de la foi*, Montréal, Médiaspaul, 2001.

panne, quoi ! Les gens disent : adieu. Portant en bandoulière leurs griefs et leur méfiance, ils quittent, blessés, une institution qui ne les fait plus vivre.

III- La crise spirituelle

La conjonction de l'impasse sociale et de la panne ecclésiale a provoqué une crise spirituelle grave. D'une part, les dérives de la modernité ont assiégé la subjectivité et sapé sournoisement le principe d'humanité. La subjectivité est écrasée sous le poids de l'objectivation, de l'économisme et d'un usage perverti des notions de progrès, de développement et de croissance. L'heure de la déconstruction de la subjectivité a sonné. Le sujet désespère d'exister et de se poser dans son identité devant le monstre objectivant de l'état-entreprise. L'asservissement de l'être humain à la technique et l'assujettissement de la subjectivité à la rationalité marchande constituent des atteintes sévères à l'*humanum*. Le principe d'humanité est sapé par l'idéologie maquillée de la techno-science, de la génétique et de l'informatique. La mort de Dieu annoncée par Nietzsche était déjà connue. Ne fallait-il pas que Dieu meure pour que l'homme apparaisse dans toute sa splendeur et vive pleinement ? Or l'affirmation de l'homme s'est retournée contre lui : le glas a sonné. Déjà en 1966 Michel Foucault annonçait la mort de l'homme[6].

Assiégé dans son « je » et blessé dans son humanité, l'*homo secularis* contemporain est atteint non seulement dans son être psychique mais aussi dans sa spiritualité. Il a mal à l'âme. Il souffre confusément d'un vide intérieur, d'un malaise diffus, d'une vague insécurité et d'une absence de sens. C'est la déroute. La plupart de nos contemporains se résignent avec fatalisme, fuient dans le divertissement ou tentent de tirer leur épingle du jeu en jouant des coudes. Un grand nombre cependant se dressent et partent en quête de leur âme, de leur centre véritable. Poursuite d'un sens, d'un horizon ouvert et d'une humanité meilleure. La démarche relève du spirituel.

Se mettant à la recherche de l'*homo spiritualis*, c'est-à-dire du spirituel en lui, l'homme séculier se lève. Mais où aller quand on a tourné le dos à l'institution religieuse qui jusque-là offrait le sens,

6. Michel Foucault, *Les mots et les choses*, Paris, Gallimard, 1966.

les valeurs et la forme de vie? Convaincu de ne trouver rien qui vaille dans une religion qui a dit non à la modernité et qui ne cesse de condamner ses pratiques morales, sexuelles, bioéthiques et conjugales, l'*homo secularis* part à l'aventure, comme un prospecteur sans carte, ignorant l'abc de la topographie du monde spirituel. Comme un vagabond, il passe de maîtres en gourous, de sectes en gnoses, d'ésotérisme en occultisme, de thérapies en techniques corporelles, d'Occident en Orient. Il est partout : dans les ashrams, dans les sectes fondamentalistes, dans les cercles hermétiques, dans les groupes thérapeutiques, dans les religions orientales, dans les organisations humanitaires, dans les réseaux du Nouvel Âge et dans les groupes de potentiel humain. Il tâte de toutes les techniques : méditation, visualisation, concentration, yoga, arts martiaux, mantras, tai-chi, jeûnes, massages, rituels. Il est en recherche de bien-être et de souffle ; ou encore en quête d'identité et de réalisation de soi ; ou plus vaguement à la poursuite du divin. Il fréquente le comptoir des spiritualités au supermarché des religions et des sagesses primordiales. On y trouve de tout : de l'authentique et du frelaté. Des vendeurs tous azimuts : des sages, des apprentis et des escrocs. Des produits de toute nature : gnostique, ésotérique, occulte et parapsychologique. Des groupes de toutes appartenances : chrétienne, bouddhiste, hindoue, musulmane. Des systèmes fortement structurés et des amalgames syncrétistes.

Tout est jeté en vrac, pêle-mêle, sur la place publique. Chaque produit se présente comme le meilleur et prétend à une efficacité spirituelle hors pair. La situation n'est pas irénique : tensions, oppositions, compétitions et luttes maquillées sont au rendez-vous. La tolérance, la sympathie religieuse et l'esprit dialogal sont tellement difficiles ! Ou bien les groupes et les systèmes spirituels s'ignorent ; ou bien leurs relations sont gérées par le soupçon ou la méfiance. Un terrain si miné ne peut être que périlleux pour l'aventurier spirituel qui s'y engage. Le discernement n'est pas facile.

Les livres se multiplient qui dénoncent les dangers des sectes et des nouveaux mouvements spirituels : dangers pour l'individu, pour la famille et pour la société. Les croisades anti-sectes font toujours rage. J'ai moi-même pris part au débat pendant une vingtaine d'années. Par mes interventions et mes écrits, j'ai tâché de calmer les ardeurs des apologistes sectaires comme de leurs détracteurs. J'ai montré comment la position anti-secte repose ultimement sur la volonté de défendre l'ordre établi et les stéréotypes dominants de la société[7].

Toujours est-il que celui qui part sans guide en quête du Graal risque de se blesser. La route est semée d'écueils et bordée de précipices. De mauvais plaisantins s'amusent à la placarder de panneaux trompeurs. Le mercantilisme et la loi du marché ont miné le terrain. Le principe économique a tôt fait de flairer une bonne affaire dans la chose spirituelle, transformant ainsi en allié de ce qui par nature devait le menacer.

La crise spirituelle s'étend jusqu'au mot « spirituel » lui-même. Il y a crise sémantique en la demeure. Le mot « spirituel », devenu populaire, se retrouve sur toutes les lèvres. Autant le mot religieux réveille des fantômes grimaçants dont on se détourne volontiers, autant le spirituel a le vent dans les voiles et exerce sur les contemporains un attrait certain. La religion, non ; la spiritualité, oui. Les rayons « spiritualité » des librairies débordent et figurent aux premiers rangs des étals. Il suffit de prendre connaissance de cette énorme littérature pour découvrir, oh surprise ! que le mot « spirituel » reçoit de multiples acceptations et que le concept recouvre un vaste champ. Il y a longtemps que le mot a quitté le domaine de la théologie et de la religion pour passer à celui de philosophique, de la psychologie et même de la science pour prendre le large et transgresser toute frontière. « La spiritualité, à force d'étendre ses territoires, en arrive à ressembler à un vaisseau-fantôme, errant dans la brume, voire à un radeau où s'entassent les naufragés des grandes religions traditionnelles[8]. »

Sommes-nous acculés à un mur ? La situation est-elle vraiment désespérée, sans issue ? Sommes-nous définitivement condamnés à être des zombies aliénés, des consommateurs ventrus ou des automates à court d'humanité ? La panne est-elle irrémédiable ? Il y a impasse. Cherchons la passe. Il doit bien y avoir une passe.

---

7. Sur ce débat fort complexe, voir Anson SHUPE et David G. BROMLEY (dir.), *Anti-cult Movements in Cross-Cultural Perspective*, New-York, Garland Publishing Inc, 1994 ; Richard BERGERON, *Vivre au risque des nouvelles religions*, Montréal, Médiaspaul, 1997.

8. Sylvie GERMAIN, « Invisible poème », dans Richard BERGERON, Guy LAPOINTE et Jean-Claude PETIT (dir.), *Itinérances spirituelles*, Montréal, Médiaspaul, 2002, p. 81.

CHAPITRE 2

La passe

Le mot passe désigne un endroit et un processus. La passe est le *lieu* par où on passe pour déjouer l'obstacle qui bloque la route. C'est aussi un *processus* de passage, une pâque, qui requiert des habilités particulières, compte tenu que toute passe comporte des exigences et des difficultés spécifiques. M'est avis que dans la situation actuelle, la passe est de nature spirituelle : ce n'est qu'en prenant le chemin de la spiritualité que l'*homo secularis,* blessé dans son humanité, pourra advenir comme sujet et personne libre. Mais par où ce chemin passe-t-il ? Beaucoup cherchent la passe en Dieu ; certains estiment qu'elle est dans les autres ; d'autres croient la trouver dans les structures ; d'aucuns pensent la découvrir dans la nature. À chercher la passe en Dieu, on risque de s'illusionner ; à la chercher dans les autres, on risque de s'aliéner ; à la chercher dans les structures, on risque d'être victime de l'objectivité ; et à la chercher dans la nature, on risque de s'y fusionner pour sa perte.

I- L'endroit de la passe

Passer par Dieu

Qui dit spirituel pense généralement religion. Aussi affirme-t-on volontiers que Dieu est le lieu du passage. Passer en Dieu et par Dieu. Ce qui veut dire : obéir à Dieu, servir ses volontés, accepter sa révélation, travailler pour sa gloire, renouer avec la pratique religieuse et ramener tous les vivants à leur Créateur. Vivement la religion ! Religions anciennes restaurées dans des perspectives fondamentalistes, évangéliques, pentecôtistes ou gnostiques. Religions nouvelles de tous genres qui, disqualifiant les religions traditionnelles, prétendent, elles, avoir la solution.

La passe coïncide donc avec le retour de Dieu. Pour que l'homme vive il faut ressusciter Dieu. La renaissance du spirituel dans l'*homo modernis* passe par le réveil de Dieu. Redonner à Dieu sa place dans l'espace public, favoriser l'épanouissement des religions et faire éclore le divin en soi. Quelle qu'en puisse être la formule, la conviction est toujours la même : la passe ne peut être qu'un mouvement vers Dieu. Une sortie de soi et un retournement vers Dieu. Une décentration de soi pour un recentrement sur le divin. Somme toute, mettre Dieu dans sa vie.

Or, celui qui s'emploie à réintroduire Dieu dans sa vie et qui cherche à le servir et à l'honorer est un religieux, mais non pas, de soi, un spirituel. Ce qui ne préjuge en rien de la qualité spirituelle du religieux authentique, ni de la possibilité pour le spirituel d'être religieux. Si on cherche la passe prioritairement et exclusivement en Dieu, on risque fort de s'illusionner, car au lieu d'aboutir à la promotion de l'humain dans l'homme, le recours à Dieu peut subtilement se retourner contre l'*humanum* ; au lieu de fortifier le principe d'humanité, il peut le débiliter. Dieu peut être pervers. L'histoire nous montre à l'évidence que la référence au nom de Dieu peut être source d'aliénation et d'oppression. Se faire mourir et faire mourir les autres sous prétexte d'honorer et de servir la divinité. « Un jour viendra, déclare Jésus, où quiconque vous fera mourir croira rendre un culte à Dieu » (Jn 16,2)[1].

Passer par les autres

Nombre de personnes pensent volontiers qu'on ne peut sortir de l'impasse qu'en s'ouvrant aux autres. Passer par les autres. Non plus, « l'enfer, c'est les autres » comme disait Sartre ; mais le lieu de la passe, c'est les autres. Aider les autres, servir l'humain partout où il est menacé, nourrir l'affamé et secourir le miséreux : telle est la

1. Dans mon livre *Les pros de Dieu*, j'ai montré comment le service fonctionnel de Dieu par les spécialistes de la religion, prêtres, théologiens, religieux consacrés, peut se transformer en handicap spirituel, Richard BERGERON, *Les pros de Dieu*, Montréal, Médiaspaul, 2000.

première réaction de celui qui prend conscience des dégâts humains causés par les dérives de la modernité. On ne peut surmonter la passe socioreligieuse qu'en secourant les gens qui ont mal à leur humanité. Vivement le service d'autrui ! Organisations communautaires, armées du salut de tout acabit, soupes populaires de toutes sauces, organismes de charité de toutes bienfaisances : autant de lieux où vient s'inscrire la passe spirituelle. Tout cela fait des intervenants, des travailleurs sociaux, des serviteurs des pauvres, des « gens de la rue », des « âmes charitables », mais non pas, de soi, des spirituels — bien que le spirituel puisse avoir une « âme charitable » et l'intervenant être un spirituel.

Il y a une autre façon de considérer l'autre comme lieu de passe : en voulant le changer. La première réaction de celui qui se sent victime ou menacé, c'est d'identifier et d'éliminer la cause du danger. La faute, c'est les autres. C'est la faute aux riches, aux capitalistes, aux terroristes, ou plus immédiatement à mon conjoint, à mon boss ou à mon voisin. Vivement les croisades ! Tout de go l'on s'enrôle dans ces zélées phalanges qui, étendard levé, partent à la conquête et à la conversion de tous ces salauds qui portent atteinte au principe d'humanité en soi et dans les autres. Seul le changement de l'autre, croit-on, peut lever les entraves qui barrent ma liberté et ma subjectivité. Mais à vouloir changer les autres et les convertir à leur humanité, on devient missionnaire, croisé, motivateur, prédicateur et même guerrier, mais non pas, de soi, spirituel — bien que le croisé puisse être un spirituel, et le spirituel un croisé.

Passer par les structures

On peut croire encore que la façon de sortir de l'impasse, c'est d'opérer des changements institutionnels. On considère les structures comme le lieu de la passe. Il ne suffit pas d'aider les gens mal pris et de parer aux effets mortifères, il faut remonter aux causes qui, elles, sont structurelles. Les structures sociopolitiques et religieuses, mais surtout économiques sont pointées du doigt comme les sales responsables de la déshumanisation et du déni de la subjectivité. Vivement la militance ! Roulons-nous les manches, crachons-nous dans les mains et luttons pour la réforme des institutions. La passe s'accomplit par l'avènement de structures humanisantes. Il n'y a pas de solution valable qui ne passe par le politique et l'institutionnel. La mise en place de structures plus justes ne peut que donner un nouveau souffle d'humanité. Mais à chercher la passe dans le changement des structures et dans la réforme des institutions, on devient certes un militant, un engagé, un réformateur, voire un révolutionnaire, mais pas, de soi, un spirituel — bien que la militance puisse être spirituelle et la spiritualité militante.

Passer par la nature

D'autres pensent qu'on ne peut sortir de l'impasse qu'en optant pour un retour résolu à la nature, aux choses authentiques et aux produits naturels. La nature est le lieu de la passe. Il faut revenir à un style de vie plus simple, respecter les lois de la nature et l'environnement, communier au souffle cosmique, capter les énergies et le magnétisme de l'univers, revenir à la médecine naturelle, consommer des produits biologiques et, si possible, s'installer définitivement à la campagne. Vivement le retour à la nature ! Tout cela fait un naturiste, un écologiste, un amant de la nature, voire un aventurier ou un *gentleman farmer*, mais pas, de soi, un spirituel — bien que le spirituel puisse être écologiste, et l'écologiste spirituel.

La passe en soi

Mais où se trouve donc la passe puisqu'elle n'est ni en Dieu, ni dans les autres, ni dans les structures, ni dans la nature ? Je réponds : la passe est en soi. Pour urgents qu'ils soient, les changements de structures ne peuvent s'accomplir sans la transformation de l'être humain individuel. La société est devenue un milieu pathogène ; l'ordre social fait de nous des malades. Puisque la panne socioreligieuse affecte directement le sujet, c'est donc lui, le sujet blessé dans sa subjectivité et son humanité, qui sera le lieu de la passe. La question ultime n'est pas de savoir comment soulager la misère, reformer les structures ou servir Dieu, mais bien comment libérer et faire croître l'humain en soi. Cela suppose qu'on se libère de la peur de se confronter à soi-même. L'œuvre spirituelle se réalise au-dedans : elle consiste essentiellement en un travail de transformation de soi. L'*homo spiritualis* cherche la passe dans la métamorphose personnelle. Il s'agit de renaître à son être véritable, de faire vivre ou revivre ce qui est mort ou moribond, de réveiller ce qui est endormi au fond de soi. Revenir chez soi, retourner à son centre, unifier son être divisé, ramener ses morceaux éparpillés, remodeler son humanité dépenaillée : telle est l'œuvre spirituelle à accomplir. L'individu est le sujet et l'objet de l'œuvre spirituelle. L'œuvre à réaliser c'est soi-même. L'*homo spiritualis* se donne pour projet de sculpter sa propre humanité grandeur nature. Il cherche à advenir dans sa subjectivité et à rescaper son humanité bafouée. Toute détermination extrinsèque et toute motivation extérieure n'aboutissent qu'à la sujétion. Être par soi et pour soi, voilà le défi du spirituel. Aussi longtemps que l'action est déterminée de l'extérieur et vise le monde objectif, on n'est pas encore dans le champ du spirituel.

Quel égocentrisme détestable, dira-t-on ! Quel individualisme à courte vue ! Quel subjectivisme emmuré ! Oh ! Que non ! Puisque les autres, le monde et Dieu sont en l'homme, le passage à sa propre humanité subjective ne peut qu'impliquer, de soi et par soi, le passage au divin, aux autres et à l'univers. Dans une vision organique du monde, il ne suffit pas de dire : « je suis une partie du tout ». Il faut affirmer : le tout est en moi, mais je ne suis pas le tout. En conséquence dans l'acte par lequel je me saisis moi-même, je capte la totalité de ce qui est. Passer à soi-même, c'est passer au tout. *Egotism in true modesty*, disait Newman.

Le spirituel est donc celui qui cherche la passe en soi, au plus profond de soi et qui s'emploie à se transformer soi-même, convaincu que cette métamorphose personnelle ne peut que changer son regard sur les autres, sur le monde et sur Dieu et établir un nouveau rapport avec eux.

C'est en passant par son être essentiel et véritable que le spirituel passe en Dieu. Tout rapport au divin n'est humainement salutaire que s'il s'accomplit dans une démarche vers soi-même. En se focalisant sur son être authentique et en prospectant son humanité dans ses propres profondeurs, le spirituel touche — sans le vouloir ni le savoir s'il n'a pas la foi — à ce qui gît dans ses ultimes replis, c'est-à-dire le divin, puisque Dieu est le fondement et la source de son être. Passer à soi-même, c'est passer au divin. On ne va pas à Dieu en sortant de soi, mais en y revenant. L'*homo spiritualis* passe par soi pour aller à Dieu alors que la religion passe par Dieu pour aller vers soi. *Éveil à soi, éveil à Dieu*, tel est le titre d'un beau livre d'Henri Le Saux. Du dedans de toute quête de soi se blottit, timide et inconsciente, une recherche de Dieu.

De même, ce n'est qu'en passant par soi que l'*homo spiritualis* passe vers les autres. Il ne va pas à autrui dans l'intention de le servir ou de le changer, en réponse à un appel missionnaire ou à un mandat céleste. Il passe aux autres par obéissance aux exigences profondes de sa propre humanité. En d'autres termes, le spirituel ne se tourne pas vers les autres dans un esprit de service, mais par amour pour soi. Il ne peut aimer l'humain qui est en dehors de lui que s'il aime d'abord l'humain qui est en lui. Il ne peut prétendre rejoindre l'autre en sautant à pieds joints par dessus lui-même. Dans le passage à l'autre, le « je » ne peut se mettre en quarantaine ni entre parenthèses. Au contraire, pour qu'elle soit salutaire, l'ouverture à autrui doit s'inscrire et s'accomplir dans l'ouverture à soi-même. Le passage à l'autre est l'aboutissement obligé de la passe à soi-même. Toute pâque vers l'autre qui ferait l'économie du passage par soi, ne saurait être qu'aliénante. On n'a pas à se quitter pour passer à l'autre. L'autre est en moi et je suis l'autre. Passer à mon être profond, qui est de nature sociale, c'est passer à l'autre.

Quant aux structures sociopolitiques, culturelles et économiques, le spirituel ne s'en désintéresse nullement. Les individus, nous le savons, sont le produit de la société qui les façonne à son image en leur introjectant des façons de penser, de sentir et de se comporter conformément aux normes établies et à la philosophie dominante. En d'autres termes, les structures objectives ingérées par l'individu modèlent son psychisme, son âme, ses réactions et ses comportements selon les stéréotypes sociaux. Les structures culturelles, sociales et économiques sont transposées dans le sujet. Quand l'extérieur remplit l'intérieur, il n'y a plus d'intérieur ni de sujet ; ou plutôt le sujet lui-même est objectivé. C'est dire que la passe vers moi-même atteint nécessairement les structures qui s'y trouvent et me déterminent. Me transformer c'est donc changer en moi les structures intériorisées qui m'aliènent. Aller vers ma subjectivité, c'est détruire en moi toute forme d'objectivité introjectée ; passer à ma propre humanité, c'est changer en moi toutes les structures délétères. Le combat intérieur contre les structures ingérées ne peut que s'épanouir au-dehors dans l'avènement d'un nouvel ordre. Aussi longtemps que les structures d'injustice, de violence et de servitude sont en toi comment peux-tu prétendre introduire dans la société la paix, la justice et la liberté ? Toute paix créée dans le monde extérieur sera usurpée par ta violence intérieure ; toute justice, par la rapacité de ton cœur ; toute liberté, pas tes peurs et la servitude de ton âme.

Enfin, pour ce qui est de la nature cosmique, elle n'est pas d'abord devant nous et en-dehors de nous ; elle est en nous et fait corps avec nous. Chacun de nous est un lieu cosmique, un résumé, un condensé des éléments et des lois qui sont à l'œuvre dans l'univers. La passe à moi-même est une passe à la nature cosmique en moi, c'est-à-dire à mon corps. Mon corps est lui aussi lieu de passe spirituelle. Le véritable retour à la nature s'accomplit par le retour au naturel en soi. Cesser d'être un produit de l'artifice, du personnage et de la renommée pour passer à l'authentique et au naturel. Passer à soi-même c'est donc s'accueillir comme portion de l'univers, redécouvrir les exigences fondamentales du corps, s'harmoniser avec les lois et les énergies cosmiques qui sont à l'œuvre en soi. Refaire son environnement intérieur, c'est reconstruire le paysage extérieur. Il n'y a pas de passe à soi-même qui ne soit en même temps passage à la nature et syntonisation avec la mère-terre. La passe en soi-même ne s'accomplit finalement que dans la communion cosmique et dans l'action transformatrice.

Pour le spirituel, toute activité au dehors et tout rapport au monde extérieur ne peut être que le prolongement, l'extension ou mieux la manifestation d'un processus interne. En spiritualité, le mouvement vient toujours du dedans.

II- Le processus de la passe

Non seulement suffit-il de trouver le lieu de la passe, encore faut-il identifier le mécanisme qui amorce le mouvement de passage. La passe est une véritable pâque, un processus de passage des ténèbres à la lumière, de la servitude à la liberté, de la négation à l'affirmation. Ce processus est déclenché par le jeu conjugué de quatre dynamismes : la prise de conscience, le désir, le courage d'être et la quête.

La prise de conscience

Pour que s'amorce la passe, il ne suffit pas d'être informé sur la panne et d'en connaître tous les aspects ; il faut encore prendre conscience que tout le monde est affecté par la panne, moi le premier. Il m'est assez facile de prendre conscience de la panne sociale et de penser que tout le monde est bloqué — sauf moi. Le difficile, c'est d'arriver à la conscience que je suis affecté par la panne, que je suis moi-même en panne. Aussi longtemps que je crois que la panne ne touche que le système et les autres, je suis peut-être un observateur critique ou un dilettante de gauche, mais non un spirituel engagé dans la passe. Tout commence le jour où je prends conscience que je suis moi-même en panne d'humanité. Qu'est-ce qui peut provoquer cet éveil ?

On répondra tout de go : l'information. Mais l'information ne suffit pas, au contraire. Le bombardement continu de nouvelles par les médias de tous genres finit par assommer l'esprit et nous mettre K.O. La consommation effrénée d'informations finit par assoupir la conscience et par neutraliser l'intelligence qui, désabusée, en veut toujours davantage. Plus c'est terrible, plus c'est excitant ! L'information sans analyse critique produit le contraire de la sagesse ; elle est un divertissement et une curiosité. D'ailleurs le contrôle exercé sur la nouvelle ne connaît pas de répit. Le choix et la présentation des informations sont soumis à une censure, parfois officielle, mais le plus souvent subtile et dissimulée, de la part des pouvoirs politiques et financiers qui n'ont aucun intérêt à ce que s'éveille la conscience des gens. Généralement, la nouvelle ne vise pas à faire des citoyens bien informés, critiques et attentifs, mais des moutons de Panurge et des défenseurs du système. Il y a certes une certaine presse qui sonne l'alarme. Mais sa voix discrète et souvent discréditée ne réussit guère à se faire entendre dans le tohu-bohu affairé du monde médiatique. Le processus de conscientisation commence ici : par le choix critique et l'analyse des informations qui nous arrivent.

Le savoir ne conduit pas de soi à la prise de conscience. On peut cumuler diplômes, parchemins et médailles ; on peut connaître les dernières statistiques sur la faim dans le monde ; posséder des données scientifiques sur la dégradation des écosystèmes, sur la disparition des espèces végétales et animales et sur les effets polluants de certains produits ; on peut être de fins connaisseurs des conséquences débilitantes des décisions politiques et des pratiques économiques ; ou encore connaître le chiffre exact des suicides, des dépressions, des drogués, des *gamblers* et des enfants travailleurs. En somme, tout savoir sur les dérives de la modernité et les effets aliénants de la rationalité marchande, et pourtant continuer à s'en faire le farouche apologiste en utilisant son savoir pour justifier un système dévoyé. À force de rationalité, on peut aboutir à l'irrationnel. Il y a belle lurette que la raison et l'idéologie ont tenté, et avec succès, de justifier les pires atrocités (le goulag, l'apartheid, les camps nazis, le colonialisme) en faisant appel aux notions les plus hautes : la supériorité raciale, la sécurité de l'État, la gloire du parti, la volonté de Dieu et la liberté démocratique. Le savoir ne produit pas, de soi, la conscience ; il peut au contraire la gaver de données objectives qui insensibilisent le cœur et immunisent l'esprit contre toute interrogation « perverse », c'est-à-dire dérangeante. D'où l'importance de choisir ses lectures. Il y a des livres qui instruisent, rassurent ou font rêver ; il y en a d'autres qui interpellent, dérangent, choquent et font naître la conscience malheureuse. Sans oublier les premiers, il faut fréquenter les seconds, trop souvent oubliés.

Pour que s'amorce la prise de conscience que je suis dans l'impasse et que mon existence est affectée par la panne socioreligieuse il faut, en sus de l'information et du savoir, que joue un élément qui relève de mon existence concrète. Généralement une expérience-limite : un décès, un échec, un burn-out, un ACV, un divorce, une maladie, une dépendance (alcool, drogue, jeu), un malaise intérieur, un affairisme fébrile, un sentiment d'ennui et de vide, une impression de routine et d'écœurement, une peur et une insécurité lancinantes. On se rend compte alors, parfois subitement parfois par degrés, que ça ne va plus, qu'on est mal dans sa peau et dans son travail, qu'on a le mal de vivre, qu'on tourne en rond, qu'on se surmène et se malmène, qu'on s'active sans avancer, qu'on fait du surplace sur le tapis roulant de la vie, qu'on s'épuise à suivre la folle cadence de la rentabilité et à « acheter » tous ces gadgets en « tique » pour performer davantage. On est haletant, à bout de souffle. La flamme vacille. Le feu s'éteint. Longtemps on s'est fermé les yeux ; on a refusé de voir dans ces « impressions » des signes ou des symptômes d'une panne existentielle. On se croit tellement immunisé contre elle. D'autant plus que l'on a une grosse cagnotte, une bonne réputation, un rang social enviable ; ou encore que l'on est un pratiquant régulier, un religieux consacré, un citoyen honnête et un individu de bonnes mœurs ; ou encore qu'on exerce une profession des plus recommandables : juge, prêtre, théologien, professeur de religion et de morale, ou animateur spirituel.

Au fond, on a peur de la vérité et on ne consent pas à reconnaître sa panne, comme l'ivrogne son alcoolisme, le drogué son accoutumance, le lubrique sa pathologie. On refuse de faire la vérité en soi ! On préfère se leurrer, tout raisonner, tout justifier. Le mensonge n'est-il pas moins dérangeant ? Si le mécréant a tant de mal à prendre conscience de sa déchéance, si le fils prodigue de l'Évangile a tant tardé à reconnaître que ça n'avait pas d'allure de manger avec les cochons, *a fortiori* sera-t-il mille fois plus difficile à un individu dont la rectitude sociale, professionnelle et morale est intacte de s'apercevoir qu'il est en panne d'humanité et de subjectivité. Tel est mon cas, tel est notre cas, à nous qui sommes des gens bien.

Gens bien comme ce fils aîné de la parabole qui, lui, est empêché par sa rectitude fidèle, de reconnaître sa panne existentielle. Gens bien comme ces contemporains de Noé qui se mariaient, fêtaient et dansaient dans l'inconscience du danger qui les menaçait. Gens bien comme ce riche de la parabole, sécurisé et assoupi par l'abondance de ses biens. Gens bien comme ces pharisiens endormis par leurs vertus, comme ces scribes engourdis par leur exégèse sclérosée, comme ces prêtres congelés dans leur rituel religieux et comme ces dirigeants somnolents sur le trône de leur pouvoir. Tous, des gens de bonnes mœurs et de renommée. Tous, des installés à la recherche de leur douillette sécurité dans le connu, le familier, le déjà-là. Tous, des bourgeois handicapés, incapables de faire un pas en avant, de risquer l'inconnu, de sortir des voies tracées. On a tant de mal à admettre qu'on est installé, que sa vie est coulée dans le béton et qu'on ne veut pas être dérangé. Emmitouflé dans ses sécurités et ses assurances tous risques, on ne risque plus rien. À se prémunir à tout prix contre les risques, on risque de passer à côté de la vie. On est « trop bien » dans sa vie en panne ; on ne réalise pas le danger d'y perdre sa vie. *To be at ease is to be unsafe*, disait Newman. Qu'il est difficile de reconnaître sa panne et de dire : « Finie la comédie ! Oui je me lèverai et j'irai vers moi-même, vers ma propre humanité ».

La prise de conscience de sa panne s'avère une expérience traumatisante qui peut être gérée de trois façons. La première stratégie consiste à « faire plus la même chose ». On travaille plus, on joue mieux les règles du jeu, on en met davantage — quitte à faire éventuellement les ajustements mineurs qui s'imposent de toute évidence. On pense que la crise est temporaire, qu'il faut tenir le coup jusqu'à nouvel ordre, par exemple jusqu'à ce que les enfants soient grands, que la business soit florissante, qu'on ait atteint son million ou encore que l'heure de la retraite sonne. Il faut durer en améliorant son sort et en s'investissant davantage. Où se trouve la solution à la crise de l'énergie? Non dans une réduction de la consommation, répond le président Bush, mais dans une plus grande production, quitte à polluer davantage.

Après la tragédie du World Trade Center, le maire de New York a fait la trouvaille du siècle en proposant la solution suivante à ses concitoyens: « Consommez, consommez. » Consommer fait des gavés et non des humains. Consommer consume. On est ainsi passé à côté d'un *kairos*, d'une tragique interpellation. « Tout a changé, disait-on, ce ne sera plus comme avant. » Moi je dis: « rien n'a changé et tout continue pire qu'avant ». En multipliant à l'infini les mesures de sécurité et en limitant les libertés individuelles, on protège un système délétère et on assiège l'humain dans l'homme. Ainsi pense-t-on gérer la panne sociale en « en mettant plus » et de régler sa panne personnelle en se contentant de faire mieux ce qu'on a toujours fait.

La deuxième stratégie réside dans l'oubli. Ou bien on joue les victimes, on recherche un bouc émissaire et on se complaît dans un apitoiement triste à faire pleurer. Ou bien le plus souvent on fuit dans le divertissement et le plaisir. Place aux sports. Place au jeu: du golf au casino en passant par le jeu de la bourse. Des jeux pour s'amuser, des jeux pour oublier, des jeux pour combler le vide. Sans parler évidemment des divertissements *hard core*: sexe, alcool, drogue. Les Romains l'avaient compris: *panes et circenses*, du pain et des jeux. Un citoyen gavé et diverti glisse dans la somnolence. Alors s'émousse l'acuité de la subjectivité et de la liberté. On peut donc le manipuler sans qu'il se dresse. Le jeu est un puissant somnifère que la société offre sous mille emballages. À chacun de s'administrer la dose qui lui convient.

La troisième stratégie est de type spirituel. Elle consiste à faire résolument face à sa propre panne. Marquer un temps d'arrêt, se tourner lucidement vers soi-même, examiner critiquement son existence, travailler à un nouvel aménagement de son mode de vie et œuvrer à la transformation de soi. Ce qui veut dire revoir le sens de sa vie, actualiser de nouvelles valeurs, revisiter ses comportements et accéder à une nouvelle conscience. En un mot, prendre le difficile chemin de la spiritualité.

Le désir

La prise de conscience ne suffit pas. Un autre dynamisme doit entrer en jeu pour que se déclenche le processus du passage : c'est le désir. Rien n'advient sans le désir. Le désir définit la structure de l'être humain. Être de désir, l'homme est un pouvoir-être appelé à s'accomplir dans la spatio-temporalité. Sa nature est en forme de désir : c'est un vide qui aspire essentiellement au plein. Le dynamisme du désir joue du début à la fin de l'aventure. On peut même dire que le désir croit avec l'usage, qu'il est insatiable. Comblé, il ne dit jamais : c'est assez. Le désir est le moteur de la vie et son extinction signifie la mort.

Cet unique désir, fondamental et essentiel, s'exprime de mille façons, à travers des canaux les plus variés : désir de manger, de connaître, de créer, d'aimer, de posséder. À chaque besoin correspond un désir. Les désirs sont appelés à se conjuguer, mais souvent ils s'opposent au détriment de l'unité de l'être. Ce qui advient le plus souvent, c'est qu'un désir finit par imposer sa domination sur les autres et les réduire à son service. C'est ainsi que la culture actuelle, dominée par les valeurs matérielles, par l'accumulation des biens et des gadgets, et par la consommation et la logique marchande, finit par valoriser et exciter les besoins matériels et par créer des désirs correspondants. Elle met en branle une irrésistible machine publicitaire dans le but d'aviver le désir naturel de posséder. Le désir de posséder ne connaît d'autre limite que le sans limite. Il mobilise tous les secteurs de la vie et traduit en termes d'avoir toutes les dimensions de l'être.

Or, l'assouvissement du désir d'avoir procure certes un sentiment de pouvoir et produit une satisfaction passagère; mais il ne peut qu'aboutir à l'inquiétude et à la violence. L'insatiable désir de posséder se tourne finalement contre l'humain. Comme un feu dévorant, il consume petit à petit le principe d'humanité en soi et dans la société, et il transforme l'argent en veau d'or. La soif de l'argent signe la ruine de l'humain.

Le processus de la passe se déclenche quand on convertit le désir de posséder et de consommer en désir d'*être*. Il s'agit en somme de revenir au désir fondamental de l'être humain. Désir de soi; désir de devenir soi; désir de s'engager dans la passe et de se projeter vers le pas-encore. Ce qui est exigé, ce n'est pas la négation des mille désirs, mais leur métamorphose. Il s'agit de les ramener tous à l'unité, autour d'un point de cristallisation stable et permanent qui ne peut être situé qu'au niveau de l'être.

Comme Jésus de Nazareth, il faut arriver à « désirer d'un grand désir » que la pâque se réalise, que le passage s'accomplisse. Saint Augustin disait : « Le désir est comme les entrailles du cœur, c'est-à-dire ce qui donne naissance à la vie du cœur[2]. » Étendre son désir autant qu'on peut. Tout faire non seulement pour semer et faire germer le désir en soi, mais encore pour le rendre capable de faire advenir l'humain. Le désir crée l'attente et l'attente dynamise.

Mais comment faire naître et stimuler mon désir d'être? Deux processus d'activation. Le premier consiste à creuser la conscience de ma panne personnelle, à en éprouver du malaise et de la peine. L'acuité de la conscience malheureuse est plus déterminante que la gravité de la crise. Comment désirer un ailleurs inconnu si je suis tout aise dans mon déjà-là? Le deuxième processus d'activation du désir consiste à contempler le but projeté. Regarder dans mon miroir imaginaire le modèle d'humanité que j'entends réaliser; fréquenter les grands spécimens qui se sont signalés au cours de l'histoire, me voir déjà dans la peau de l'homme que je veux devenir; aimer l'humain que je me donne comme projet de vie. L'aimer vivement au point de désirer qu'il advienne en moi et dans les autres, et que soit détruit tout ce qui s'oppose à son avènement. Désir d'autocréation doublé d'une volonté de résistance et de déconstruction.

Le désir de devenir implique toujours un effondrement. L'homme nouveau ne peut se dresser que sur les débris de l'ancien. L'Évangile s'ouvre par un appel à la conversion et se termine par l'annonce d'une double catastrophe : destruction du temple et écroulement du monde. La naissance de mon être authentique suppose l'effondrement de mon personnage, de mon image du monde et de l'ordre des choses.

2. Cité par Benoit Garceau, dans « La voie du désir », *Nouveau Dialogue*, 119 (mars-avril 1998), p. 25. Voir Benoit Garceau, *La voie du désir*, Montréal, Médiaspaul, 1997.

Effondrement du vieux monde qui ne va pas pour le mieux. Que passe ce monde de la dévastation, de l'injustice, de la cupidité, du mercantilisme, du chaos social, de l'insensibilité, de l'abêtissement programmé et de la mondialisation de la pauvreté ! L'effondrement de l'ancien monde commence par l'écroulement du système religieux. Jésus annonce la destruction du temple pourtant voulu par Dieu. Cet événement est présenté comme le prodrome du cataclysme final. Doit s'effondrer en premier toute religion instituée qui objectivise Dieu et chosifie les rapports de l'homme au divin. Écroulement des structures religieuses formées en d'autres temps et en d'autres lieux pour répondre à des besoins spécifiques et à des cultures particulières mais devenues obsolètes et exsangues. La panne socioreligieuse ne peut que provoquer l'effondrement. Rejeter sans compromis le vieux monde pour que vienne enfin le Fils de l'homme, c'est-à-dire l'humain intégral et une société grosse d'humanité.

L'effondrement des structures sociopolitiques, économiques et religieuses doit d'abord s'accomplir en moi. C'est là que doivent se produire la fin du monde et se réaliser l'avènement du Fils de l'homme. Les oripeaux du vieux monde socioreligieux doivent être arrachés de mon cœur pour que ma demeure intérieure puisse accueillir un nouveau personnage : l'homme. Il ne suffit pas de faire de petits pas dans la bonne direction, de changer un peu, de ralentir sa course et de consommer moins. Ce dont il s'agit, c'est de se transformer. Et se transformer consiste non pas à déplacer les pièces sur l'échiquier, mais à changer l'échiquier. Il n'est pas suffisant de chercher des réponses aux problèmes actuels, il faut se poser d'autres questions susceptibles d'apporter un nouvel éclairage, pour qu'enfin soit comblé le fossé entre ses valeurs et sa manière de vivre. « Il y a toujours un moment, écrit E. Drewermann, où les choses ne peuvent plus durer et où il faut bien en finir avec tous nos discours, nos faux-fuyants, nos complicités cachées, nos doubles jeux, nos faux titres et nos faux papiers. Tout effondrement de ce genre est "dévoilement", véritable apocalypse » [...] « Plus question de se laisser prendre dans la spirale de l'histoire jusqu'au "succès" final. Il faut rejeter les critères de valeur évidents, abandonner les idéaux courants, renoncer à notre mode de vie[3]. »

3. Eugen Drewermann, *La parole et l'angoisse*, Paris, DDB, 1995, p. 354 et 356.

Un tel désir s'inscrit dans le principe eschatologique, selon lequel l'avenir posé devant soi implique l'écroulement de ce qui est. Le pas-encore n'est possible que par la faillite du déjà-là. Aussi l'avenir projetée est-il un non-lieu : il ne vient que si le présent s'en va. Il est toujours ailleurs par essence, c'est-à-dire insaisissable, mais jamais lointain. C'est ce non-lieu qui lui confère son pouvoir d'attraction. Le désir de l'humain intégral est de l'ordre de l'utopie : l'humain projeté n'est jamais réalisé complètement ; il est donc toujours en avant. L'utopie est l'instance critique impitoyable qui permet de dénoncer toute forme d'humanité qui a la prétention d'être l'expression idéale et parfaite de l'humain. Le désir de l'humain ne nous projette pas hors de l'histoire au pays merveilleux des rêves. Au contraire, il se traduit au quotidien : il incite l'individu à revêtir aujourd'hui l'homme nouveau en l'incitant à anticiper dans sa vie concrète l'humain projeté. La liberté, la justice, la créativité, l'amour, la conscience, en un mot tout ce qui est humain, ce n'est pas pour demain, c'est pour maintenant. Mais ce n'est jamais réalisé ; et tout moment d'actualisation appelle une autre étape. L'humain sera, si on le fait advenir. Au lieu d'éteindre le désir, toute anticipation de l'humain nous donne le « goût de l'homme » et nous fait aspirer davantage à son avènement en nous et dans le monde. Toute la vie du spirituel est un désir inassouvi : ce qu'il désire, il l'entrevoit ; ce qu'il entrevoit, il l'anticipe dans le présent ; et l'anticipant, il le désire plus ardemment. Le désir est le moteur de la vie spirituelle.

On pourra m'objecter que le désir est source de souffrance et que la vie spirituelle consiste à dépasser le désir. Le Bouddha n'enseigne-t-il pas l'« extinction » du désir, le non désir ? Jésus de Nazareth, lui, appelle à la conversion du désir. Deux voies différentes de libération, fondées sur deux ontologies et deux anthropologies qui sont aux antipodes. À l'opposé du bouddhisme qui postule la vacuité et l'impermanence absolue ainsi que la non-personnalité substantielle de l'être humain, le christianisme pose la densité ontologique du réel et l'existence d'un noyau personnel substantiel. On comprend dès lors pourquoi le bouddhisme exclut tout désir de personnalité : s'il n'y a pas d'humanité substantielle, il serait faux et illusoire de désirer ce qui n'est pas et ne peut advenir. S'il y a désir, ce ne peut être que le désir du non-moi, du non-être, de la vacuité. Au contraire, en postulant une nature humaine substantielle, le christianisme ne peut pas ne pas poser le désir d'être comme chemin vers l'humain intégral. Ici le désir est tourné vers la complétude ; il s'agit de devenir plein d'humanité. Le désir d'êtres'inscrit donc dans une perspective eschatologique reposant solidement sur une affirmation ontologique.

Le courage

« Tout ceci est bien beau, diras-tu ; c'est trop beau pour être vrai ; c'est impossible ; ce n'est pas pour moi ». Je te répondrai : « Ceci est assez beau pour être vrai. Ceci est pour toi, mon ami, précisément parce que ça correspond à un appel inscrit dans ta nature. C'est difficile certes, mais non impossible ». Avec un peu de foi, tu peux déplacer une montagne. Ce qui est exigé de toi c'est le courage, troisième élément qui entre en jeu dans le déclenchement du processus spirituel. Le courage est ce sans quoi l'humain est impossible. Le courage n'existe qu'au présent. C'est maintenant l'heure du courage. Vouloir être courageux plus tard, l'an prochain, à sa retraite, ce n'est pas avoir du courage. Le courage est du ressort de la volonté ; mais il relève également du désir et de l'attente. On est courageux certes parce qu'on le veut ; mais on est aussi rendu courageux par le désir d'un bienfait souhaité. L'ardeur du désir conforte le courage.

Qu'est-ce que le courage ? Il y a d'abord le courage passionnel qui relève des impulsions sensibles et non de la morale ou de l'éthique. Ce type de courage se trouve aussi bien chez le salaud que chez l'honnête homme ; il ne correspond pas à une exigence vertueuse, mais à un goût du risque ou à une insensibilité face à la peur. Ou bien on éprouve peu ou prou de peur ; ou bien on adore se faire des frousses et vivre l'euphorie d'un suspense. C'est le courage du casse-cou, du cascadeur, du bagarreur, du cambrioleur, du héros sans peur et sans reproche. Ce type de courage produit des actions d'éclat et des records homologués dans tous les *Guinness* du monde : sports extrêmes, actes de bravoure, exploits insolites, prouesses exceptionnelles, performances hors pair, hauts faits d'armes. On admire ce courage autant qu'on méprise la couardise et la lâcheté. On fait l'éloge du brave et on lui érige un podium sur la place publique ; mais la guillotine tombe sur le poltron. Et cela indépendamment de la qualité éthique, des vertus personnelles ou des valeurs humaines.

Je ne parle pas ici de cette forme de courage. Le courage dont il est question ne se donne pas à voir ; il n'est ni un spectacle, ni une démonstration de force. Il est au contraire discret, sinon secret ; il n'est souvent connu que du courageux lui-même, et parfois même ignoré de lui. Je sais, pour ma part, des personnes courageuses qui, dans leur simplicité, ne savent pas qu'elles le sont. Ce courage qui est une force d'âme est d'ordre éthique ; c'est une vertu générale, qualifiée autrefois de « cardinale », car elle sert de pivot (*cardo*, gond) aux autres vertus qui tiennent toutes d'elles. Comme vertu spéciale, le courage est au sens strict ce qui permet de supporter le labeur, d'affronter les périls et de maîtriser la peur.

Ce courage éthique s'enracine dans l'existence humaine en général et ultimement dans la structure même de l'être humain. Il s'abreuve à un dynamisme qui relève non de l'intelligence et des sens, mais du vouloir. Il n'est pas au niveau du faire mais à celui de l'être ; non au niveau de l'avoir, mais à celui du désir de durer et d'advenir. C'est de « courage d'être » qu'il est question ici. Le courage d'être est le courage d'affirmer sa nature essentielle envers et contre tout ce qui est accidentel en nous et dans nos vies. Il donne la force qui permet à chacun d'agir toujours selon les exigences de sa vraie nature. Courage d'oser se regarder en face avec lucidité, d'oser vivre selon les exigences de sa propre vérité, d'oser penser ce que l'on pense, même si ce n'est pas permis, et d'oser agir selon ses convictions, quitte à contrarier tous les « il faut » et les « tu dois » ! Le courage d'être prend concrètement la forme du courage d'être soi. Non seulement le courage de devenir humain, mais le courage d'être humain selon la configuration de sa propre subjectivité (son passé, ses gènes, son psychisme, sa condition morale et physique, sa situation existentielle bien à soi). Il s'agit du courage d'être soi-même, d'une part, en tant que sujet séparé et autonome et, d'autre part, en tant que partie de l'humanité et du cosmos. Identité et participation. Le courage d'être, c'est le courage de se transformer, de travailler sur soi. J'ai sur ma table de travail un écriteau en anglais qui me le rappelle chaque jour : « *If you're not working on yourself, you are not working* ».

Le courage, écrit Tillich, est « l'affirmation de sa nature essentielle, la finalité interne (ou entéléchie) de son être, mais c'est une affirmation qui possède en elle-même le caractère de "l'en dépit de". Elle inclut le sacrifice éventuel parfois inévitable de ces éléments qui appartiennent aussi à son propre être, mais qui, s'ils ne sont pas sacrifiés, nous empêcheraient de parvenir de fait à l'accomplissement. Ce sacrifice peut inclure le plaisir, le bonheur et même sa propre vie. De toute manière, l'acte de courage est toujours digne de louanges, car en lui la partie la plus essentielle de notre être prévaut sur ce qui est moins essentiel. La beauté et la bonté du courage vient de ce que le beau et le bon sont actualisés en lui[4]. »

Affirmer sa vraie nature et sa vérité objective *en dépit de tout* ce qui peut entrer en conflit avec cette auto-affirmation : désirs, peines, insécurité, paresse, besoins, devoirs et engagements. Cet *en dépit de* fait partie du courage d'être. Si l'auto-affirmation était facile, qu'aurions-nous besoin de courage ! Mais qu'il est ardu de s'arracher à la facilité, à ses désirs de gratification immédiate, à son personnage, voire à son mode de vie ; de surmonter ses propensions spontanées au repos, au plaisir, au divertissement ou à la fuite dans l'activisme ou dans les paradis artificiels ; d'aller à contre-courant, de se faire saumon et de remonter la rivière. En somme, d'affirmer sa vraie nature, *en dépit de* la peur de « perdre sa vie ».

Le fruit du courage n'est pas tristesse, comme pourraient le penser les esprits à courte vue ; mais bien joie du cœur. « Celui qui sème dans les larmes, dit le psaume, récolte en chantant ». La joie accompagne l'auto-affirmation de l'être essentiel en dépit des inhibitions. « La joie, selon Tillich, est l'expression, au plan émotif, du Oui courageux à son être véritable[5]. »

La quête

Un jour vient où il faut passer à l'action. Les trois dynamismes déclencheurs de la passe — prise de conscience, désir et courage — ne peuvent plus être bloqués par la peur. Alors s'accomplit la grande partance : on part d'on ne sait où pour aller vers une terre inconnue. On ne connaît exactement ni le point de départ ni le point d'arrivée, encore moins la route qui va de l'un à l'autre. Ne pas attendre que tout soit clair en soi, que la voie soit connue et que l'objectif visé soit bien identifié. On part parce qu'il faut partir, qu'on n'a pas le choix, que c'est une question de vie ou de mort. Un jour, ça devient clair, il faut se lever, durcir son visage et prendre la route vers sa terre promise. On ne part ni par le jeu des caprices, ni par le goût de

---

4. Paul Tillich, *The courage to be*, London, Collins, 1952, p. 16.
5. *Ibid.*, p. 25.

l'aventure ni par suite d'un raisonnement, mais poussé par un appel venu du dedans, d'au-delà des frontières de la conscience réfléchie. Un beau jour, on entend pour la première fois son nom véritable, celui qui est inscrit sur l'envers de son cœur. Appel mystérieux jailli à minuit dans son temple de chair. On part alors à la conquête de son nom nouveau, là où est scellé le mystère de son âme. Se lever et partir vers son être véritable.

Partir, c'est donc en définitive se choisir, choisir le genre d'humain qu'on veut devenir, avoir le courage d'opter pour soi en toute liberté. C'est refuser catégoriquement de se laisser mouvoir par les pulsions élémentaires, par les exigences du personnage, par la vaine gloire ou la peur ; de se laisser définir par son milieu, sa religion, ses croyances, son image de Dieu, en un mot par tout ce qui est extérieur à soi, par ceux qui savent ou qui ont le pouvoir d'imposer les stéréotypes socioreligieux. Se choisir, c'est s'arracher au vitalisme biologique et se mettre en liberté face aux déterminants psychosociaux et aux lois qui régissent la peur, la culpabilité et le jeu des compensations. Partir, c'est décider de se lever du tombeau du surmoi, de briser le sarcophage du faux personnage et de s'exhumer de la peur de dire non, de faire de la peine ou de ne pas être aimé. En un mot, franchir l'écart qui sépare de soi-même.

Partir, c'est s'arracher à tous ses « je » qui prétendent exprimer et mobiliser l'être essentiel, pour revenir au creux de l'existence vers le centre de soi-même. On se réveille un bon matin, et, oh ! surprise, la demeure est vide : le soi a été jeté dehors. Il n'y a plus de place pour lui dans cette hôtellerie surpeuplée de soucis, de bonnes œuvres, d'obligations, d'objets de distraction, d'interdits, de peurs et de personnages bizarres se réclamant de son nom. De fait... le soi n'a pas quitté la maison, il s'est tapi au fond du dernier placard comme une souris transie d'effroi.

Il n'y a pas d'âge pour partir, pas d'âge pour commencer. Abraham était un vieillard ; Moïse, Jésus et Mahomet, des hommes mûrs ; Gautama et François d'Assise, des jeunes hommes. Au commencement, l'Ancien des jours créa le ciel et la terre. Le meilleur âge est celui que l'on a ; toute situation est la meilleure occasion d'advenir. Commencer, c'est la forme que doit prendre la vie spirituelle. Il faut briser le rythme de son train-train journalier et cesser de faire encore et encore ce qu'on a toujours fait et bien fait. Continuer pourrait signifier s'emprisonner dans l'habitude et la routine et glisser lentement dans l'inconscience. Il ne s'agît pas de recommencer comme si le passé avait été mauvais et qu'il fallait le reprendre. Mais commencer tout simplement parce que la vie est toujours nouvelle.

On part parce qu'on est devenu étranger à soi-même, qu'on n'a plus de place chez soi et que sa demeure est habitée par trop de personnages aux masques insolites. Petit à petit on prend conscience de sa propre étrangeté. Un jour, ça devient clair, insupportable : on est devenu étranger à tout ce qui jusque-là était familier : ses personnages, son surmoi, sa façon de vivre, sa profession, ses habitudes et ses croyances. On se sent mal à l'aise dans le croyant, le pratiquant, le professionnel et le prêtre qu'on a été jusque-là.

On part parce que son environnement religieux est devenu étranger : les mœurs cléricales, les discours pieux, les structures ecclésiastiques, les stéréotypes spirituels, les rituels, les énoncés dogmatiques : tout devient gueule de bois. Ça ne parle plus. Tout ce monde religieux qui nous était familier et nous allait à merveille nous est devenu étranger, ne va plus de soi, ne nous dit plus rien. On s'y sent à l'étroit et on s'en détache. S'estompe le sentiment d'appartenance. On prend ses distances… et on part.

Ce sentiment d'étrangeté s'étend à l'espace public : les règles du jeu social, la philosophie ambiante, les idées reçues, le système de vie, le consumérisme : tout s'éloigne en douce. Un écart se creuse. S'insinue un malaise qui ne fait que grandir. On est devenu étranger à son monde.

On se quitte et on part parce qu'on est devenu étranger autant à soi-même qu'à son monde religieux et à son environnement social. La grande partance commande le réaménagement des rapports qui définissent sa vie : rapports à soi, aux autres, au monde et, à travers eux, rapport à Dieu. Le familier produit l'usure ; la répétition, le sommeil ; l'agitation, la dispersion ; l'activisme, l'essoufflement. Au cœur de l'expérience du dépaysement et du sentiment d'étrangeté, gît un puissant dynamisme de renouveau qui fait de l'étranger un pèlerin en marche vers son inaccessible Compostelle. Quand notre propre masque nous devient étrange, que Dieu nous paraît bizarre et que le monde cesse de nous convenir, c'est l'heure du grand départ. Aussi longtemps que Dieu, le dogme, le monde et notre personnage nous sont familiers, rien ne se passe. Pas de questions. Que des réponses.

On part sans savoir où aller. Autrefois les chemins spirituels étaient tracés, balisés, éprouvés. Partir voulait dire sortir du monde, entrer en communauté, aller en missions, opter pour l'une des nombreuses spiritualités proposées par l'Église, devenir membre d'un tiers ordre, d'une association pieuse ou de l'Action catholique. Aujourd'hui la quête spirituelle hésite à s'inscrire à l'intérieur de modèles préfabriqués et de cadres religieux, parce qu'elle se méfie des gens « qui savent », des autorités qui imposent un cadre prédéfini et des structures qui décrivent des chemins verbalisés. Chacun entend cadastrer son propre terrain et tracer sa propre route, en tenant compte de son expérience personnelle.

Aujourd'hui la vie spirituelle est essentiellement une recherche. Itinéraire plutôt que chemin, projet à inventer plutôt que modèle à suivre. Elle est essentiellement voyage, marche, cheminement. Non pas errance, mais itinérance : ce qui suggère l'idée de route (*iter*) et l'idée de quête (errance). Partir en quête… cela peut signifier concrètement fréquenter une nouvelle littérature, aller à des conférences et à des colloques, participer à des réseaux de partage et d'intervention, s'engager dans un groupe communautaire ou dans un mouvement de militance, faire une retraite dans un monastère, un Ashram ou un ermitage. Ou encore se mettre à explorer les traditions religieuses et les arcanes ésotériques, ou à expérimenter les forces occultes et parapsychologiques, les énergies telluriques ou les thérapies transpersonnelles. Ou plus radicalement, quitter ses études, son travail, voire son conjoint et partir pour la Californie, le Tibet ou l'Inde à la recherche du maître. La quête se fait généralement à l'intérieur des frontières spatio-temporelles de son existence. Il s'agit de marcher dans ce qui est là ; de chercher une nouvelle façon d'être dans son espace existentiel, de marcher à l'intérieur des limites de sa quotidienneté ; de prospecter son champ pour y découvrir le trésor enfoui ; d'explorer l'intérieur de son existence extérieure et la profondeur de sa vie unidimentionnalisée ; de chercher « un autre monde » dans son monde, c'est-à-dire une autre dimension de la vie dans sa vie de tous les jours.

La quête se fait actuellement dans toutes les directions : on parcourt de vieux sentiers usés ou on explore des voies nouvelles. On pénètre les profondeurs de la conscience et les potentialités du psychisme, on expérimente les thérapies les plus variées et les techniques de toutes sortes; on pratique les arts martiaux; on se vautre dans les bains de glaise; on fait dans le bio et l'écolo; on utilise même des produits hallucinogènes à des fins extatiques. On respire, on visualise, on crie, on chante, on danse, on répète des mantras, on se concentre, on médite, on prie, on jeûne, on brûle de l'encens, on fait des pèlerinages, on entre en transe, on interroge les astres; on célèbre les néoménies et on rend un culte à Gaïa. Ou encore on s'engage socialement et on milite pour la justice et pour les droits humains. Autant de pratiques destinées à favoriser la saisie du but spirituel projeté.

Mais qu'est-ce qu'on cherche au juste? Quel est l'objet de cette quête tous azimuts? Certains cherchent un Dieu personnel et transcendant, une déité immanente, une énergie divine, Jésus dans le cœur ou l'Esprit dans ses manifestations charismatiques. D'autres poursuivent la réalisation de soi, l'épanouissement psychosomatique, l'accès à des états de conscience altérés, la connaissance primordiale, la santé holistique, les consolations ou le bonheur. D'autres enfin sont en quête de phénomènes extatiques, d'expériences sommets, de pouvoirs parapsychologiques ou occultes, de communications avec les anges et les esprits désincarnés, ou de contacts avec les extra-terrestres.

Quelle confusion! De toute évidence, la quête spirituelle ne recouvre pas la même réalité pour tous. On oublie souvent, me semble-t-il, la visée ultime de la démarche spirituelle qui est de faire advenir l'humain en soi-même et dans le monde. On sacrifie la spiritualité à des ersatz qui risquent de produire le contraire de ce qui est recherché. L'œuvre spirituelle consiste à sculpter l'humain en soi et à faire de la société une communauté vraiment humaine. Tout ce qui ne tend pas à cela est distraction, divertissement et recherche de gratification. L'illusion menace. Le serpent rôde. Les fauves sont à l'affût. Comme me confiait un maître à Ésalen : « Méfie-toi, il y a un serpent à Ésalen ».

Pour ridicule, naïve et dangereuse qu'elle puisse parfois paraître, cette quête polymorphe qualifiée trop facilement de « spirituelle » ne traduit-elle pas la recherche de quelque chose d'autre, le désir d'une alternative au système enlisé, l'aspiration à une autre dimension? Ne révèle-t-elle pas la volonté ou du moins le désir d'échapper aux dérives de la modernité et au vide de la consommation ? Qui sait ? Peut-être s'agit-il d'une recherche inconsciente de l'insaisissable Graal ou d'une chasse au trésor introuvable. Ou encore d'une nouvelle lutte, séculière celle-là, de Jacob avec l'ange, c'est-à-dire du sujet avec sa propre humanité. Cette lutte se livre aussi dans l'obscurité et il n'est pas donné à tous de prendre conscience de l'enjeu ultime. Une chose est sûre ; on ne sort de cette lutte que blessé.

L'intérêt de cette quête multiforme réside en ce qu'elle est en réalité ce que doit être toute démarche spirituelle authentique, c'est-à-dire une quête, une question, un cheminement, une itinérance. Les spiritualités classiques, toutes bien balisées, risquaient d'obnubiler cette dimension de la vie spirituelle, car elles se présentaient davantage comme des voies à parcourir et des itinéraires à dérouler. La quête appartient à l'essence même de la démarche spirituelle. Et qui dit quête, dit non-possession. Qui dit recherche, dit déceptions et erreurs possibles. La quête est le ressort de la vie spirituelle. C'est dans le mouvement même de la recherche que la vérité chemine. La question possède une force dont est dépourvue la réponse. Et toute réponse qui ne se pose pas une nouvelle question fausse le cheminement : elle court-circuite la force du mouvement ; elle se suicide en devenant une fin, c'est-à-dire une vérité qui se meurt parce que personne n'a plus de question à lui poser. C'est dans cette ouverture au questionnement que nous nous livrons à nous-mêmes, aux autres et à l'Autre. Nous demeurons à nous-mêmes un mystère inépuisable dont nous ignorons le chiffre.

Dans l'authentique mouvance spirituelle, on ne sait guère d'où on part et on ignore totalement où l'on va. Itinérance oblige. Personne n'a foulé mon pays avant moi ; personne n'y a tracé de sentier pour moi. Les autres avant moi ont arpenté leur propre domaine à eux. Certes ils m'inspirent par leurs exemples et m'instruisent par leurs expériences et leurs conseils. Mais ils ne déroulent pas devant moi un sentier tracé sur lequel je n'aurais qu'à marcher en suivant les indications[6].

6. Voir pour cette partie mon article « La grande partance », dans Richard Bergeron, Guy Lapointe et Jean-Claude Petit (dir.), *Itinérances spirituelles*, Montréal, Médiaspaul, 2001, p. 26-39.

Conclusion

Conscience malheureuse, désir de l'humain, courage d'être et quête active ne sont pas seulement les éléments déclencheurs de la passe spirituelle; ce sont des dynamismes permanents qui assurent la vitalité de la démarche spirituelle. La conscience de la panne et du chemin à parcourir nous arrache aux ornières du devenu spirituel. On peut aussi s'installer dans sa spiritualité. Le désir excité donne du souffle, rend dynamique, inventif et ardent. Le courage, ne peut pas être, lui non plus, que la vertu des commencements. Du courage, il en faut pour vivre et mourir. Du courage pour durer et endurer. Du courage pour supporter, résister, combattre et persévérer. Quant à la quête, le jour où on cesse de chercher et d'attendre, on s'embourgeoise, on s'arrête et on commence à régresser.

Puisque chaque jour est nouveau, il offre l'occasion d'un nouveau commencement. La vie spirituelle se passe au présent : c'est aujourd'hui le temps du réveil, du désir, du courage et de la quête. Le bouddhisme parle de la « demeure de l'instant » pour signifier que l'impermanence absolue annule le passé et l'avenir. S'il n'y a rien de substantiel et de permanent, il n'y a pas rien qui dure : il n'y a pas de véritable devenir. Puisque n'existent que des phénomènes transitoires, rien ne demeure : il n'y a pas de passé. Et le futur n'est pas encore. Donc l'être réside tout entier dans le présent qui est son unique demeure.

Les juifs et les chrétiens parlent eux de l'aujourd'hui. À la différence du présent qui n'est qu'un point dans le déroulement du temps, l'aujourd'hui est un maintenant. Main-tenant : tenir en main. Tenir quoi ? Le passé et le futur. Le maintenant est le lieu où le passé perdure et où l'avenir s'anticipe. C'est dans le maintenant que le futur vient à la rencontre du passé et que surgit l'histoire, mon histoire personnelle.

C'est aujourd'hui qu'on prend conscience, qu'on désire, qu'on s'arme de courage et qu'on se met en recherche. C'est aujourd'hui que ça se passe. « Aujourd'hui, puissiez-vous entendre ma voix. » (Ps 97,7; He 3,15). « Aujourd'hui je t'instruirai » (Ps 22,15). « Tu es mon fils : aujourd'hui je t'ai engendré »(Ac 13,13), « Donne-nous aujourd'hui notre pain de chaque jour » (Mt 6,11). C'est aujourd'hui qu'on doit écouter l'appel qui monte de son cœur profond; aujourd'hui qu'on s'engendre à l'humanité; aujourd'hui que le salut entre dans la maison (Lc 19,9). Refuser la nostalgie d'un passé où il était plus facile, pense-t-on, d'être des spirituels. Rejeter le rêve fantaisiste d'un demain illusoire où il sera plus aisé, pense-t-on, de vivre spirituellement. C'est ici dans mon maintenant que tout se passe. C'est ici que la vie surgit et c'est maintenant qu'il faut la cueillir. Profondeur insoupçonnée de l'aujourd'hui.

Il n'y a pas de meilleur lieu qu'ici, ni de meilleur moment que le maintenant. Chaque situation est la meilleure occasion pour s'éveiller, désirer, endurer et rechercher. La meilleure occasion pour grandir en humanité, en subjectivité et en liberté.

DEUXIÈME PARTIE

L'œuvre spirituelle

Cette partie traite de l'œuvre spirituelle sous l'angle anthropologique. Dans un premier temps, nous cherchons le fondement de la vie spirituelle, non en Dieu, ni dans la religion, ni dans la morale, mais en l'homme lui-même qui est à la fois le sujet et le fondement de la spiritualité. Le spirituel n'est pas une dimension ajoutée à ce que serait une nature humaine naturelle. C'est un attribut spécifique qui qualifie et définit l'être humain.

Dans un deuxième moment, nous tentons de décrire, sinon de définir, la vie spirituelle : sa nature, ses composantes, ses dynamismes et ses étapes de croissance. Nous nous arrêtons longuement à visiter l'espace spirituel. Nous terminons en disant que la vie spirituelle s'épanouit selon trois grands modèles de spiritualité.

CHAPITRE 3

L'homme un et trine

Le point de départ de la quête spirituelle, c'est l'*homo* et son point d'arrivée c'est encore l'*homo*. L'être qui entreprend la marche spirituelle, c'est le sujet humain projeté vers sa propre plénitude. La façon dont on considère l'être humain et la vision qu'on a de son accomplissement, déterminent le sens, le mode et le contenu de la vie spirituelle. Le point de départ obligé de la spiritualité est donc anthropologique. Qu'est-ce que l'*homo*? Je ne veux pas débattre ici des questions métaphysiques concernant l'essence et la nature humaine, ni aborder le sujet de l'âme et de son immortalité. Je veux saisir l'homme tel qu'il apparaît dans l'espace-temps.

Par trinité humaine, je ne désigne pas les trois composantes de l'être humain : l'âme, l'esprit et le corps. J'entends plutôt signifier que l'*homo* se présente sous trois visages : non pas trois parties constitutives, mais trois aspects ou qualités d'un tout unifié. L'*homo* apparaît comme un noyau à la fois individuel, relationnel et cosmique. Il n'est d'individu que relationnel et cosmique. Dire « je », c'est se mettre en relation avec soi, avec les autres et avec le monde. Les trois dimensions ou qualités de mon être personnel ne peuvent se développer que si je suis en rapport avec le monde, avec les autres et avec mon propre fond. Ce triple rapport est constitutif de mon être. Détaché du monde cosmique, je dépéris et meurs; coupé des autres, je me flétris et m'étiole; séparé de moi, je glisse dans l'aliénation.

Je ne puis m'épanouir comme être cosmique que grâce à un juste rapport au monde physique; comme être relationnel, que grâce à un juste rapport aux autres; et comme être individuel, que grâce à un juste rapport à moi-même.

I- Le rapport au monde

L'être humain est planté au cœur de l'espace cosmique. Il n'est pas seulement dans le cosmos; il est lui-même cosmos en miniature, microcosme. Il fait partie d'un grand tout et ce grand tout est en lui. Le monde est donné comme un tout là où se trouve un être humain. L'homme est, en effet, façonné des mêmes éléments qui composent l'univers: fer, calcium, potassium, eau, oxygène, etc.; il est mû par les mêmes lois qui se trouvent dans la nature; il fait partie de la même aventure évolutive et est porté par la même vague cosmique et le même élan vital. L'*homo* est cosmique de part en part; c'est un terrien qui est terre et se reçoit du sol.

Le monde, certes, est un objet en dehors de moi. Mais il est plus que la multitude des choses en soi qui existent objectivement; plus que cette totalité dans laquelle je me trouve; plus que cette vaste réalité qui s'étend autour de moi, qui me porte et me fait vivre; plus que cet ensemble unifié et organique en dehors de moi. Je ne suis pas un objet parmi d'autres; je n'existe pas de la même façon que les autres choses. Le monde est tendu entre deux pôles dont l'un est du côté de l'objet et l'autre dans un point précis du sujet. D'une part, le sujet n'existe qu'en regardant, pensant et organisant le monde objectif qui, à son tour, ne développe toutes ses forces d'évolution que s'il est vu, pensé et organisé par le sujet humain. D'autre part, le monde est relatif à l'*homo* qui est appelé à prendre une décision sur le sens de l'univers. L'homme est ce qu'il est, parce qu'il est dans le monde, y participe et vit du même élan vital. Et le monde est ce qu'il est, parce qu'il est présent dans l'*homo* et trouve en lui son sens. Dans l'univers, l'être humain est appelé à nommer le réel, c'est-à-dire à trouver ou à donner un sens au monde. Et le sens qu'il lui donne est déterminé par sa constitution comme être cosmique. Ce sens définit et commande le rapport qu'il entend établir avec l'univers.

Le corps

Le corps n'est pas une machine; c'est mon lieu cosmique immédiat. Dans mon corps habite la totalité cosmique. Je suis un organisme biophysique entièrement constitué d'éléments puisés à même le cosmos. Je suis fait de terre et par la terre. Enfant de la Mère Terre, issu de la terre, je retourne à la terre. Ma relation à l'univers passe par la relation à mon corps. Le rapport que j'établis avec mon corps doit logiquement et en toute cohérence qualifier et conditionner mon rapport au cosmos, et vice versa. Ne s'agit-il pas en définitive du même rapport, puisque mon corps est pour moi le pôle subjectif de l'univers? Aimer ou mépriser mon corps, c'est aimer ou mépriser l'univers. Quand je pollue l'air ou l'eau et que j'abîme la nature, je porte atteinte à mon corps. De même lorsque je soumets mon corps à des abus de toutes sortes, y compris les excès de travail, et que j'attente aux lois cosmiques qui sont en moi, du même coup, c'est le cosmos lui-même que je violente. Au fin fond, je ne suis pas plus différent dans mon rapport au cosmos que dans mon rapport à mon propre corps. Mais la chose ne va pas de soi; la cohérence sur ce point est loin d'être facile. Le mépris du corps peut se jumeler à un engouement pour la beauté de l'univers; à l'inverse, le dorlotement du corps peut aller de pair avec un irrespect de la nature.

L'environnement

Mon corps se prolonge dans mon environnement physique. Ma cour, mes montagnes, mon village, ma forêt et mes lacs constituent l'aire cosmique où se déroule ma vie. C'est mon monde à moi avec lequel je suis en relation immédiate, mon terrain de vie si beau, si rugueux et si majestueux. Cet environnement immédiat me façonne psychiquement et physiquement. La banquise fabrique l'inuit, le désert le bédouin, l'Himalaya le montagnard. Je modèle mon environnement tout autant qu'il me façonne lui-même. En le respectant, j'en retire, à court et à long terme, un maximum de fécondité et de vie. En le polluant et en le violant, je mets en péril ma vie et ma santé. Mon environnement, c'est l'extension de mon corps; plus précisément c'est mon corps prolongé. Mon parterre, mon potager, mes fleurs, mes arbres et surtout ma maison avec son décor, ses couleurs, son mobilier, ses objets d'art, ses matériaux: tout parle de mon moi. Au sens strict, tout cela est mon corps, la dimension cosmique de mon être. À voir mon corps environnemental, les gens peuvent deviner quel genre de personne je suis. Mon décor immédiat est très éloquent : il me trahit tout autant qu'il me traduit. Je suis la maison que j'habite. Ma maison est plus qu'un abri contre le froid et la pluie ; c'est ma demeure, mon home, mon foyer, mon habitat ; mieux, mon corps, mieux encore mon image et ma ressemblance, l'expression et le signe de ce que je suis et de ce que j'ai l'intention d'être et de devenir. Ma demeure parle de moi. Si vous avez le goût de me connaître, venez non pas la visiter, mais l'écouter et l'interpréter.

Mes biens

Mon corps s'étend aux choses que je possède. Mes biens contribuent à la constitution de mon corps. Mes vêtements, mon auto, mes livres, mes disques, mon appareil stéréo, mes skis, mes stylos, mes outils, en un mot tout ce que je possède est le prolongement de mon corps, l'expression visible de ce que je suis intérieurement. Mon avoir reflète mon être et indique le genre d'homme que je suis et que je veux devenir. Je deviens ce que je consomme. La croissance de l'être se fait par l'assimilation de l'avoir, c'est-à-dire des biens que je possède ou dont j'ai l'usage. Le processus de croissance est passage de l'avoir à l'être ; c'est un processus de digestion ontologique. Le rapport aux biens est donc déterminant pour définir le genre d'*homo* que je veux devenir. Les biens ont le pouvoir de me détruire autant que de me construire. Je puis mourir par suffocation sous le poids des objets, ou au contraire par rachitisme pour insuffisance de biens.

La nourriture

De tous les biens, la nourriture est le plus immédiat et le plus primordial. D'elle dépend ma croissance et ma survie. Je ne puis exister comme être cosmique qu'en me recevant du monde matériel. Je ne vis qu'en me nourrissant. Et pour me nourrir je dois m'approprier du vivant que j'assimile et remets en circulation. Mouvement perpétuel de domination et de violence. Cycle de la vie qui ne peut perdurer que si la vie s'abolit elle-même. Manger suppose le déploiement brutal des forces captatives par lesquelles les aliments sont ramenés à moi et mis au service de mon existence individuelle.

Mais un regard plus attentif me révèle une dimension plus profonde de la nourriture. En tant qu'être cosmique, essentiellement relié à l'ensemble de l'univers, mon rapport aux aliments revêt une signification plus globale. Manger s'avère finalement un acte de communion : un vivant est sacrifié pour que la vie continue. Il ne peut y avoir vie que par la médiation de la mort. Mort d'un vivant pour que perdure le grand élan vital. La dimension communionnelle de l'acte de boire et de manger s'exprime de façon merveilleuse dans le repas pris en commun.

Mais comme mon existence m'est donnée journellement au compte-gouttes et que ma vie m'échappe à mesure qu'elle m'est confiée, il en découle une anxiété et une peur souvent inconscientes qui se traduisent dans une foule de troubles psychosomatiques ou de comportements déréglés : anorexie, boulimie, gloutonnerie, scrupule, voracité, jeûnes excessifs.

Manger est un acte complexe et dangereux qui ne va pas de soi. On doit apprendre à manger. On ne sait pas spontanément quoi manger, ni comment manger, ni comment conserver les aliments et les préparer. La nourriture a toujours été un domaine de prescriptions et d'interdits au cours des âges. Le choix des biens nourriciers est devenu un art difficile dans nos sociétés où tout est trafiqué. De la *malbouffe* au produit naturel en passant par le transgénique. Du *fast food* à la diète savante, en passant par le repas équilibré. Quelle route difficile à parcourir pour éviter d'être détruit par ce qui doit faire vivre ! Qu'il est difficile d'apprendre à manger correctement ! Encore plus difficile d'apprendre ce que signifie manger humainement ! De tous les rapports au cosmos, la relation à la nourriture est peut-être la plus malaisée. Et dire que la vie en dépend.

L'argent

L'argent est le résumé et le symbole de tous les biens, car il donne la possibilité de les acquérir tous. Qui a de l'argent est le propriétaire potentiel de toutes choses. Le monde lui appartient virtuellement. Dans la société actuelle, l'argent a remplacé le troc comme moyen d'échange. On utilise un étalon fictif conventionnel, une monnaie dont la valeur est relative aujourd'hui au dollar américain. L'argent est essentiellement un instrument simple et efficace qui préside aux échanges de biens entre les individus. L'échange est la vraie nature de l'argent. On tire de l'argent de son travail, de ses biens et ses compétences et, en retour, on en verse pour des services et des produits. On paie des impôts et l'état voit aux besoins fondamentaux de la population : éducation, santé, transport. L'argent fait partie de la vie en société, c'est lui qui permet la circulation des biens.

L'argent occupe une position dominante dans l'âme et il exerce sur l'individu une grande puissance de séduction. De moyen d'échange, il peut devenir un but à poursuivre à cause du pouvoir, des privilèges, de la sécurité et de l'importance qu'il confère à l'individu. La valeur personnelle se jauge au compte de banque. L'argent devient un fétiche qui occupe une position de force dans la vie et exerce un pouvoir hégémonique sur la société. Il est, écrit E. Drewermann, « le véritable vecteur énergétique de tous les processus sociopolitiques, l'énergie universelle de tous les processus de transformation dans la société. C'est un régent abstrait : notre vrai Dieu, c'est lui ; c'est à lui que, sous les espèces de nos banques, de nos compagnies d'assurances, de nos grands magasins, nous édifions des sanctuaires plus vastes que ne le furent jamais dans l'Antiquité les temples des dieux et les palais des souverains[1]. »

Comme l'argent baigne toujours dans l'ombre, il est difficile d'établir un juste rapport face à lui, un rapport qui fasse vivre et non mourir. Jésus a créé l'antithèse « Dieu ou l'argent ». Le dicton populaire dit : « la bourse ou la vie ». Et des auteurs écrivent des livres intitulés *Votre vie ou votre argent*[2]. Ces antithèses donnent à penser que la relation à l'argent est une question de vie ou de mort.

Pour conclure cette section, rappelons que l'appropriation n'est en soi ni une perversion ni une déchéance, mais une requête originaire d'humanité. Le besoin, le désir et la poursuite des biens traduisent toujours, quoique souvent inconsciemment, une quête d'essence humaine, en ce sens que le « moi » se constitue en prenant appui sur le « mien » ou le « nôtre ». L'avoir affecte l'être de façon décisive. Tout devenir humain (intellectuel, affectif, spirituel, culturel) suppose un avoir individuel ou communautaire auquel on a accès. Si l'on ne peut imaginer l'*homo* sans avoir et le « moi » sans le « mien » ou le nôtre », c'est que l'appropriation correspond à une poussée originelle inscrite dans la structure de l'être humain. On

1. Eugen DREWERMANN, *Dieu en toute liberté*, Paris, Albin Michel, 1997, p. 385.
2. Joe DOMINGUEZ et Vicki ROBIN, *Votre vie ou votre argent ?*, Montréal, Éd. Logiques, 1997.

pourrait imaginer une appropriation juste et innocente dans un paradis perdu ou dans un royaume utopique. Mais l'appropriation apparaît dans l'histoire humaine et dans l'existence de chacun comme une relation toujours déchue. Le rapport aux biens ne va plus de soi.

II - Le rapport aux autres

Être cosmique, l'*homo* est aussi de nature relationnelle. En tant qu'être de relation il ne peut ni vivre, ni grandir, ni s'épanouir en dehors d'un réseau complexe de relations avec ses semblables. Je ne suis que par l'autre et l'autre n'est que par moi. Chacun naît de la lèvre d'autrui et de la parole qu'il entend. Je me reçois de l'autre et, lui, se reçoit de moi. Personne n'est une île, un bloc solitaire, une bulle de verre ou une monade isolée. On ne peut vivre seul en cage. L'isolement est mortel. L'*homo* est le fruit d'inextricables relations avec ses semblables et la résultante d'infinis échanges avec ses pairs. Il a inventé le langage, le symbole, le signe pour s'exprimer et communiquer avec les autres. Il a créé routes et véhicules pour faciliter les rencontres. Il a inventé les moyens de communications pour mettre les humains au même diapason. La relation à l'autre est structurelle de l'*homo*; mais cette relation peut donner la vie ou provoquer la mort. L'autre est enfer ou paradis. D'où l'importance cruciale d'établir avec lui un juste rapport.

Rapport à l'individu

L'autre, c'est d'abord l'individu qui est en face de moi, qui partage mon espace vital, mon aire de jeu ou de travail, qui habite ma rue ou ma ville. Celui que je connais ou que je ne connais pas; que je reconnais ou que j'ignore. Mais qui est là près de moi ou que je croise accidentellement dans la vie. L'autre, c'est aussi l'étranger, l'inconnu qui fait subitement irruption dans ma vie ou qui me tend une main quémandeuse au coin de la rue. L'autre est riche ou pauvre, malade ou bien portant, aimable ou repoussant, instruit ou ignorant, cancre ou futé. L'autre, c'est toujours mon vis-à-vis permanent ou occasionnel. Il a en commun avec moi de partager la même nature, la même destinée, la même dignité et la même « bestialité ». Quel qu'il soit, j'ai quelque chose à apprendre et à recevoir de lui; mieux, j'ai à me recevoir de lui. Toute rencontre — celle que l'on choisit, que l'on provoque ou celle qui s'impose contre son gré — est occasion de croissance et d'ouverture, ou au contraire lieu de perdition et de fermeture. Il s'agît moins de sélectionner ses rencontres que de choisir le mode de relation qu'on veut établir et d'être au clair sur ses motivations et ses sentiments. Dans la relation interpersonnelle se joue l'avenir de chaque individu.

Cela se vérifie d'une façon particulièrement dramatique dans les rencontres avec les personnes de l'autre sexe. On sait combien le rapport homme-femme est lesté d'embûches, chargé d'histoire, galvaudé par les préjugés et les stéréotypes. Et pourtant cette relation est tout aussi inévitable que nécessaire. L'humanité exprime sa plénitude dans la complémentarité et la réciprocité du masculin et du féminin. Un être humain n'est pas un individu neutre, générique : il est homme ou femme. Il y a un monde féminin avec ses façons de sentir et de faire, ses modes et ses traditions, ses préoccupations et ses défis. De même y a-t-il un monde masculin avec ses goûts et ses manières spécifiques. Ces deux mondes s'attirent et se repoussent, s'aident et se nuisent, s'aiment et se détestent, se craignent et s'attirent. Leur convergence et leur dialogue peuvent aider chacun à fleurir dans son humanité, soit féminine, soit masculine. La rencontre de la femme est indispensable à la croissance de l'homme. Derrière tout homme il y a la femme. « Cherchez la femme », disait mon ami Gaston. Tout homme est façonné et humanisé par sa relation à la femme. Il en est de même pour la femme.

Rapport à la société

Les relations intersubjectives se déploient au cœur d'une communauté humaine organisée. Les sociologues ont démontré que le processus dialectique fondamental d'une société connaît trois moments : l'extériorisation, l'objectivation et l'intériorisation.

L'extériorisation est le rayonnement des individus dans l'espace public. Par leur travail, leurs activités, leurs inventions, leurs productions et leurs créations, les citoyens se projettent en dehors d'eux-mêmes dans le monde qu'ils façonnent à leur image. L'objectivation est le produit de l'extériorisation. Elle confronte la réalité produite à son producteur comme une facticité extérieure à lui-même, comme une « chose objective ». La société est le produit des individus qui la composent. Chaque membre a son apport spécifique dans la création du monde social. Culture, éducation, art, santé, loisir sont les fruits de l'effort créateur et du travail des individus.

La société est une objectivation des individus qui se projettent socialement dans des actions et dans des œuvres qui s'inscrivent dans l'espace public. Les productions des individus forment un monde qui a certes sa source en eux, mais qui finit toujours par s'imposer à eux comme une donnée extérieure. Les biens culturels, éducatifs, religieux, sociaux, matériels sont *là*, là *pour tous*. Ils sont offerts comme des choses à consommer ou à partager. L'objectivité de la société peut être coercitive grâce aux multiples processus de contrôle (rôles, fonctions, lois, traditions, police).

Enfin, l'intériorisation est le processus de résorption du monde objectif à l'intérieur de la conscience, d'une façon telle que les instances objectives de la société déterminent les structures subjectives de la conscience. Les données objectives sont introjectées dans la conscience personnelle et deviennent des données subjectives. L'individu apprend les significations sociales : il les assume à l'intérieur de lui-même et en fait ses propres significations. Loin de se limiter à gober passivement le monde socioculturel dans lequel il vit, il doit se l'approprier activement. C'est dans ce processus que se développe son identité. Si l'individu réussit mal l'appropriation subjective de son monde socioculturel, il risque de demeurer au niveau de l'objectivité ; et l'objectivation conduit à l'évanescence du sujet.

Selon que le rapport au monde socioculturel et politique est réussi ou raté, l'homme devient un automate ou une personne humaine. Le rapport juste à la société est celui qui induit un processus de personnalisation.

En conclusion, disons que la relation aux autres est une donnée constitutive du sujet humain. Le désir de dialogue et la recherche de communion s'inscrivent à l'intérieur d'un pouvoir être spécifique qui projette naturellement l'individu vers les autres. Même s'il s'exprime spontanément sous une forme dominatrice, le rapport aux autres est originairement inhérent à l'être humain. À partir de la volonté de puissance universellement répandue, on peut imaginer une relation de pouvoir qui serait innocente et juste. Cet effort d'imagination laisse entrevoir l'essence originaire de cette relation de pouvoir qui apparaît comme une puissance donnée à l'homme pour qu'il construise sa vie, édifie la société et assure sa maîtrise sur le cosmos, en un mot, pour qu'il advienne en humanité et se réalise en tant que personne. Mais ce pouvoir originaire ne se trouve dans l'humanité et dans chaque individu qu'à l'état déchu.

III - Le rapport à soi

Cosmique et relationnel, l'*homo* est aussi un sujet individuel, un noyau original d'humanité. S'il est dans le cosmos et si le cosmos est en lui, il se tient aussi *devant* le cosmos comme un centre de conscience : il connaît l'univers, le maîtrise et le transforme. S'il vit en société et si la société est en lui, il est aussi *devant* la société : il la regarde, l'étudie, se « positionne » et s'affirme devant elle. *L'homo* n'est réductible ni au cosmos, ni à la société. Il se refuse à n'être qu'un point dans l'univers ou qu'un numéro dans une masse anonyme. L'individu se reçoit du dehors, mais se détermine du dedans. Il est *pour* soi autant que *pour* les autres et *pour* le monde. Il existe en soi. Ex-ister veut dire se tenir (*stare*) en dehors (*ex*) du monde et de la société, et n'être finalement assimilable ni à l'un ni à l'autre. Exister, c'est se tenir dans son noyau personnel, debout devant l'univers, debout devant la société humaine ; se tenir distinct mais relié, séparé mais uni, original mais ouvert à la nature, aux autres, au Tout et au possible.

En tant qu'il est cosmique et corporel, l'homme appartient à la nature ; mais en tant que sujet individuel il s'en détache. En tant qu'il est relationnel, il appartient à une famille, à une race, à une culture et à une communauté ; mais en tant que sujet individuel, il s'en dissocie. Sa relation à la nature et au groupe connaît crises et tensions ; elle doit être construite par des efforts soutenus. Devenir autonome et vivre en tant que sujet individuel, c'est quitter la spontanéité primitive du vivant et l'attachement fusionnel à son groupe. L'autonomie signifie précisément que le sujet individuel existe en soi et pour soi, qu'il est principe et norme, comme les lois de la nature le sont pour les choses et les bêtes, et les déterminations psychosociales pour le psychisme. Nature, culture et sujet se posent comme des faits opposés et complémentaires, en interaction mutuelle.

Je ne veux pas entrer ici dans les débats concernant l'essence et la nature de ce centre ou noyau personnel qui unifie toutes les dimensions de l'être humain. Ce centre supérieur et profond, c'est soi. La pensée hindoue et les psychologies, jungienne et transpersonnelle, conçoivent généralement le soi comme « le Centre supérieur et ultime de la personnalité, au-delà du Moi et du Je, ouvert au Cosmos, à l'Univers, à l'Humanité, au divin, dont il fait d'une façon ou d'un autre partie[3]. » La pensée bouddhiste nie l'existence de ce soi. Pour elle, il n'y a pas de noyau solide et permanent ; le soi n'est qu'un mirage, qu'une illusion. S'il en est ainsi, le « je » n'a pas non plus d'existence réelle. À l'opposé, la tradition occidentale estime que le soi existe bel et bien, mais que, sans être divin de nature, il n'en est pas moins mystérieux, voir numineux et sacré. Elle le considère comme source inépuisable de création, comme centre unificateur de tout l'être humain et comme principe d'attribution par lequel le sujet s'approprie, fait sien, ramène à soi toutes les parties de son être, toutes ses activités intérieures, toutes ses œuvres extérieures et tous ses biens propres. Le soi dit : « je », « moi », « mien ».

Le « je » dit le « moi » qui est « l'instance partiellement consciente de la personnalité qui harmonise les pulsions avec les interdits et les valeurs, en tenant compte de la réalité[4] ». Le moi assure le contact avec cette réalité, ainsi que la permanence psychologique de l'être humain et une certaine stabilité émotive. « Une certaine objectivation du moi est nécessaire dans la mesure où c'est elle qui me donne une image unifiée de mes pulsions, de mes interdits, de mes valeurs, des façons que j'ai de réagir et de me comporter, c'est-à-dire de ce que l'on appelle moi-même, un moi-même que je dois foncièrement aimer pour continuer d'exister mais que j'aurai tendance à figer comme un objet pour mieux assurer sa survie[5]. »

Derrière la multitude infinie des « je » que je prononce, c'est toujours le même et unique soi qui s'exprime. Mais le soi n'est pas la somme des « je » et il ne s'identifie à aucun d'eux. Le « je » peut être trompeur ; il peut cacher le soi aussi bien que le manifester. De toute manière, même quand le « je » est véridique, le soi est toujours voilé par lui. Ce qui le dévoile, c'est précisément ce qui le voile. Finalement le « je » est toujours inadéquat pour dire le soi qui échappe généralement à toute saisie directe, par l'intelligence ou par la conscience. La conscience de soi est une perception psychologique ordinaire alors que la conscience du soi déborde la sphère psychique

3. Pierre Pelletier, *Les thérapies transpersonnelles*, Montréal, Fides, 1996, p. 467.
4. *Ibid.*, p. 456.
5. *Ibid.*, p. 27-28.

normale et relève d'expériences particulières de type enstatique : expérience de conscience altérée ou de conscience cosmique, expérience-sommet, expérience transpersonnelle.

Il y a une distance infinie entre le soi et le je ; le moi conscient nous leurre souvent sur la nature du soi. Les messages qui montent de notre tréfonds ultime sont brouillés par toutes sortes d'interférence.

La première interférence, c'est le « je » lui-même qui se trompe souvent sur le soi, qui le masque ou qui le déforme. Je me trompe sur moi-même. Et même quand je suis vrai, mon « je » n'évoque qu'une partie du soi ; et de toutes manières, il voile toujours le soi.

Au deuxième niveau d'interférence, il y a l'ego. On dit que le « moi » est toujours détestable. Or ce moi haïssable, c'est précisément l'ego. L'ego, c'est « ce que l'on pense être ; sentiment conceptuel de soi-même auquel un être humain s'identifie, habituellement pour se valoriser au dépens des autres ; idée immobile que l'on se fait de soi pour se définir et souvent s'opposer aux autres, source de séparation, d'ambition et d'agression. S'oppose à Soi, considéré comme foncièrement ouvert à la nature, aux autres, au possible, au Tout[6] ». L'ego est agressif, dominateur, égoïste, individualiste, narcissique et prétentieux. Il se projette à l'extérieur dans la peau d'un personnage social qui s'évertue à être toujours conforme à l'idée qu'il se fait de lui-même ou à l'image que les autres ont de lui. L'ego est totalement tourné vers la figure qu'il projette et il ne s'abouche pas avec le soi profond. On voit comment l'ego peut brouiller la relation à soi.

Derrière l'ego, se dissimule le surmoi, qui est une instance de la personnalité produite par l'introjection des valeurs, des interdits, des tabous, des stéréotypes et des préjugés hérités des parents et de la société. Le surmoi est comme la transposition intérieure des réalités extérieures et objectives. Et quand l'objectif s'insinue à l'intérieur, c'est le sujet lui-même qui s'objective. Le sujet ne parle plus, ça parle en lui ; il ne pense plus, ça pense en lui.

Le surmoi fait partie de l'inconscient individuel qui est le produit du refoulement des fantasmes infantiles « inconvenants » et des pulsions jugées « honteuses ». Ces blocages engendrés par le refoule-

6. *Ibid.*, p. 446.

ment peuvent causer des pathologies diverses pouvant aller jusqu'à la folie, point névralgique où le je est totalement aliéné du soi. L'inconscient individuel dresse un écran plus ou moins opaque entre le je et le noyau ultime de l'être.

Profond comme la mer est le soi, mystérieux et insaisissable. Large est l'abîme qui le sépare du moi conscient. Ces grands espaces intérieurs sont remplis de zones de turbulence, de lumière et d'ombre, d'anges et de bêtes en compétition. Autant d'éléments composites qui rendent le contact avec le soi fort difficile, voire souvent impossible. Des trois rapports constitutifs de l'être humain, le rapport à soi est peut-être le moins assuré. Si le contact avec le noyau ultime ne se fait pas ou se fait mal, l'individu reste étranger à lui-même et il s'éparpille dans d'illusoires personnages auxquels il s'identifie. À la merci de toutes les sollicitations extérieures, il se revêt des plus beaux déguisements de l'ego qui s'enfle et se développe toujours au détriment du soi. L'individu égotique cherche à être quelqu'un, à avoir un nom et à prendre la première place, toute la place.

L'individu dominé par l'ego cherche à s'accomplir par l'affirmation de soi, à s'auto-réaliser à la force du poignet, à coups de résolutions, de décisions et de bonnes œuvres. S'affirmer veut dire être le maître absolu de son devenir, forcer son chemin dans la vie, se donner des possibilités et ployer les événements au profit de son projet d'être; en un mot, tout sacrifier au service de son auto-accomplissement, même son rapport aux autres et au cosmos. Grâce à des efforts soutenus, à un courage sans défaillance et à ses connaissances techniques, l'individu planifie sa quête d'humanité et se croit capable par lui-même d'achever sa propre essence et de parvenir à la réalisation de soi.

En voulant s'auto-réaliser de cette façon, l'individu devient esclave de son ego avec ses idéaux les plus sublimes et ses requêtes les plus exigeantes. Ce faisant, il commet une grave erreur sur lui-même, car il veut s'emparer de ce qu'il ne peut que recevoir.

Ce vouloir d'auto-réalisation à tout prix est une entreprise prométhéenne qui se dissimule sous des camouflages souvent subtils et lumineux. La prétention arrogante de se réaliser en ne puisant qu'en soi et en mettant le monde et les autres au service de son propre accomplissement apparaît comme une forme déchue d'une authentique quête d'humanité. Puisque l'être humain est responsable de son propre devenir, il y a donc, inscrit dans ses viscères ontologiques, un pouvoir-devenir, une poussée vers un plus-être, une tendance vers son essence. Mais ce dynamisme inhérent à son être-*homo* n'est pas infaillible ; il s'exerce spontanément sous la forme dévoyée d'un vouloir d'auto-réalisation de l'ego.

IV - Tensions entre les rapports

Historicité

À proprement parler, l'*homo* n'est pas ; il devient. Son essence germinale est appelée à la plénitude. L'adage métaphysique « Deviens ce que tu es » vaut aussi pour l'existence. Car c'est au cours de son existence historique que l'être s'accomplit. L'existence est un perpétuel effort pour advenir, pour devenir soi-même. Le temps n'est pas un cadre vide dans lequel s'inscrivent la vie et les activités humaines ; c'est un « existential », c'est-à-dire une caractéristique spécifique de l'existence humaine, une manière d'être de l'homme. Il est impropre de dire que l'*homo* est dans le temps ; on doit plutôt dire qu'il se *temporalise*, qu'il n'existe que comme processus de temporalisation. Ce processus, qui induit une dispersion ou un étalement de l'être, se ramène à trois moments. L'avenir : l'homme anticipe ce qu'il n'est pas encore et se projette vers des possibilités ; il est toujours en avant de soi, toujours à venir. Le passé : c'est la part de soi qui est déjà réalisé et qu'on ne peut changer, ce qui limite ses possibilités et, partant, protège contre l'illusion. Enfin le présent : c'est le lieu temporel où l'existence toute entière est donnée sous forme de souvenir ou d'attente anticipatrice.

En toute vérité, l'existence se déroule sur la trame de l'histoire. L'homme est un être répandu, dispersé, hors de soi : un être historique, quoi ! Tout dans sa vie, parole, action, connaissance, est marqué au coin de l'historicité et de la relativité.

À l'origine l'homme trine n'est pas. Sa triple dimension, cosmique, relationnelle et individuelle, est donnée à la manière d'une semence portant en elle et l'image finale et l'énergie pour la réaliser. À chaque dimension du noyau humain initial, correspondent trois dynamismes (ou un dynamisme à trois facettes) chargés de présider à la réalisation de la figure trinitaire de l'homme, par la mise en relation de l'*homo* avec le cosmos, avec les autres et avec soi-même.

Le triple dynamisme vital induit trois processus de croissance : un processus de cosmicisation par lequel l'*homo* s'approprie le cosmos (terre, biens, argent) et se réalise par le passage de l'avoir à l'être. Un processus de socialisation par lequel il entre en relation avec les autres et, se recevant des autres, réalise son être. Enfin un processus d'individuation par lequel il se construit autour de son noyau ultime et s'achève comme personne. De masse biophysique, l'*homo* devient corps humain ; de potentialité relationnelle, il s'accomplit comme être social ; et d'individu, il s'engendre comme personne. Que trouve-t-on au terme du processus d'humanisation ? Un sujet à la fois personnel, social et corporel ; un je-avec-les-autres-dans-le-monde ; une trinité achevée dans l'unité.

Mais ce résultat final n'est pas assuré ; et cela, pour deux raisons. D'abord parce que les processus ne sont pas infaillibles ; ensuite parce que les dynamismes qui les induisent, étant toujours en tensions précaires, peuvent éventuellement perturber le déroulement normal des processus et provoquer de graves déséquilibres.

Faillibilité des processus

Les processus de croissance et d'évolution à l'œuvre dans la nature cosmique sont pratiquement infaillibles ; ils suivent à la lettre le programme inscrit dans les gènes ou les molécules chimiques et ils produisent des résultats prévisibles. Chez l'être humain, au contraire, les dynamismes vitaux n'induisent pas de processus infaillibles pouvant produire aveuglément, par le simple jeu du vitalisme biologique, une humanité accomplie.

Toujours imprévisible, ce résultat ne peut jamais être anticipé. Bien malin qui pourrait prédire l'état final d'un individu particulier. L'*homo* est surprise absolue. Le processus de cosmicisation peut être dévoyé par des abus de toutes sortes (alcool, drogue, travail excessif, *malbouffe*, stupre), par l'instinct insatiable de posséder et de consommer, par la recherche excessive du confort et par l'amour déréglé de l'argent qui brouille tout et pervertit l'*homo* dans ses trois rapports constitutifs. Quand au processus de socialisation, il peut être perverti par l'instinct de domination et la violence, par la fermeture et l'indifférence, par les tendances schizophrènes et la peur d'être exploité par les autres. Enfin le processus de personnalisation peut être perturbé par l'affirmation prétentieuse de soi et l'hypertrophie de l'ego, par la vaine gloire et les impératifs du surmoi, par les insécurités existentielles, les blocages affectifs et les refoulements plus ou moins névrotiques.

Tensions entre les processus

Les processus de croissance fonctionnent toujours *in solido*, en tensions dynamiques. Ils interagissent, s'influencent mutuellement, se confortent et se corrigent. Poursuivant une même finalité, ils coopèrent à l'avènement d'un être un et unique.

Tensions entre l'individuel, le relationnel et le cosmique. Tensions entre, d'une part, l'affirmation de soi et, d'autre part, le don et l'ouverture à l'autre et au cosmique. L'homme se réalise *totus simul* en se donnant à lui-même dans l'affirmation de soi et en se recevant des autres et du cosmos. On devine aisément les fortes tensions qui tiraillent celui qui veut se réaliser. Tensions entre la fermeture et l'ouverture, entre l'affirmation de soi et l'accueil de l'autre, entre la possession et le don, entre l'avoir et l'être. Tensions entre le « pour soi » et le « par soi » ; le « pour les autres » et le « par les autres » ; le « pour le cosmos » et le « par le cosmos ». C'est au cœur même de ces tensions qu'advient la vie et que surgit l'humain.

L'équilibre entre les tensions est rompu quand les processus, au lieu d'interagir dynamiquement, entrent en compétition et luttent pour la suprématie. Le dynamisme le plus puissant prend alors le leadership et préside aux destinées de l'individu. Les deux autres s'articulent généralement autour du processus-force : ce qui a pour effet de donner à chacun sa forme humaine spécifique : plus cosmique, plus sociale, plus individuelle.

Le drame éclate quand les tensions se résorbent au profit du processus-force qui finit par polariser tout l'être autour de lui. La monopolisation du processus de cosmicisation produit un être humain totalement dominé par le corps, les biens matériels, l'appropriation du cosmos, le monde des objets, l'accumulation des richesses : c'est un matérialiste.

Par ailleurs si le processus de socialisation fonctionne trop exclusivement, il fabrique un être totalement tourné vers les autres, fasciné par le mimétisme et les modes et dominé par la philosophie ambiante ; un être qui cherche à plaire à tous et à se conformer aux exigences de la profession, du standing et du personnage social : c'est un grégaire.

Enfin, si le processus d'individualisation établit son hégémonie, il engendre une forme humaine fascinée par l'ego et dominateur, séduite comme narcisse par sa propre image, rongée par un désir insatiable d'auto-réalisation à tout prix et axée exclusivement sur le développement de son potentiel psychologique et mental : c'est un individualiste.

C'est dans cet *homo* historique, un et trine, doté de dynamismes vitaux et de processus de croissance que s'inscrit la vie spirituelle.

CHAPITRE 4

Le sujet spirituel

Le sujet spirituel c'est l'être humain tout entier, un et trine, avec ses trois dynamismes vitaux et les processus de croissance qu'ils induisent. L'*homo* est spirituel de part en part dans la trinité de ses dimensions : spirituel comme être cosmique, spirituel comme être relationnel, spirituel comme être individuel. Plus qu'un animal raisonnable, l'*homo* est un animal spirituel. Plus que la raison, le spirituel constitue la caractéristique spécifique qui le distingue du reste de l'univers.

I - L'*homo spiritualis*

Je pose le spirituel en l'homme comme un constat, une donnée de fait et non comme un postulat métaphysique ou une option de foi. Je dis : l'*homo* est spirituel parce qu'il apparaît tel dans l'existence. En un certain sens, je peux « voir », éprouver et expérimenter que l'*homo* est spirituel et que c'est là son attribut le plus déterminant.

La question métaphysique

Je ne m'attarde pas ici à la question métaphysique de l'origine du spirituel en l'homme. Je me contenterai de rappeler que la philosophie occidentale a élaboré deux grandes réponses à cette question. La première, dite spiritualiste, affirme que le spirituel est la manifestation d'une âme invisible et immortelle, cette âme étant conçue soit comme un principe ontologique (l'âme « forme » du corps), soit comme une entité solide, indépendante et détachable du corps (l'âme dans le corps). Ou bien l'âme tire son origine immédiate d'un acte créateur de Dieu accompagnant la conception humaine : l'âme est insérée dans le cosmos (théologie traditionnelle) ; ou bien elle est issue d'un processus évolutif dans lequel le Créateur a déposé une potentialité d'âme : l'âme jaillit du cosmos, mais elle est l'œuvre de Dieu, créée par Dieu non pas directement, mais à l'intérieur d'un processus créateur (Henri Bergson). Dans cette perspective, l'âme prend naissance dans le fœtus au lieu d'y entrer par une porte extérieure.

On trouve une variante de cette explication « spiritualiste » dans la vision tripartite de l'être humain selon laquelle l'âme se trouve accouplée au corps et à l'esprit : corps-âme-esprit. L'esprit est vu comme une instance d'ouverture de l'âme à l'Esprit divin, celui-ci étant conçu comme un dynamisme créateur, une énergie fondamentale gisant au fond de l'être, un souffle de vie. Cela fait allusion à la *ruah* (souffle) de Yahvé dans la Bible, ou à l'expir et l'inspir de Brahman dans l'hindouisme. L'esprit de l'*homo* serait comme le point d'arrimage de l'âme à l'Esprit divin. La pensée gnostique et la philosophie ésotérique reprennent volontiers cette conception.

La deuxième voie d'explication du spirituel est donnée par le matérialisme philosophique. Le matérialisme dont il est question ici n'a rien à voir avec le matérialisme pratique ambiant qui se traduit par une absence d'idéaux et de valeurs et par un attachement trivial aux plaisirs corporels et aux biens matériels. La position matérialiste ne consiste pas à nier le spirituel en l'homme, même si l'athéisme est sa conclusion première et naturelle. La position dite matérialiste consiste à postuler que la vie de l'esprit est totalement produite et déterminée par la seule matière. Le spirituel n'est qu'un *effet* du processus matériel qui le conditionne ; c'est dire que le spirituel en l'homme n'a ni vérité ni signification absolue ; il est au contraire relatif à certains états de fait matériels qui le conditionnent de part en part. Au regard de la matière, le spirituel n'a donc ni autonomie véritable ni transcendance réelle. Il se trouve réduit à ce qui l'engendre en dernière instance, soit l'infrastructure économique (Marx), soit la vie des instincts et des pulsions (Nietzsche), soit la libido et l'inconscient (Freud). Aujourd'hui la position matérialiste prend moins appui sur la philosophie et les sciences humaines que sur les sciences « cognitives », surtout la neurologie. Le spirituel serait une création du cerveau.

La position matérialiste est réductionniste, car elle prétend tout expliquer par le « milieu », le « sociopolitique » ou le neuronal. De plus, elle inscrit dans l'existence humaine un déterminisme qui exclut finalement toute autonomie spirituelle. Elle ramène la vie de l'esprit à des catégories biologiques. Le rattachement du spirituel et du moral à la biologie elle-même — à l'exclusion de toute autre origine — abolit le libre arbitre. En un mot la position matérialiste interdit de faire de l'être humain un absolu, puisqu'elle le conçoit non comme le principe, mais comme le résultat de déterminismes complexes. Elle ne croit pas en l'*homo* comme transcendance, ni en Dieu comme entité éternelle, ni en l'esprit comme substance[1].

La perspective de cet essai ne me permet pas d'entrer dans ce difficile débat qu'on n'a d'ailleurs pas à régler pour pouvoir parler de spiritualité. Je suis néanmoins conscient que toute réflexion spirituelle ne peut qu'aboutir à la question métaphysique. Personne ne peut l'éluder : un jour ou l'autre, chacun est forcé à prendre position. Car cette option, qui relève de la foi plus que du raisonnement, a des enjeux considérables pour la compréhension et la pratique de la vie spirituelle.

Je me sens pleinement justifié de mettre entre parenthèses la question métaphysique et de partir du spirituel comme phénomène vérifiable ou comme manifestation signifiante, sans avoir réglé au préalable la question de la réalité dissimulée derrière le phénomène ou caché sous le signe. Le spirituel existe de fait dans l'histoire, dans la culture et dans l'homme; il s'y manifeste de mille façons. Ce constat est dressé autant par les « matérialistes » que par les « spiritualistes ». On peut s'engager sur la voie spirituelle sans avoir résolu les questions métaphysiques qui seront éventuellement clarifiées par la pratique spirituelle elle-même.

Polysémie du spirituel

Le spirituel, qu'est-ce à dire? Aujourd'hui le mot, devenu populaire, est mêlé à toutes les sauces et reçoit de multiples acceptions. Pour les uns, le spirituel désigne le monde des Esprits, bons ou mauvais

1. Voir l'excellent dialogue entre Luc Ferry et André Comte-Sponville dans *La sagesse des modernes*, Paris, Robert Laffont, 1998, p. 39-58.

(anges, démons et âmes désincarnées) qui peuplent les étages supérieurs ou inférieurs du cosmos et qui s'amusent à aider ou à nuire ou tout simplement à faire peur aux humains du rez-de-chaussée. Pour d'autres, le spirituel est ce qui relève de l'invisible, du non-physique et de l'immatériel; ou encore il est vu comme l'envers ou l'opposé de la matière. D'aucuns vont proposer du spirituel une vision qui le rattache à l'occulte, au parapsychologique, et aux phénomènes paranormaux : télékinésie, perception extrasensorielle, transe, lévitation, expérience « extatique », fakirisme, luminescence, prémonition, etc. D'autres ont tendance à identifier le spirituel au psychologique, surtout sous sa forme transpersonnelle, et ils le rattachent à des niveaux de conscience supérieure induisant le sentiment d'une parfaite communion avec l'univers. D'autres relient le spirituel à la question du sens : ils le réduisent au philosophique ou le confondent pratiquement avec le moral. Enfin nombreux sont ceux qui identifient purement et simplement spirituel et religieux.

Témoignant de l'extrême difficulté de saisir la nature du spirituel, toutes ces conceptions suggèrent que le spirituel est une réalité englobante qui, loin de se tenir isolément en elle-même, est en rapport étroit aussi bien avec le religieux, le psychologique et le moral, qu'avec le psychologique et même le parapsychique.

D'entrée de jeu, toute réflexion sur le spirituel doit prendre acte de ces nombreuses conceptions qui circulent dans notre espace public et pénètre le vieil héritage catholique. Elle doit également se soucier de ce que la conscience québécoise francophone a été profondément marquée par une intelligence dualiste du spirituel. Le spirituel, c'est ce qui s'opposait au corporel, au charnel, au sexuel. Suzanne Rousseau a montré comment tous les catéchismes traditionnels ont été construits autour de la dichotomie corps-esprit et comment la nouvelle catéchèse elle-même porte encore des relents de ce dualisme dont les conséquences ont été si néfastes pour l'âme catholique[2]. Toute réflexion sur le spirituel doit tenir compte de cette tradition dualiste.

II- Le spirituel, c'est…

Le spirituel n'est pas une partie, un fragment ou un élément constitutif de l'être humain. On doit plutôt le concevoir comme la

2. Suzanne ROUSSEAU, *L'immortalité de l'âme en question*, Montréal, Fides, 2001.

dimension ultime et insaisissable, la qualité essentielle et spécifique de l'*homo* en tant qu'essence et nature ; ce par quoi et en quoi l'homme est le plus lui-même. C'est de l'être humain comme *essence et nature* qu'il est question quand on parle du spirituel ; de l'être humain tout entier dans ses trois aspects constitutifs : cosmique, social et individuel.

La liberté

La liberté est le jaillissement originel de l'existence par lequel le sujet émerge du monde et se pose dans l'être de façon originale et inédite. C'est le pouvoir de se créer soi-même, de se faire advenir en plénitude. La liberté assume le passé avec lucidité, décide du maintenant et sous-tend le devenir ; ce faisant, elle constitue le moi. Si je n'étais déterminé que de l'extérieur, je ne pourrais être ni devenir moi-même. Je ne serais que la résultante aléatoire du jeu combiné des forces cosmiques, historiques et psychiques.

Il y a d'abord la liberté d'action qui consiste à faire ce que l'on veut, quand on le décide et comme ça nous plaît. Il y a aussi la liberté de choix qui consiste à vouloir et à choisir ce que l'on est, ce que l'on fait et ce que l'on a. La liberté de choix prend souvent la forme du non-choix. Dans le choix du non-choix, il s'agit d'opter pour ce qui nous arrive malgré nous, ce qu'on n'a jamais voulu ni décidé, ce que d'autres, le destin ou les circonstances nous imposent. L'expression ultime du choix du non-choix, c'est d'assumer avec lucidité la facticité de l'existence : être libre à l'égard de l'échec, des situations limites et finalement de la mort.

Enfin nous pénétrons au plus intime de la liberté : la liberté d'être, que d'aucuns appellent le libre arbitre, C'est la faculté de se déterminer soi-même, ce pouvoir par lequel on est capable de se constituer dans l'être, de se faire surgir du non-être par ses choix. En choisissant quelque chose, c'est soi-même qu'on choisit. Ultimement, la liberté consiste à se choisir, c'est-à-dire, d'une part, à consentir à être ce que l'on est, à être soi-même et non un autre ou autre chose et, d'autre part, à vouloir devenir ce qu'on n'est pas encore mais qu'il est possible de réaliser éventuellement. En réalité, les deux aspects se recouvrent et coïncident puisque l'être-homme consiste précisément en un pouvoir-être. La liberté est ce pouvoir-être qui préside à l'accomplissement de soi ; elle apparaît comme une tension de l'être vers lui-même.

Dans tout choix, je me choisis moi-même; je choisis le genre d'humain que je veux devenir, la forme d'humanité que je veux réaliser. Je me fais tel ou tel, je deviens moi-même selon ce que je décide. Conscient ou non, je m'engage dans mon choix, je compromets mon être et l'incline dans un sens donné. Être libre, c'est avoir la faculté et le pouvoir de faire surgir du monde objectif l'*homo* que je suis. En tant que sujet libre, je suis le principe et l'agent responsable de mon achèvement humain. Je me fais moi-même; je suis ma propre tâche.

Si elle porte toujours sur un objet fini ou sur une tâche déterminée, la liberté vise toujours un but indéfini aux contours inconnus, car aucun choix ne l'épuise. Et ce but, qui n'est autre que l'humain intégral, confère une dimension « infinie » et une plus-value à la tâche finie que je m'assigne et au choix limité qui a été fait.

La liberté est un commencement absolu, imprévisible et inexplicable. Mais elle n'est ni fermée ni absolue. Ce qui est fermé, c'est la nature humaine. Il n'y a de liberté que s'il y a d'abord un être humain. La liberté n'est pas antérieure à la nature. S'il est vrai qu'on devient et qu'on se forme par ses choix, on ne se crée pas au sens strict du mot. On naît homme avec une nature déterminée. Ni ange, ni bête, ni Dieu, mais homme appartenant à l'espèce humaine, possédant son humanité en puissance.

La liberté ne peut pas être absolue. Elle ne peut exister que relativement à la nature qui est séminalement donnée et prédéterminée. La liberté est un pouvoir relatif qui n'est possible que moyennant le respect des conditions anthropologiques de base et des exigences spécifiques de l'être humain. Autrement on aurait affaire à une spontanéité aveugle et à un pouvoir arbitraire. L'exercice de la liberté n'est possible qu'à deux conditions : le savoir et la norme. Le savoir, c'est le sens qu'on donne à sa vie, c'est la connaissance de ce qui constitue son existence et de ce qui est de nature à faire advenir l'humain. La « norme » : c'est la prise de conscience que le choix n'est possible qu'en référence à une « table » de valeurs. Sans savoir et sans sens, pas de liberté; sans valeurs et sans « loi », pas de liberté. Le sens et les valeurs deviennent l'espace qui rend possible l'acte de liberté.

L'autonomie

L'autonomie est un autre nom pour la liberté; elle insiste sur un aspect fondamental de la liberté, à savoir que la réalisation humaine n'est pas ultimement le fruit du vitalisme biologique ou des forces neutres de la nature, ni le produit des déterminismes psychosociologiques. Qui dit liberté, dit autonomie. L'être autonome se pose librement dans l'existence et il se tient devant le vaste monde comme un noyau personnel.

Autonome ne veut pas dire indépendant ou autosuffisant. Être autonome, c'est être souverain, c'est-à-dire avoir la capacité de se gouverner selon ses propres lois et de déterminer librement les règles et les façons de faire. Cela implique la possibilité soit d'échapper aux déterminations extérieures, soit d'intégrer et d'assumer librement le jeu des déterminismes cosmiques inévitables (maladies, accidents, séismes, etc.) et des traumatismes indésirables de la psyché. L'autonomie ne peut s'exercer finalement que dans le choix du non-choix.

La liberté est la voie vers l'autonomie. L'être autonome se détermine librement de l'intérieur. À la différence de l'animal qui est lié du dedans par la nécessité, l'homme conquiert l'inertie, monte et se fait, alors que la matière descend et se défait. En tant que réalité cosmique, corporel et psychique, il appartient à la nature ; en tant que sujet autonome, il s'en détache. Ce détachement n'est pas sans mettre en crise son unité avec la nature. Quittant la spontanéité primitive du vivant, l'homme se voit assigné la tâche de se faire luimême en reconstruisant le donné naturel. D'où l'apparition d'une nouvelle modalité d'existence : celle du sujet, avec sa revendication à l'autonomie. Le sujet existe en soi et par soi ; il est principe et norme. La revendication du sujet est analogue à celle de la nature dans le domaine du monde objectif. Loi du sujet versus loi de la nature. L'existence est donnée comme nature et comme sujet ; ceux-ci constituent les deux pôles qui s'opposent mutuellement comme des faits ultimes. À cela s'ajoute la notion de culture qui est essentiellement liée au sujet autonome, mais qui n'est pas sans rapport avec la nature. L'être-homme n'existe que comme sujet et nature enculturée. Enculturé, mais autonome, tel est le sujet humain, debout devant le monde objectif et devant la foule. Détaché de l'un et l'autre, il est appelé à refaire son choix et à affirmer sa véritable vocation à l'encontre des habitudes de la foule et des pratiques imposées, malgré ses peurs et ses angoisses.

Ne pas confondre autonomie avec autosuffisance et indépendance du moi absolu. La totale immanence à soi est pratiquement impossible et la volonté de la réaliser est vouée à l'échec. L'autonomie ne signifie pas l'annulation de tout lien à l'égard du monde extérieur et objectif. Il n'y a aucune contradiction entre les requêtes de l'autonomie et une certaine hétéronomie, mais celle-ci doit être articulée et aménagée en référence aux requêtes du sujet libre, de façon telle que ce qui est hétéronome devient mien. La loi, la tradition, la réalité objective, ne peuvent être éprouvées comme valables pour moi que si elles sont intériorisées et subjectivées, c'est-à-dire identifiées à moi-même. Je ne puis alors que les désirer, les vouloir et les choisir, car je ne puis faire autrement que d'agir selon ce que je suis. Quand le personnel investit les données hétéronomes, celles-ci cessent d'être objectivées et elles ne me contraignent plus de l'extérieur.

La transcendance

Cela nous conduit à la notion de transcendance. L'autonomie ne supprime pas l'idée de transcendance, mais elle implique l'humanisation de la transcendance et son inscription dans la subjectivité. Cette nouvelle transcendance ancrée dans l'être-homme n'en impose pas moins que l'ancienne qui trouvait son fondement en Dieu ; mais elle le fait autrement, sous un autre mode. Elle fait, elle aussi, « appel à un ordre de signification qui, pour prendre sa racine dans l'être humain, n'en fait pas moins référence à une extériorité radicale[3] ».

Il va de soi que la transcendance n'est pas une surnature, une sorte de deuxième étage de moi-même. Du point de vue de l'être, elle ne s'identifie à aucune réalité dont on pourrait démonter l'existence ; du point de vue de la connaissance, elle ne peut être représentée par des concepts car elle est ineffable. Elle est une sorte de qualité ultime de l'être-homme, le fondement obscur d'où jaillit la liberté. Un au-delà de ce que je suis. Sous l'angle phénoménologique, la transcendance est donnée — hors de tout référent à une autorité ou à une entité supérieure — dans l'immanence à soi. Le mot ne désigne pas ici une caractéristique du divin, mais de l'humain. Il existe une telle chose qu'un transcendance « mondaine ». Même quand elle adopte une perspective agnostique, voire franchement athée, la philosophie contemporaine parle volontiers de cette transcendance humaine qui permet au sujet de se dépasser lui-même et d'être à l'origine du sens.

3. Luc Ferry, *L'Homme-Dieu ou le sens de la vie*, Paris, Grasset, 1996, p. 96.

C'est dans l'expérience de soi et du vécu subjectif qu'elle se dévoile comme un au-delà de ce qui est immédiat, perceptible et mesurable, comme un hors-de-soi en discontinuité avec le cycle du vitalisme biologique, ou comme une profondeur indéchiffrable de mon être et de mon agir. Comme un mystère quoi ! La transcendance s'expérimente comme la vérité ultime de l'être humain, celuici étant plus grand que ce la raison peut définir par ses concepts et la science mesurer par ses instruments. Comme liberté, l'homme est autonomie et auto-transcendance au cœur du monde. La liberté implique à la fin le pouvoir de se déterminer soi-même et de transcender les déterminations extérieures, objectives. L'auto-transcendance est essentiellement ouverture et appel au dépassement.

La transcendance immanente se laisse découvrir dans la prise de conscience que je ne suis réductible à aucun des éléments qui me composent, à aucune des facultés qui me dynamisent, à aucune des lois qui me gèrent, à aucun des modèles rationnels et scientifiques qui m'expliquent. Il y a en moi un hors-de-moi, un au-delà de ce que je suis actuellement. La transcendance se manifeste dans la liberté par laquelle je m'arrache à ce que je suis devenu pour me projeter dans le devenir. Aucune forme accomplie ne peut me contenir. Mon être, toujours en avant, m'échappe sans cesse. Venu du cosmos, des autres et du passé, je me trouve dans une situation déterminée et, à partir de là, je me projette en avant dans un modèle d'humain toujours plus grand, donc jamais réalisé. Jamais l'être-homme n'atteint l'accomplissement plénier auquel il aspire. Il est voué à l'incomplétude, c'est-à-dire à l'échec qui n'est rien d'autre ultimement que l'expérience de la limite. L'échec devient un chiffre de sa propre transcendance, le signe qu'on est toujours au-delà de toute forme réalisée. Il laisse découvrir qu'on est finalement hors-limite[4].

La transcendance immanente se laisse encore découvrir dans le mystère de l'origine et de la fin, de mon origine et de ma fin ; dans ce d'où je viens et dans ce vers quoi se porte et s'oriente l'être-homme que je suis. Le sens de ma naissance et de ma mort m'échappe. Les sciences biologiques peuvent décrire les processus de reproduction et de vieillissement de cellules, mais elles ne peuvent expliquer pourquoi les choses existent et pourquoi elles sont telles qu'elles sont.

---

4. Voir Jean Lacroix, *L'échec*, Paris, Presses Universitaires de France, 1969.

La question des origines et du sens restent plongée dans le mystère. Il y a là une part de hors-moi, de transcendance qui se laisse percevoir dans la simple expérience de mon être au monde.

Mais c'est surtout au niveau du cœur que transparaît la transcendance immanente. Le cœur, qui a ses raisons, pointe vers l'au-delà de la raison et de la mesure. Il est le lieu par excellence de l'épiphanie de la transcendance humaine. L'amour implique le don, le sacrifice et le dépassement de soi; il commande une sortie vers l'autre. Il jaillit du dedans comme une exigence intérieure et s'épanouit au-dehors dans des actions bienveillantes. Le mouvement vient du dedans. Non de l'extérieur, ni de la patrie, ni de Dieu, ni de la religion, ni de la loi morale, mais d'une impulsion intime du cœur ou d'une exigence intime de solidarité qui s'exprime dans une prise en charge de la souffrance humaine, quoi qu'il en coûte à sa vie. Il y a dans mon être-homme un lieu supérieur à moi-même, un lieu autre qui me sort de moi-même et me fait exister pour les autres. L'immanence à soi comporte un au-delà de soi au nom duquel on peut aller jusqu'à nier sa propre vie : telle est l'expérience ultime de la transcendance mondaine.

C'est donc au sein de l'immanence à soi que la transcendance se manifeste au sujet libre qui revendique l'autonomie. Cette transcendance est qualifiée de « mondaine » ou d'« horizontale », par opposition à la transcendance verticale qui se définit par rapport à un donné objectif, surnaturel et extérieur au sujet : le divin, le Dieu des religions, l'énergie cosmique, le monde des entités supérieures. Je préfère, quant à moi, parler de la transcendance de l'immanence à soi comme d'une transcendance *vers le haut*; et de la transcendance verticale comme d'une transcendance *vers le bas*. Ces transcendances inscrivent deux mouvements dont l'être humain est le lieu de convergence : mouvement de dépassement et de divination de l'homme, d'une part, et mouvement de descente, d'incarnation et d'humanisation de Dieu, d'autre part.

Je n'aborde pas ici la question de l'origine ou du fondement de la transcendance de l'immanence à soi. La foi religieuse pose la transcendance verticale en amont du sujet et voit dans les diverses manifestations de la transcendance horizontale des chiffres, des signes d'une Transcendance absolue, d'un divin transcendant. Non pas d'un Dieu *hors* du monde vu comme un objet extérieur à soi; ni d'un Dieu *dans* le monde conçu comme une réalité interne cachée dans mon cœur comme un bijou dans son écrin. Mais un Dieu dont la transcendance consiste justement à pouvoir être un avec moi sans être moi : un altérité sans dualité. Nous reviendrons plus loin sur ce point.

Je ne nie pas la transcendance verticale, au contraire. Comme chrétien je la pose dans la foi. Mais au départ de ma démarche, je la mets entre parenthèses; car elle ne m'est pas utile à ce stade-ci de l'élaboration de mon schème spirituel. La transcendance horizontale ou ascendante est l'espace de la spiritualité. Et c'est sur elle que je pose les assises de la démarche spirituelle.

Tel est l'*homo spiritualis*: sujet libre, autonome et transcendant. À la différence de l'animal qui est clos et captif de ses mécanismes internes, des processus cosmiques et des automatismes acquis ou innés, l'*homo spiritualis* est ouvert, conquiert l'inertie, maîtrise le monde et se meut librement au milieu des contraintes. Alors que l'animal est lié au dedans, l'*homo spiritualis*, lui, se détermine du dedans, librement.

Le spirituel en l'homme est donné en germe, comme une capacité, une puissance qui aspire à s'actualiser. Du pouvoir-être-spirituel à l'*homo spiritualis* accompli il y a une distance... pour ainsi dire infinie. Le spirituel est inviscéré dans la structure humaine comme un dynamisme puissant appelé à induire un processus de spiritualisation de l'*homo* tridimensionnel. En un certain sens, l'être humain n'est pas spirituel au départ; plus précisément il ne l'est que potentiellement. On devient spirituel en passant de la puissance à l'acte au cours d'un long processus qui se déroule selon des phases bien identifiées. Tous les traités de spiritualité s'ingénient à nommer et à décrire les étapes typiques du développement de l'*homo spiritualis*.

Étapes de croissance

Un seul processus de spiritualisation, mais des cheminements spirituels variés. Dans le domaine spirituel il existe des itinéraires pour tous les goûts et tous les appels. Dans son petit précis de spiritualité *Quitte ton pays*, Jean-Guy Saint-Arnaud présente différents modèles

5. Jean-Guy Saint-Arnaud, *Quitte ton pays. L'aventure de la vie spirituelle*, Montréal, Médiaspaul, 2001, p. 75-98.

de tracés spirituels[5]. Il y a des voies à un temps, telle la « petite voie d'enfance » de Thérèse de Lisieux ; des voies à deux temps développées par Grégoire de Nysse qui articule sa spiritualité autour de la doctrine des deux inclinations du cœur au oui et au non (lumière et ténèbres) et qui met l'accent sur le combat, l'affrontement et la dualité.

Le modèle spirituel à trois temps est le plus célèbre. Après Plotin, le Pseudo-Denys et Origène décrivent une démarche qui comprend trois phases ou dimensions appelées voies ; voie purgative, voie illuminative, voie unitive. Thomas d'Aquin précise que la voie purgative est celle des débutants ; l'illuminative, celle des progressants ; et l'unitive, celle des parfaits. Ignace de Loyola a construit ses célèbres exercices spirituels d'après ce modèle traditionnel.

De son côté, Bernard de Clairvaux offre un modèle à quatre temps correspondant à quatre états personnels ou situations existentielles : l'esclave, le salarié, le fils et l'épouse (ou la bien-aimée de l'époux). Matthew Fox propose lui aussi un parcours à quatre temps : *via positiva, via negative, via creativa* et *via transformativa*[6]. George Aschenbrenner articule un programme de croissance spirituelle autour des cinq étapes du discernement spirituel[7]. Dans *La montée du Carmel* et dans *La nuit obscure*, Jean de la Croix, pour sa part, distribue le parcours spirituel en six étapes progressives en insistant sur le dépouillement et sur la nuit des sens[8]. Pour finir, nous trouvons les modèles à sept temps de Jean Ruysbroeck dans *Les sept degrés de l'échelle d'amour spirituel* et de Thérèse d'Avila avec les sept demeures du château de l'âme[9].

L'éventail des parcours spirituels illustre à merveille la puissance et la richesse du dynamisme spirituel enraciné dans notre nature. Étonnante variété des parcours ; mais puissante unité du dynamisme. Riche diversité des formes, mais unité profonde du processus. Différence des points de vue, mais similitude des grandes articulations.

---

6. Matthew Fox, *La grâce originelle*, Montréal, Bellarmin, 1995.

7. George Aschenbrenner, « Examen spirituel du conscient », dans *Cahiers de spiritualité ignaticienne*, 9 (1979), p. 30-42.

8. Blaise Arminjon divise aussi le parcours spirituel en six étapes. *La cantate de l'Amour*, Paris/Montréal, Desclée de Brower/Bellarmin, 1983.

9. Thérèse D'Avila, *Le château de l'âme ou le livre des demeures*, *Œuvres complètes*, Paris, Seuil, 1948, p. 807-1063.

Reconnaissant la convergence entre tous ces parcours, les auteurs s'entendent généralement pour ramener à trois les étapes essentielles de la croissance spirituelle.

Dans la foulée des schèmes ternaires, Jean-Guy Saint-Arnaud, inspiré par Newman et le baron Von Hügel, cherche à articuler les trois moments du développement spirituel autour des âges de la vie. Cette tentative a l'heur d'inscrire le développement spirituel à l'intérieur des dynamismes de croissance humaine. Au départ, il y a l'étape de l'enfance spirituelle qui est faite d'ouverture, d'accueil, de réceptivité et d'écoute. Importance de l'enseignement, de la tradition, des guides spirituels et des modèles. Dans cet étape du ouï-dire, on avance dans la foi et dans la confiance. Écouter veut dire obéir à la parole entendue. On marche parce que le maître l'a dit.

Vient ensuite la deuxième étape, celle de l'analyse, qui correspond à l'adolescence spirituelle. C'est le moment de l'éveil de la pensée personnelle, des interrogations et des remises en question. Moment où tout est soumis au crible de l'esprit critique et où n'est retenu, intériorisé et assimilé que ce qui apparaît comme vrai pour soi. Moment où on passe de l'objectivité du discours extérieur, à la subjectivité du logos intime. Moment où s'accomplit le passage au gourou intérieur. On écoute et on marche parce que la voix intérieure l'exige. On croit parce que c'est vrai.

La troisième étape est celle de la maturité spirituelle ou seconde naïveté, dans laquelle les lois, les institutions, les discours extérieurs sont dépassés, pris en charge personnellement et assumés de l'intérieur dans la liberté. Le sujet spirituel a accédé à la liberté de l'esprit : il est totalement déterminé du dedans. C'est le passage à l'expérience éprouvée. On marche parce qu'on a fait l'expérience que c'est bon de marcher.

« La vie spirituelle, écrit J.-G. Saint-Arnaud, ne saurait éviter de passer par ces grandes étapes ; elles sont toutes les trois à franchir. Les trois sont nécessaires à la croissance. Il importe d'insister sur l'aspect cumulatif et permanent de ces trois étapes de vie spirituelle. Ces étapes ne s'opposent pas entre elles ni ne s'excluent l'une l'autre ; elles s'induisent, bien au contraire, et se nourrissent pour ainsi dire, l'une de l'autre. Il y a entre elles une relation dialectique. Nous ne pouvons sans détriment ni les intervertir, ni en sauter une[10]. » Ces

10. *Ibid.*, p. 95.

étapes ne sont pas que des moments ponctuels, elles représentent autant de dimensions ou composantes essentielles permanentes de la démarche spirituelle. Le parfait a toujours besoin de garder vive la capacité d'écoute et d'accueil du débutant, ainsi que l'esprit critique du progressant. De même le débutant doit développer son sens critique devant tous ceux qui savent et qui occupent les chaires de vérité ; il doit aspirer à faire lui-même l'expérience de ce qu'on lui enseigne. L'*homo spiritualis* est un perpétuel marcheur, toujours un débutant. Aller de commencement en commencement. Passer de l'objectivité du débutant à la subjectivité du parfait, tel est le sens du devenir spirituel.

Quant à moi, j'aime opérer une traduction anthropologique de la trilogie traditionnelle. Je crois comprendre la *via purgativa* comme le moment de *résistance* que doit impliquer toute démarche spirituelle. La résistance revêt de multiples formes : le refus, la rupture, la contestation, le non, le renoncement, l'ascèse, le combat. La résistance découle d'une prise de conscience vive de tous les obstacles et un perpétuel discernement des esprits. Du début à la fin le parcours spirituel est résistance.

Deuxièmement, j'aime comprendre la *via illuminativa*, comme le moment du *désir* qui inscrit dans l'homme une vive tension vers son être toujours à venir. Désirer, c'est avoir le goût de sa propre humanité projetée, c'est fixer les yeux avec amour sur le modèle d'humain que l'on veut réaliser. Ce désir de soi en plénitude mobilise toutes les capacités de l'*homo spiritualis* et le pousse à chercher son bien en tous lieux et en toutes circonstances : dans l'action, dans l'étude, dans la quotidienneté. Le désir l'invite à entrer en dialogue avec la culture, les religions, les sciences, la philosophie pour y cueillir les denrées utiles à sa croissance. Le désir crée une faim insatiable. L'homme de désir demande à tout être qu'il rencontre et à toute situation qu'il vit : « Donne-moi à boire, donne-moi de cette eau et que je n'aie plus soif. » (Jn 4,15). Le désir accomplit cette transmutation alchimique : il change le plomb en or ; il transforme toute situation en occasion de dépassement et de croissance. Désirer d'un grand désir ce qu'on veut devenir.

Enfin, j'aime comprendre la traditionnelle *via unitiva*, comme le moment d'*harmonie* qui résulte d'une expérience pacificatrice et joyeuse de la coïncidence entre mon être désiré et projeté et mon être actuel : entre ce que je suis et ce que je désire devenir. Moment d'anticipation fugace, expérience d'union de moi-même avec moi-même qui annule pour un instant la division de l'être. L'être éparpillé vit, le temps d'un clin d'œil, l'expérience d'un état antérieur ou postérieur à la dispersion. Est-ce expérience dans le souvenir ou expérience dans l'espérance ? Je ne sais. Est-ce retour à un paradis perdu ou anticipation d'un futur projeté ? Je ne sais. Qu'importe. Ce qui compte, c'est que l'harmonie s'étire sur tout le processus, par en arrière dans la mémoire et par en avant dans l'utopie. Le rappel des moments d'harmonie a un goût de « revenez-y » ; il se traduit en désir actif d'une nouvelle expérience.

Résistance, désir et harmonie, telles sont les trois phases, mieux les trois composantes permanentes du parcours spirituel. Les trois forment une unité dialectique puisqu'elles n'existent qu'en tensions dynamiques.

Finitude et infinitude

Le devenir spirituel n'est pas assuré ; le processus de spiritualisation n'est pas infaillible. Les échecs et les ratés sont inévitables. À la différence des êtres liés du dedans, tels les animaux et les végétaux qui, si les conditions requises sont réalisées, marchent inéluctablement vers leur essence par la force même de l'élan vital et par le jeu programmé des lois naturelles, le sujet spirituel, lui, peut rater son coup, passer à côté de lui-même, rester fixé à un état embryonnaire et sous-développé, pousser tout croche ou régresser au point zéro. Oui, l'autodestruction est possible. Et il n'existe aucune potion magique qui nous protège infailliblement de la régression. Il n'y a pas de point de non retour. Au contraire plus on est avancé, plus la mise à l'épreuve est subtile et la tentation menaçante. Plus on tombe de haut, plus on se blesse grièvement.

Pourquoi en est-il ainsi ? Parce que l'*homo* est faillible. Pourquoi est-il faillible ? Parce que c'est un être intermédiaire. Intermédiaire non entre l'esprit et la matière ; mais intermédiaire en lui-même, de par sa nature même. Ricœur écrit que « c'est en lui-même, de soi à soi qu'il (être humain) est intermédiaire[11] ». La caractéristique ontologique d'être-intermédiaire consiste précisément en ceci que

11. Paul Ricœur, *Finitude et culpabilité*, T.I. Paris, Aubier Montaigne, 1960, p. 23.

l'*homo* est à la fois finitude et infinitude. Être fini-infini, emprisonné dans d'étroites frontières et projeté vers des horizons illimités.

La finitude est un concept dialectique. L'être humain n'est pas, d'une part, fini et, d'autre part, infini ; comme s'il y avait en lui une partie humaine contingente et une partie divine permanente, ou comme s'il s'éprouvait fini à certains moments et infini à d'autres. C'est tout l'*homo* trine et tout dans l'*homo* qui est limité et illimité. La finitude humaine n'existe qu'en relation dynamique avec l'infinitude. P. Ricœur définit cette dialectique dans les termes suivants : « L'homme est infinitude et la finitude est un indice *restrictif* de cette infinitude, comme l'infinitude est l'indice de *transcendance* de la finitude ; l'homme n'est pas moins destiné à la rationalité illimitée, à la totalité et à la béatitude, qu'il n'est borné à une perspective livrée à la mort et rivée au désir[12]. »

En termes plus concrets, je puis partir de l'expérience de mes limites et en induire mon caractère illimité. Je fais l'expérience inéluctable de la finitude : maladies, mort, échecs, handicaps, impasses, incapacités mentales, affectives et physiques. C'est dans ces expériences négatives que se révèle ma propre transcendance qui, on le sait, prend la forme de mes aspirations illimitées à la vie, à la connaissance, à l'amour et au bonheur. J'irai plus loin et je dirai que l'expérience de mes forces et de mes capacités n'est pas le lieu par excellence de la découverte de mon infinitude. C'est plutôt à mesure que mes forces m'abandonnent, à mesure que je découvre mon ignorance et que je fais l'expérience de mes incapacités d'aimer, que se creusent infiniment mon goût et mon désir de vivre, de connaître et d'aimer. Oui la finitude est l'indice de l'infinitude, le chiffre de la transcendance. Je suis plus grand que mes limites. Mon être est au-delà de tous mes accomplissements ; il déborde de partout le cadre mon existence enroulée dans la finitude.

Au contraire, je puis partir de mes expériences d'infinitude, c'est-à-dire de ces moments privilégiés où j'ai l'avant-goût de la totalité et où j'anticipe le bonheur tant désiré. Moments qui me révèlent que je ne suis pas un être bloqué par les déterminations cosmiques et psychosociales, rivé au vitalisme et au désir, ou réduit à l'unidimensionnalité mesurable. Le bonheur, l'amour total et la pleine

12. *Ibid.*, p. 23.

connaissance ne me sont donnés dans aucune expérience humaine, si forte soit-elle. Les éclairs de lumière et les explosions de joie ne sont que des percées de la transcendance à travers les limites inhérentes à l'existence humaine. Oui, l'infinitude est l'indice de transcendance de la finitude.

Il y a donc un écart dans l'être humain, une non-coïncidence entre lui et lui-même. Cet écart est le lieu du désir, des élans, des aspirations et des espoirs autant que des détresses, des misères et des déceptions. C'est là que le bât blesse, là que s'inscrit la fragilité humaine. Le premier moment de cette découverte de la fragilité, c'est la prise de conscience de la non-coïncidence ontologique ; et le second, la prise de conscience que le « cœur », avec ses raisons et son cortège de passions, est l'instance friable par excellence. C'est dans cette fragilité que s'inscrit la faillibilité qui est à la fois possibilité et condition de la faute. L'énigme, c'est le « saut », le passage de la possibilité de la faute à la faute elle-même. Non seulement suis-je faillible, mais je faute réellement.

L'aventure spirituelle participe de la faillibilité de l'*homo spiritualis ;* elle peut être perturbée, viciée, dévoyée et bloquée par la faute découlant inévitablement de la fragilité ontologique.

Ces données anthropologiques sont fondamentales pour la vie spirituelle. Au départ, l'*homo spiritualis* est ontologiquement fragile, potentiellement faillible et pratiquement fautif.

CHAPITRE 5

La vie spirituelle

Le propre du sujet spirituel, c'est de mener une vie spirituelle. Le qualificatif « spirituelle » accolé à vie sert, d'une part, à caractériser toute existence humaine authentique vécue en conformité avec les requêtes fondamentales de l'*homo spiritualis*, siège et principe de liberté, d'autonomie et de transcendance, et d'autre part, à exprimer ce qui lui est vraiment spécifique par contraste avec toutes les autres formes de vie, animale ou végétale. Il sert également à désigner la vie humaine intégrale de l'*homo spiritualis* en regard de sa vie intellectuelle, affective, sensitive et physique qui, relevant de secteurs particuliers, n'en sont que des expressions partielles. Le sujet spirituel accompli imprègne de sa spiritualité toutes les dimensions de sa vie et toutes les sphères de son existence.

La vie spirituelle est ce qui permet à une personne de devenir vraiment elle-même dans sa subjectivité et son humanité. Je la conçois comme une entreprise par laquelle l'être humain, en tant qu'*homo spiritualis*, tend à la réalisation de soi par l'unification de son être autour d'un sens et d'un système de valeurs, dans le dépassement[1].

Quatre éléments sont à retenir qui forment les grandes divisions de ce chapitre : unification, sens, valeurs et dépassement.

1. Dans son livre, *Pour trouver sa voie spirituelle*, Montréal, Fides, 1992, Jean-Claude BRETON présente aussi la vie spirituelle comme une entreprise d'unification de l'être, p. 7-12.

I- Unification de l'existence.

La vie spirituelle est une entreprise, c'est-à-dire un projet qui déclenche un processus de vie et une démarche existentielle. Cela implique prise de conscience de la panne, connaissance de soi, décision personnelle, programme de vie et d'actions, et mise en route. L'entreprise spirituelle ne vise pas l'acquisition de pouvoirs particuliers, ni le développement de talents exceptionnels, ni la poursuite du bonheur, ni la réussite dans la vie, ni la chasse aux méritas, ni l'équilibre psychique, ni même la gloire de Dieu. Le but c'est la transformation et la réalisation de soi dans ses trois dimensions, comme sujet autonome, comme partie de l'univers et comme membre de la communauté humaine. Le but c'est l'accomplissement de l'être humain dans ce qu'il a de plus essentiel. Devenir spirituel, c'est achever en soi l'humain intégral, un et trine.

Nous avons parlé plus haut des tensions dynamiques qui existent entre les trois processus de croissance humaine. Compte tenu de la force de ces poussées et de faillibilité de l'être humain, il s'en faut de beaucoup que ces dynamismes fonctionnent toujours d'une façon harmonieuse. De fait, ils tirent l'individu dans tous les sens. L'être humain est un être foncièrement divisé. Tiraillé entre les appels jaillissant des trois dimensions de son être, écartelé entre tous ses « je » en compétition, sollicité par des images de soi opposées, attiré par des intérêts, des goûts et des besoins divergents, mobilisé par des passions et des affections conflictuelles, divisé entre la séduction de l'avoir et l'appel de l'être, déchiré entre les exigences de la fonction et celles du sujet, abasourdi par les milles publicités et ébranlé par les prétentions contradictoires des religions et des philosophies. Telle est la situation de l'être humain. Véritable derviche tourneur qui s'étourdit ; danseur essoufflé qui fait du surplace : un pas à gauche, l'autre à droite ; un pas en avant, l'autre en arrière. Vase éclaté qui n'arrive pas à ramasser ses tessons dispersés.

Outre les divisions qui découlent des responsabilités, des droits, des blocages et des passions, il y a celles, plus profondes, qui découlent de la rationalité moderne. Depuis Descartes, cette dernière fonctionne en posant une distinction sinon une dichotomie, entre le sujet et l'objet. Cette division a signé la fin de l'unicité substantielle du corps et de l'âme, de l'esprit et de la matière. En créant des champs d'étude autonomes et objectifs, cette séparation a été utile pour dominer et maîtriser l'univers. Elle a hélas! fini par vider le corps de son intérieur et l'univers de la vie. Elle a introduit un clivage néfaste entre la vie intérieure et l'action extérieure, entre le dedans et le dehors, entre le spirituel et le matériel, entre le biologique et le moral. Il n'y a plus de science du sujet — sauf peut-être la psychanalyse. Morcelé en mille fragments étudiés de manière autonome et objective par autant de spécialités, l'être humain désespère de jamais retrouver son unité.

Le constat de départ de l'*homo spiritualis*, c'est la prise de conscience de fragmentation de son être, du morcellement qui conduit tout droit à l'impasse. Il est divisé, il lui faut faire l'unité. Mais comment? En trouvant un pôle unificateur qui soit assez fort pour réunir tous les aspects de son être dispersé. Le jeu, le travail, le sexe, le sport, tout cela peut mobiliser des intérêts et ramasser certains morceaux, mais l'*homo spiritualis* ne peut leur demander d'exercer la fonction unificatrice de toute son existence. Où trouver ce pôle unificateur capable de cristalliser tout son être et toute sa vie?

II- Le sens

Seul, le sens qu'on donne à sa vie peut ultimement devenir source d'unification de l'être. Le mot « sens » reçoit trois acceptions principales. Il désigne la sensation, ce que l'on ressent; la signification, ce que l'on comprend; la direction, ce que l'on poursuit. Quand on parle du sens de la vie, on ne retient que les deux dernières significations. Il s'agit de savoir si la vie, ma vie, a une signification et si elle va quelque part. Signification et finalité. Ces deux sens sont reliés, car la finalité d'une action ou d'un geste en révèle la signification.

Il n'est de sens que pour un sujet capable de désir et de vouloir, que là où intervient une volonté explicite ou implicite, consciente ou inconsciente. On ne peut poser de sens objectif, c'est-à-dire indépendant du sujet humain, que si on postule un sujet divin dont l'acte créateur inscrit une intention et une finalité dans le monde qu'il crée. Cette référence à Dieu vient mettre un point final à une série interminable de questions et de significations partielles. Le croyant est appelé à déchiffrer le sens et la finalité du monde et de sa vie dans l'histoire. Il y a un sens objectif à découvrir; un sens des sens qui confère une signification aux moindres détails de l'existence humaine et une direction à toutes les actions.

Seul le croyant en Dieu peut poser un tel sens objectif. Les agnostiques et les athées ne peuvent attribuer de sens au cosmos. Tout en admirant l'ordre de l'univers, ils reconnaissent l'impossibilité de poser un sens et une finalité. Tout au plus pensent-ils pouvoir affirmer que tout se passe *comme* s'il y avait un sens et une finalité dans l'univers. Quel est donc le sens de l'évolution cosmique et de cette complexité croissante qui se déploie tout au long du processus évolutif ? Quant à savoir si cette poussée organisationnelle n'est pas un pur produit du hasard, mais qu'elle correspond à un projet et à une signification, il est impossible de les dégager du seul processus. Pour conclure scientifiquement à un sens et à une finalité, il faudrait que l'on puisse répéter l'expérience. On ne peut pas partir de l'ordre de l'univers pour poser Dieu ; on doit plutôt partir de Dieu pour postuler un sens à l'univers. Du point de vue scientifique et philosophique, on ne peut pas prouver ou démontrer que l'univers et la vie aient un sens et dire lequel. Le travail de l'*homo spiritualis* consiste, d'une part, à prendre acte de cette impossibilité de poser un sens objectif et, d'autre part, à donner à sa vie le sens et la direction qu'il veut dans sa subjectivité. Le spirituel inscrit un sens directeur et polarisateur à l'ensemble de son existence et de son agir.

Le sens suppose aussi l'altérité, la relation à autre chose ; il est toujours ailleurs. Le sens d'une chose ou d'un acte n'est pas cette chose ou cet acte ; le sens d'un signe n'est pas ce signe, mais le signifié. Le sens renvoie toujours à l'idée d'un être projeté et orienté vers ce qu'il n'est pas. André Comte-Sponville écrit : « Nul ne peut aller où il se trouve, ni se signifier soi ; il n'est sens, à jamais que de l'autre. Cela nous interdit le confort, l'autoréférence satisfaite, peut-être même le repos. On ne s'installe pas dans le sens comme dans un fauteuil. On le cherche, on le poursuit, on le perd, on l'anticipe… Le sens n'est jamais là, jamais présent, jamais donné. Il n'est pas où je suis, mais où je vais ; non ce que nous sommes, mais ce que nous faisons et qui nous fait… Un fait quelconque n'a de sens ici et maintenant que pour autant qu'il annonce un certain avenir ou résulte d'un certain passé. Le sens de ce qui est, c'est donc ce qui n'est pas encore ou qui n'est plus ; le sens du présent c'est le passé ou l'avenir[2]. »

2. André Comte-Sponville et Luc Ferry, *Sagesse des modernes*, Paris, Laffont, Pocket, 1998, p. 367-368.

Lourde est la conséquence de ces remarques. Si le sens suppose l'altérité, s'il n'est de sens de la vie qu'en relation à autre chose, c'est dire que la vie, absolument parlant, n'a pas de sens en elle-même, mais seulement par rapport à autre chose, un après-vie ou un avant-vie. Toutes les religions sont des pourvoyeuses de sens : en posant un avant-vie (prédestination, idée éternelle, vie antérieure) et un après-vie (fusion avec le divin, résurrection, réincarnation, enfer) elles inscrivent un sens à l'existence et une direction à l'action, dont les effets se répercutent sur une autre vie. Si, du point de vue strictement scientifique et philosophique, l'existence dans son ensemble n'a pas de sens absolument parlant, cela n'implique pas qu'il n'y a pas de sens, beaucoup de sens dans la vie. Au contraire, chaque instant peut avoir du sens puisqu'il peut se mettre en rapport avec ce qui l'entoure. Il s'agit de savoir ce que l'on veut. Finalement la question pour l'*homo spiritualis* n'est pas de savoir si la vie a objectivement un sens en elle-même, mais bien de chercher ce qui peut en recevoir et en donner. Il y a un sens à produire et à inventer, et je le fais chaque fois que je me mets au service d'un projet, d'une personne ou d'une vérité.

Il va sans dire que le sens que je donne à ma vie doit être assez fort pour unifier toutes les dimensions de mon être dispersé. L'*homo spiritualis* se construit autour d'un sens qui donne signification et direction à l'ensemble de son existence, comme par exemple : la découverte de sa vraie nature, l'avènement d'une société juste, la promotion des valeurs démocratiques, le souci des pauvres et des laissés pour compte, la lutte contre la maladie, la recherche de la connaissance et de la beauté, la poursuite d'un amour, la promotion du dialogue, la défense des droits humains, la sauvegarde de la création. Voilà autant de significations assez larges pour mobiliser l'existence d'un individu et unifier son être.

À se limiter à la question du sens, on en resterait au niveau de la philosophie. Pour accéder à la spiritualité, il faut passer du sens au projet de vie. À partir du sens qu'il veut se donner, l'*homo spiritualis* se façonne un projet de vie concret, compte tenu de ce qu'il est, de ses talents, de ses conditions existentielles, des circonstances sociopolitiques et de sa « mission » ou vocation, c'est-à-dire de ce à quoi il se sent appelé. Pas de projet sans possibilité d'options. Pas de projet sans une large liberté d'initiatives et sans risques calculés.

Tout projet suppose préparations, recherches, tâtonnements, réussites et échecs. La mise en œuvre du projet se réalise dans un espace-temps bien déterminé.

Ce n'est pas tout. Pour faire advenir l'*homo spiritualis,* le sens et le projet doivent induire des valeurs appropriées. Le sens n'existe concrètement qu'en rapport aux valeurs qu'il prône. Il ne peut orienter la vie et l'action que s'il s'accompagne d'un système de valeurs qui président à la configuration concrète de l'existence.

III- Les valeurs

Les valeurs s'inscrivent toujours dans la vision du monde et dans le sens qu'on donne à sa vie. Elles sont reliées entre elles et ouvrent les unes sur les autres pour former un ordre ou un réseau présidé par le sens et le projet qu'on choisit de se donner. On devient spirituel le jour où on précise son faisceau de valeurs et on les met en œuvre dans sa vie.

Qu'est-ce qu'une valeur? Il faut se garder de considérer la valeur comme une essence, comme une entité appartenant au monde intelligible. Il n'y a pas de ciel où les valeurs seraient piquées comme autant d'étoiles suspendues au-dessus de nos têtes. La valeur n'existe qu'en relation avec un sujet dans une situation donnée. Elle est indissociable du monde de la subjectivité. Il est donc impossible d'en parler sans référence au sujet.

Subjectivement il n'y a de valeurs que pour et par un sujet. La valeur est non seulement indissociable du sujet; elle est constitutive de la personne. A valeur pour moi ce qui compte vraiment à mes yeux, ce qui me fait vivre, ce qui me tient à cœur, ce sur quoi j'oserais miser ma vie. En choisissant mes valeurs, je choisis le type d'homme que je veux devenir. Aussi le choix d'une valeur est-il une option durable qui entraîne des comportements conformes aux exigences de la valeur elle-même. Les valeurs sont en étroite relation avec le désir et elles correspondent aux aspirations ressenties pour le modèle d'humanité que je veux réaliser. Voilà pour l'aspect subjectif des valeurs.

Voyons maintenant leur pôle objectif. Quand je parle de l'objectivité des valeurs, je veux dire qu'elles ne sont pas le fruit de ma seule création et de ma seule conscience, encore moins de mes caprices, mais qu'elles ont un fondement en dehors de ma liberté. Il y a une telle chose qu'un ordre de réalités extérieures à moi-même mais qui s'imposent à moi et qu'il me faut découvrir et respecter. Les valeurs sont réelles et fondées sur la vérité intrinsèque des choses. Elles valent en elles-mêmes et non seulement pour le sujet. Je ne les invente pas, je ne les crée pas. Les valeurs me dépassent; elles s'offrent à moi comme si elles venaient d'ailleurs. Je ne les possède pas; elles ne sont pas mon avoir. Mais elles me sollicitent, excitent mon désir et s'imposent à moi non pas « du dehors » mais « du dedans », dans le mesure où je les saisis comme obligatoires pour moi. En un mot, elles ont autorité sur moi. Mais cette autorité ne se traduit pas en pouvoir de coercition; elle suppose un consentement libre de ma part. Les valeurs n'ont finalement d'existence pour moi que dans la mesure où je reconnais concrètement leur autorité sur moi. L'autorité de la valeur se communique à la personne qui s'engage à son service. Le serviteur de la valeur en acquiert l'autorité. L'autorité d'une personne découle de la qualité du témoignage qu'il rend à la valeur.

Les valeurs sont multiples. On les regroupe généralement autour de quatre pôles principaux : le vrai (valeurs intellectuelles), le beau (valeurs esthétiques), le bon (valeurs morales) et l'utile (valeurs matérielles). Certains pensent pouvoir dresser une hiérarchie objective des valeurs, allant des plus basses au plus élevées, selon la conception de la nature humaine qui est mise de l'avant. La gradation des valeurs découlerait de la constitution de l'homme lui-même qui s'étale sur plusieurs ordres : physiologique, psychique, rationnel, affectif, moral, intellectuel, etc. Dans ce classement théorique et philosophique, on met généralement les valeurs matérielles au bas de l'échelle et les religieuses en haut.

Par exemple, le philosophe Max Scheler dans *Formalisme et valeurs matérielles en éthique* propose la hiérarchie suivante : au pied de l'échelle, les valeurs sensitives (sens, économie, richesse); à l'échelon au-dessus, les valeurs biologiques (vitalité, santé, courage physique); un degré plus haut, les valeurs intellectuelles et culturelles; ensuite les valeurs morales et, au sommet de l'échelle, les valeurs religieuses. La matière est au service de la vie; la vie au service de la raison qui, elle, est subordonnée à la morale et cette dernière est soumise à la religion. Dans la société contemporaine cependant, nous assistons à l'inversion radicale de l'ordre proposé par Scheler.

Y a-t-il à proprement parler une hiérarchie abstraite de valeurs, établies objectivement une fois pour toutes ? Toutes les valeurs sont-elles égales ? Y en a-t-il de plus nobles, de plus élevées, de plus hautes ? Sans préjuger des réponses qu'on apporte à ces questions théoriques et objectives, il me semble que c'est au niveau concret, en fonction de leurs priorités, que les sociétés et les individus établissent leur échelle de valeurs. Les valeurs tirent leur importance de la place qu'elles occupent dans le système de valeurs commandé par le sens et le projet qu'un individu donne à sa vie. La primauté accordée à une famille de valeurs devient en fait le principe qui préside à la hiérarchie des valeurs, qui assure le bien entre elles et qui sert de guide pratique dans le choix de la valeur à privilégier dans telle ou telle circonstance.

Le choix concret des valeurs à actualiser s'établit à partir d'une situation d'urgence. C'est l'urgence immédiate et non la logique abstraite qui est le principe de sélection. Pourquoi ? Parce qu'il y a un *appel* dans toute situation d'urgence et cet appel m'indique quelle valeur je dois actualiser à tel moment ou dans telle circonstance. Dois-je nourrir un individu (valeur matérielle), l'instruire (valeur intellectuelle), peindre sa chambre (valeur esthétique) ou l'exhorter à la vertu (valeur morale) ? Seul l'appel spécifique qui sourd de chaque situation, compte tenu de mon projet de vie, peut m'indiquer la valeur à favoriser ici-maintenant.

Y a-t-il, en sus de toutes les autres, des valeurs proprement spirituelles ? À mon sens, toutes les valeurs, même les plus matérielles, sont spirituelles dans la mesure où elles procèdent de l'*homo spiritualis* et qu'elles sont commandées par le sens et le projet de vie qu'il se donne. La question revient donc à ceci : Y a-t-il des valeurs particulières qui correspondent au spécifique de l'*homo spiritualis*, celui-ci étant caractérisé, nous l'avons vu, par la liberté qui s'épanouit en autonomie et en transcendance ?

La liberté aurait ici un statut particulier sur toutes les valeurs : elle jouirait de la primauté puisqu'elle renvoie à l'élément fondamental qui définit le sujet spirituel. La liberté consiste à se déterminer soi-même du dedans, jamais du dehors ; à croire parce que c'est vrai et non à cause d'un magistère extérieur, à agir selon l'exigence intérieure et non par convention, par intérêt, par pulsions ou par peur. Devenir libre, c'est parvenir à l'autonomie et se transcender ; en un mot, c'est s'accomplir comme être spirituel.

L'*homo spiritualis* est libre *de*... toutes déterminations extérieures, y compris des valeurs objectives qui commandent du dehors. L'objectivation des valeurs se produit lorsqu'on les considère comme des en-soi, des entités abstraites et qu'on les coupe de leur référence au sujet et aux conditions de vie concrètes. Le vrai dégénère alors en dogmatisme et en fanatisme ; la poursuite du beau se transforme en esthétisme et maniérisme; la recherche du bon devient moralisme et légalisme. Les valeurs ainsi objectivées se dressent contre le sujet puisqu'elles commandent de l'extérieur son obéissance. Que d'individus occis, de sociétés détruites et de chefs-d'œuvre anéantis au nom des valeurs les plus hautes! L'objectivation des valeurs peut conduire au pire gâchis humain. Périssent les personnes pourvu que les valeurs triomphent! L'objectivation des valeurs signe la ruine de l'*homo spiritualis*, car elle l'empêche de se considérer comme un sujet au-delà de la fonction et de voir devant soi des êtres humains. Les valeurs objectivées empêchent tout rapport salutaire avec soi-même et avec les autres. L'objectivation des valeurs favorise l'asservissement des êtres humains.

Les valeurs objectivées forment un monde de nécessité d'où sont exclues la liberté et, avec elle, la subjectivité et l'humanité. La liberté suppose l'ingestion et l'assimilation personnelle des valeurs que je veux mettre en œuvre dans ma vie. Par exemple, les valeurs du bon et du vrai ne résident plus en-dehors de moi, mais en-dedans. Elles sont devenues moi : je suis moi-même bon et vrai. Ainsi quand j'agis par bonté, je me détermine du dedans. Mon service de la valeur est en réalité service de moi-même et expression de ce que je suis en dedans. Libre *de* toute objectivation des valeurs, je deviens libre *pour* les valeurs.

Mais pour que les valeurs aient autorité sur moi, il me faut y consentir et me laisser séduire par elles. En d'autres termes, je dois les aimer assez pour les faire miennes au point de vouloir les actualiser dans ma vie. Après la liberté, l'*amour* est la deuxième valeur à jouir d'un statut particulier dans la vie spirituelle. Les valeurs n'ont d'impératif que si elles sont aimées. Le vrai ne vaut que pour qui l'aime. Ainsi en est-il du beau et du bon. Rien ne commande qu'en proportion de l'amour que nous éprouvons. Le vrai et le beau ne valent ultimement que pour qui les aime. C'est alors qu'ils deviennent des impératifs. Il va sans dire que l'amour de la valeur suppose l'amour de soi et des autres. L'amour libère pour le service des valeurs. *Ama et fac quod vis*, disait Augustin. Aime et fais ce que tu veux. Aime le vrai et dis ce que tu penses ; aime le beau et laisse agir ta créativité ; aime le bien et fais ce qui te plaît. Ainsi advient l'*homo spiritualis* dans son humanité authentique.

Mais tout cela, à condition qu'on aime et qu'on veuille les valeurs pour soi. Chacun aime la vérité, la bonté et la justice *chez les autres*, il veut qu'ils soient vrais, bons et justes à son endroit. Généralement les humains n'aiment les valeurs que pour les avantages qu'il en tirent ou par crainte des châtiments. Mieux vaut être honnête qu'aller en prison. On va même jusqu'à aimer la justice et la vérité au point d'œuvrer à leur avènement partout dans le monde — sauf en soi-même. On n'a cure d'être juste soi-même ; on pourra même utiliser les armes de l'injustice pour faire advenir la justice ailleurs chez les autres.

On ne devient spirituel qu'en aimant les valeurs pour soi et en travaillant à les inscrire en soi-même. Transformer les structures de mensonge, d'injustice, de méchanceté qui sont en soi. Y détruire les anti-valeurs qui y règnent. J'aime paraphraser le dit de Jésus : « Que sert à l'homme de lutter pour l'avènement d'une société juste, si, utilisant des moyens violents et injustes, son combat ne fait que servir au renforcement de sa propre violence et de sa propre injustice ? » C'est ainsi que les valeurs aboutissent à leur contraire : elles détruisent l'*homo spiritualis* qu'elles devaient promouvoir.

Profond est l'abîme qui sépare nos pratiques de nos beaux discours. On se leurre aisément sur ses soi-disant valeurs. Le plus souvent on n'aime les valeurs que chez les autres ou que pour les bienfaits qu'elles nous procurent. On ne les aime guère pour elles-mêmes. Qui est disposé à leur sacrifier des pans de sa vie, de sa carrière ou de sa rectitude sociale ? Il est facile d'être pacifique dans une situation de paix, d'être vrai quand le mensonge nuit, d'être juste quand on craint la police. Le comble de la perversion, c'est de tourner les valeurs à son profit. On vit dans une société où la pratique des valeurs n'encourt pas de représailles sociales ou politiques. C'est profitable d'être honnête. Que deviendrait mon amour de la vérité, de la justice et de l'égalité sous un régime totalitaire ? Le risque de la mort révèle le sérieux de mon attachement aux valeurs. Finalement, la valeur est ce pour quoi je suis prêt à sacrifier ma vie. Le critère est pertinent : « C'est dans l'hypothèse du risque de la mort, écrit Luc Ferry, que nous faisons l'épreuve des valeurs qui nous apparaissent, à tort ou à raison, comme supérieures à notre existence. Des valeurs transcendantes donc, et même en quelque façon absolue, puisque non relatives à tel ou tel contexte particulier[3]. » Seraisje prêt à sacrifier un avantage, un intérêt, ma carrière, ma vie même pour que s'installe en moi et dans la société les valeurs que je prétends servir ? Perdre sa vie pour la sauver. Perdre tous ces avantages pour devenir *homo spiritualis*. Tel fut, en tous cas, le sort de tous les grands spirituels au cours de l'histoire[4].

IV- Le dépassement

On parle volontiers aujourd'hui de spiritualité d'épanouissement par opposition à spiritualité de dépassement. Cette antithèse ne vaut qu'à un niveau très superficiel, où l'épanouissement est conçu comme une gratification immédiate et le dépassement, identifié à une négation de soi. Affirmation de soi ou refus de soi. Mais un regard plus attentif amène à constater que l'épanouissement de soi ne se réalise que dans et par le dépassement de soi. Le spirituel n'accomplit pas son être par la seule gratification immédiate de ses désirs et de ses aspirations, mais par le dépassement de soi. La recherche de l'épanouissement n'est pas de soi une quête spirituelle, pas plus d'ailleurs que le dépassement.

La vie spirituelle se déroule sous le signe du dépassement. Grâce à sa liberté, à son autonomie et à sa transcendance, l'*homo spiritualis* possède la capacité de se dépasser, de s'arracher au règne de la nature, aux pulsions vitalistes et aux déterminations psychosociales. Devant cette exigence de dépassement, on peut être pris de panique. Tentation de reculer et regarder en arrière. Peur de l'effort, risque de perdre sa vie. On n'ose pas plonger, soit par réalisme béat soit sous prétexte qu'il faut bien accepter ses limites et s'accueillir tel que l'on est. Un crapaud peut-il changer de peau et une tortue sauter ? On finit par être confortable dans ses petites limites. On s'endort et on s'installe dans la facilité et le fatalisme.

3. *Ibid.*, p. 22.

4. Sur les valeurs, voir André Naud, *La recherche des valeurs chrétiennes*, Montréal, Fides, 1985 ; l'ouvrage classique de Roger Mehl, *De l'autorité des valeurs*, Paris, Presses universitaires, 1957 ; Richard Bergeron, *Obéissance de Jésus et vérité de l'homme*, Montréal, Fides, 1976, p. 218-224.

On peut encore craindre le dépassement par peur de se tromper sur soi et sur les autres. Qui veut faire l'ange fait la bête. Peur d'être exploité et mis sur de fausses routes par des gourous véreux venus de nulle part ou par ces marchands d'illusions plus intéressés à l'argent qu'à la croissance spirituelle[5]. Peur aussi de se tromper sur la nature du dépassement de soi et de s'engager dans des dépassements qui ne spiritualisent pas.

Pourtant le dépassement fait partie du meilleur de nous-mêmes. L'évolution cosmique ne se fait pas selon un développement continu, mais par sauts qualitatifs qui ne sont rien d'autres que des dépassements d'étapes antérieures. La croissance humaine, elle aussi, se réalise par le dépassement des phases antérieures pour accéder aux suivantes : de l'enfance à l'adolescence, à la jeunesse, à la maturité, à la sagesse. L'arbre doit dépasser ses fleurs s'il veut donner son fruit; la chenille s'arracher au cocon douillet pour connaître la liberté de papillon. Le dépassement est la loi de la vie, de toute vie. En quoi consiste donc le dépassement dont il est question dans le cheminement spirituel?

La passe, dont nous avons parlé plus haut, s'accomplit par et dans le dépassement. Le paradigme biblique de la passe, c'est la Pâque, c'est-à-dire le passage l'Égypte à la terre promise, de la négativité à la positivité, du sommeil à l'éveil, de la servitude à la liberté. Ou, pour parler en termes pauliniens, le passage l'homme charnel au pneumatique, de l'homme animal au spirituel, de l'homme terrestre, à celui qui vient du ciel (1 Co 15,42-45). Cette passe est essentiellement un dépassement, c'est-à-dire un mouvement vers le haut, une sortie de soi vers un au-delà de soi.

Négativement

Pour éviter toute méprise, il est important de dire d'entrée de jeu ce que le dépassement spirituel n'est pas. En procédant par la négation, on pourra en saisir plus facilement la nature. Le dépassement spirituel n'est pas de l'ordre du défi, de l'exploit ou de la réussite.

Il ne consiste pas à dépasser les limites imposées par les lois naturelles : léviter, marcher sur les braises, matérialiser des objets, prendre des postures « anormales » comme les yogi, avoir des pra-

5. Sur les gourous, voir Pierre PELLETIER, *Le nectar et le poison*, Montréal, Médiaspaul, 1999.

tiques apparemment anti-naturelles comme les renonçants, les soufis et les anachorètes qui se signalent par des prouesses ascétiques visant à suspendre le fonctionnement des lois naturelles. Ce type de dépassement des limites n'est pas de soi spirituel, bien qu'il puisse être intégré dans la démarche spirituelle. N'empêche que cela tient plus de l'exploit que de la spiritualité.

Le dépassement spirituel ne consiste pas non plus à outrepasser les limites de ses facultés mentales et de ses capacités physiques. Surdévelopper ses talents pour devenir des génies en herbe. Courir toujours plus vite, sauter toujours plus haut. Pratiquer des sports toujours plus extrêmes. Fracasser tous les records homologués. Être le plus fort, le plus gros, le plus petit. Devenir Monsieur ou Madame Muscle. Poser des actes de bravoure inouïe. Tout cela tient du héros, du virtuose, du champion et non du spirituel. Ce type de dépassement vise l'élitisme.

Enfin, le dépassement spirituel ne consiste pas à se mettre audessus des autres, à se hisser au-delà de la médiocrité jusqu'à la première place. Tout faire pour être le plus performant, le plus compétitif, le plus efficace, en un mot, le meilleur. Gagner tous les méritas. Monter sur tous les podiums. Gravir tous les sommets, car la vue y est plus belle. Ici le dépassement vise l'excellence. Il tend à faire des phénix et non des spirituels.

Tous ces dépassements sont admirables car ils exigent efforts, discipline, détermination, renoncements, veilles et fatigues. Grâce à eux, l'humanité atteint de nouveaux sommets et outrepasse ses limites coutumières. Ils apportent généralement satisfaction personnelle et reconnaissance sociale. Ils procurent avantages, succès et réussite.

Ce type de dépassement produit en bout de ligne des effets délétères sur la santé et l'intégrité psychosomatique de tous ces preux. La recherche de la haute performance et de l'excellence connaît de multiples ratés, car on est en face d'une volonté farouche de performer et de gagner à tout prix — au mépris du corps, du psychisme et de la vie elle-même. Le succès conduit spontanément au renforcement de l'ego suffisant, à l'enivrement narcissique et au détestable « m'as-tu vu ? ». Il y a péril en la demeure. Qu'advient-il du sujet quand le personnage s'enfle ? Par contre, l'échec peut entraîner des conséquences néfastes pour ceux qui ratent le podium. Les efforts déployés ne conduisent pas toujours, loin de là, aux résultats escomptés. Dans ce modèle de dépassement, il ne peut y avoir qu'une foule de perdants. Car un seul est premier et rares sont ceux qui parviennent à l'excellence. Si tu n'es pas le meilleur, tu n'es rien. D'où démobilisation du sujet, effritement du « je » et dévalorisation personnelle.

Positivement

Le dépassement spirituel reconnaît les frontières des lois naturelles et accepte les limites des facultés et des capacités normales de l'être humain. En spiritualité, le dépassement vise le « je », car c'est lui l'enjeu de toute quête spirituelle. Mais attention ! De quoi s'agit-il ? Toutes les grandes spiritualités parlent du dépassement du « je », mais de manières différentes.

Dans les traditions orientales, le « je » est une illusion évanescente. Il n'existe ni comme réalité, ni comme phénomène. Aucun phénomène n'est le « je », n'appartient au « je » et n'est l'essence du « je ». Qui suis-je ? ou Que suis-je ? Réponse : Je ne suis pas. Il n'y a jamais eu de « je ». Le « je » n'a jamais eu d'existence réelle. Il n'est que mirage ou étiquette conventionnelle désignant les cinq agrégats qui composent l'être humain : le corps, la sensation, la perception, les fonctions mentales et la conscience. Le « je » est une vue fausse, une création de mon ignorance. Le mal et la souffrance viennent de cette erreur sur soi. La démarche spirituelle suppose non pas qu'on renonce au « je », car comment renoncer à ce qui n'existe pas, mais qu'on en démasque la fausseté. Ce n'est qu'en saisissant son existence illusoire qu'on peut se libérer de son emprisonnement. En refusant le « je », on ne rejette pas une réalité ; on ne fait que réfuter un énoncé dont les conséquences sont mortelles. Dans cette perspective le dépassement du « je » est une dépersonnalisation. Ce processus aboutit dans l'hindouisme à la découverte de l'atman, qui s'identifie au Brahman ; dans la gnose et dans une certaine psychologie, à l'affirmation du Soi numineux et divin, ouvert à la Totalité ; et dans le bouddhisme, à la conscience du Non Soi qui va déboucher sur l'impermanence absolue et la vacuité.

Dans la tradition chrétienne et dans la philosophie occidentale, le dépassement du « je » est compris autrement, car l'existence psychologique et métaphysique du « je » est posé au départ. Le « je » personnel jouit d'une autonomie substantielle. La personne existe réellement et tente de s'exprimer, non pas au-delà mais à travers les multiples formes du « je » : l'ego, le moi et le surmoi[6].

L'ego, le moi et le surmoi peuvent recevoir une acceptation péjorative : ils deviennent « haïssables ». Ils s'opposent alors au Soi qui est le centre supérieur de la personne située au-delà de l'ego, du moi et du surmoi, et ouvert à l'Univers, aux autres au divin ou, en termes bibliques, à l'Esprit ou au « Christ qui est Esprit » (2 Co 3,17). En tant qu'ils sont des instances fermées et opposées au Soi, l'ego, le moi et le surmoi constituent vraiment la face haïssable du « je » qui devient alors insécure, dominateur, séparé, égoïste, captatif, indocile, grégaire, anxieux de la réussite, centralisateur et cramponné à ses idées, à ses comportements, à ses acquis et à ses manières d'être. C'est ce « je » qu'il faut démasquer, extirper et faire mourir. À ce sujet Jésus parle de « perdre sa vie » et saint Paul, de « kénose » : mot qui désigne la mise à nu ou mieux l'épuisement du « je » haïssable. Dans cette perspective le dépassement n'est plus l'outrancière exaltation du « je », ni sa négation ; il est une entreprise de conversion et de retournement de la personne. Le dépassement de soi est donc le passage du « je » haïssable (ou « charnel », selon saint Paul) au « je » spirituel.

Quelle que soit la compréhension qu'on en a, ce dépassement du « je », spécifique à la spiritualité, se réalise en trois phases, ou pour parler plus précisément, comporte trois aspects complémentaires, soit l'attachement, le détachement et l'arrachement.

L'attachement est le prélude au dépassement : il s'agit de se laisser séduire par le genre d'humain qu'on veut devenir, par le modèle d'humanité qu'on entend réaliser. La séduction conduit à l'amour des valeurs qu'on doit actualiser pour que s'accomplisse le type d'homme qu'on veut faire advenir et auquel on est de plus en plus attaché. Il est toujours stimulant de projeter son regard sur des individus en chair et en os qui représentent des approximations du type d'humain qu'on veut devenir. Le Christ, le Bouddha, François d'Assise, Gandhi, Râma Krishna, le Dalaï-Lama, Marcel Légaut, Albert Jacquard sont, parmi tant et tant d'autres, des figures inspiratrices pouvant favoriser l'attachement au modèle d'humanité que l'on projette pour soi. L'attachement fortifie le desir et attire sur la voie du dépassement.

6. Voir la définition de ces termes au chapitre trois.

L'attachement favorise et rend possible le nécessaire *arrachement*. Étymologiquement, arracher signifie éradiquer, déraciner, extraire, extirper. L'arrachement évoque toujours l'idée d'effort, de peine, de résistance, voire de violence, car il s'agit de séparer une chose qui tient ou adhère à une autre. Il en est de même en spiritualité. L'arrachement est le côté violent de la démarche spirituelle; il soulève toujours des résistances, des refus et des regrets. Généralement il s'agit de s'arracher d'abord au mal moral sous toutes ses formes même les plus séduisantes; à un mode de vie dominé par la gratification immédiate de ses penchants, appétits et pulsions; au grégarisme social favorisé par la mode et la publicité; aux images sécurisantes et finalement aux règles falsifiées du jeu social. Il s'agit ni plus ni moins d'arracher l'arbre en dormance qu'on est devenu pour le planter ailleurs afin de favoriser un regain de vie et une nouvelle floraison.

L'attachement et l'arrachement conduisent au *détachement*, qui est, selon Simone Weil, une transformation dans l'orientation de l'âme opérée par une réorganisation de son système de valeurs. Le détachement, écrit-elle a « pour objet d'établir un ordre dans la hiérarchie des valeurs, donc une orientation nouvelle de l'âme. Le détachement est un renoncement à toutes les fins possibles sans exception, renoncement qui met un vide à la place de l'avenir comme ferait l'approche imminente de la mort; c'est pourquoi dans les mystères antiques, dans la philosophie platonicienne, dans les textes sanskrits, dans la religion chrétienne, et très probablement toujours et partout, le détachement a toujours été comparé à la mort… Mais le détachement dont il s'agit n'est pas vide d'objet; la pensée détachée a pour objet l'établissement d'une hiérarchie vraie entre les valeurs, toutes les valeurs; elle a donc pour objet une manière de vivre une meilleure vie, non pas ailleurs, mais en ce monde et tout de suite, car les valeurs mises en ordre sont des valeurs de ce monde[7] ». Le détachement met la liberté en liberté. Seul, l'homme détaché est libre *de* toutes entraves à son projet spirituel et libre *pour* les valeurs qu'il entend actualiser.

Tout ce qui précède montre à l'évidence que le dépassement spirituel ne peut se réaliser sans ascèse, renonciation, rupture, absti-

7. Simone Weil, *Œuvres*, Paris, Quarto Gallimard, 1999, p. 124.

nence et contrôle de soi. Toutes les spiritualités ont inventé des pratiques et des techniques d'ascèse variées et souvent très subtiles, commandées par leur anthropologie sous-jacente et adoptées à leur compréhension du dépassement spirituel. Techniques physiques, mentales et psychologiques destinées non à meurtrir, mais à faire passer au centre de l'être. Ici s'ouvre un chapitre difficile qui occupe une large place dans tous les traités de spiritualité.

CHAPITRE 6

L'espace spirituel

L'espace physique dans lequel nous vivons est circonscrit par des limites précises à l'intérieur desquelles les choses sont disposées, entretiennent de multiples relations et se meuvent dans toutes les directions, en haut et en bas, en avant et en arrière, à gauche et à droite. Chaque espace, étant unique, ne peut être identifié à aucun autre. Il n'y a pas deux coins de pays identiques.

Il en va de même pour l'espace spirituel qu'on pourrait décrire comme un système global de relations et de secteurs variés, inscrits dans un espace culturel donné; système dans lequel se déploie concrètement la vie de chaque *homo spiritualis*. Les grands axes de l'espace spirituel sont le *haut* et l'*intérieur*. Ces deux pôles permettent à l'*homo spiritualis* d'agencer concrètement son projet de vie et son système de valeurs, et d'articuler dans la pratique les rapports constitutifs de sa nature trinitaire.

I- Le haut et le dedans

La hauteur

L'orientation vers le haut est donnée par la structure même de mon corps qui peut se dresser, se tenir droit, la tête pointée vers le ciel. La station debout est le propre de l'être humain. « Son rattachement au bas, écrit Karlfried Graf Dürckheim, ne menace pas son redressement vers le haut, et celui-ci n'est pas la négation de son lien à la terre; il est un contact en profondeur qui, à la manière des racines d'un arbre, ne s'oppose pas à la croissance verticale mais y contribue en l'assumant. Son aspiration vers le haut n'a pas le caractère d'un arrachement à la terre mais celui d'un mouvement ascendant produit par de puissantes racines nourricières... L'homme, tout en tendant vers le ciel, trouve sa fondation dans la terre qui le nourrit et le porte[1]. »

L'*homo spiritualis* est un homme debout. L'élan spirituel vers le haut s'ajuste très bien à la constitution physique de l'être humain; elle s'harmonise merveilleusement avec elle et avec les dynamismes de croissance qui poussent l'être vers le haut. Grandir physiquement, c'est s'élever dans l'espace; grandir spirituellement c'est opter pour l'axe existentiel vertical. La vie spirituelle consiste à se déprendre du bas qui est le domaine des pulsions aveugles, des forces vitalistes, des poussées instinctives et des déterminations psychosociales pour tendre librement vers les valeurs visées par l'élan de l'*homo spiritualis.* Les valeurs sont du côté de la hauteur; plus précisément le haut coïncide avec la valeur. La vie spirituelle est un élan vers le haut, une montée du Carmel, une ascension du Thabor. Il y a toujours par hasard une montagne près de chaque grand spirituel.

Certains diront que cet appel des cimes correspond à un idéal platonicien dépassé, que le temps n'est plus où l'on inscrivait sur le fronton de nos collèges les devises invitant à prendre de la hauteur. Les classiques *Excelsior* (toujours plus haut) et les *Duc in Altum* (prends la haute mer) ne sont plus à la mode, en ce siècle où il faut être pragmatique, avoir les deux pieds par terre, faire l'expérience des profondeurs, être *low profile*, s'adapter aux règles du jeu social. Mais attention! Ne risquons-nous pas, en nivelant par le bas, de déconnecter l'individu d'une symbolique dynamisante.

La hauteur, en effet, est le symbole de ce qui est beau, noble, digne et désirable. Gage d'excellence et de perfection. Habiter la haute ville, fréquenter l'École des Hautes Études Commerciales, apprendre la haute couture, acheter des produits haut de gamme, marcher la tête haute, posséder un appareil haute-fidélité, porter un haut-de-forme, fréquenter la haute société, arracher une victoire

1. Karlfried Graf Dürckheim, *L'homme et sa double origine*, Paris, Cerf, 1983, p. 136; voir Romano Guardini, *Le monde et la personne*, Paris, Seuil, p. 48-76.

de haute lutte, être un haut fonctionnaire, l'emporter haut la main, tomber de haut, adorer le Très-Haut. Par opposition, le bas est le symbole de l'ombre, du malheur et des enfers. Alors que le bas repousse et fait peur, le haut symbolise la plénitude et le bonheur, tout ce qu'il y a de plus désirable. L'élan spirituel se situe dans le prolongement de la tension naturelle vers le haut, de cet appel vers la haute mer. Il prend appui sur un dynamisme vital qui pousse l'homme à escalader les plus hauts sommets, à sauter plus haut, à monter sur la première marche du podium, à être au sommet de la pyramide des records, à se sortir du trou pour monter dans l'échelle sociale. La démarche spirituelle n'entre pas en contradiction avec la vie naturelle ; elle ne s'érige pas sur la destruction de la nature ; elle accomplit le mystère de l'ascension de l'homme qui n'est autre que l'accomplissement de l'humain intégral. La montée prend donc appui sur un noyau énergétique naturel et elle utilise tous les dynamismes ascensionnels inhérents à l'être humain.

Il n'est pas facile de discerner ce qui est de nature à assurer la montée tout en se protégeant de la fausse hauteur. Il y a, en effet, une telle chose qu'une fausse hauteur. De quoi s'agit-il ? La fausse hauteur est la conséquence de l'opposition malheureuse que l'on peut faire entre le haut et le bas. La hauteur spirituelle, qui coïncide avec les valeurs, ne s'oppose en rien à ce qui est physiquement petit et bas, ni à ce qui est de modeste condition, ni à ce qui est socialement méprisable, ni à ce que les gens bien considèrent comme des questions mineures indignes d'attirer l'attention, ni à ce qui est généralement taxé de banal et d'insignifiant. La poursuite de la hauteur n'est pas la recherche des grandeurs. La hauteur spirituelle n'est pas le contrepied de la petitesse ou de la simplicité. Elle est opposée aux grandeurs charnelles, dont parle Pascal. Dominer, être le meilleur à tout prix, regarder les autres de haut, s'élever au-dessus de la masse méprisable, être le plus fort et courir après les honneurs, s'asseoir sur tous les trônes. La poursuite de ces grandeurs est l'opposé pur et simple de l'élan spirituel vers le haut. Rechercher la grandeur du surhomme au lieu d'aspirer à la hauteur de l'*homo spiritualis*. Subtile trahison que celle qui fait coïncider la hauteur spirituelle avec ce qui la contredit radicalement.

La crispation est la deuxième déviation qui peut affecter la tendance vers le haut. Être crispé vers le haut, c'est marcher la tête dans les nuages, ignorer totalement ses ombres, nier sa propre corporéité et perdre son point d'ancrage organique dans la terre. Dans cette tension excessive, l'*homo spiritualis* s'illusionne sur sa propre ascension. L'enracinement lui apparaît comme une lourdeur, le bas comme un bas-fond où il craint de s'embourber. Tendance à couper toute attache à la terre et à nier sa propre pesanteur. Or, les dynamismes qui tendent vers le haut s'enracinent dans l'humus du corps animal. Le mouvement ascendant doit s'inscrire dans le respect de la tension créatrice qui existe entre le haut et le bas. Le haut repose sur le bas; et le bas tend naturellement vers le haut. L'*homo spiritualis* crispé vers le haut finit tôt ou tard par s'effondrer. Maison construite sans fondement sur le sable...

Un dernier point mérite notre attention. Certains auteurs spirituels préfèrent inverser le mouvement, croyant être ainsi plus fidèles à la réalité. Ils présentent la démarche spirituelle comme une descente plutôt que comme une montée. Ils déplacent le centre de gravité vers le bas, dans les profondeurs de l'âme et de l'inconscient. Et ils parlent de Dieu comme du Très-bas; ils vivent l'incarnation comme une venue d'en-haut et l'aventure spirituelle de Jésus comme une descente aux enfers. Ce discours sur la descente est légitime et même obligé, mais à sa place. Le haut reste la coordonnée de l'espace spirituel; le bas non. Le haut, qui est symbole d'accomplissement de l'être, imprime chez le sujet spirituel une tendance vers le bas. Le haut est la fin à réaliser, le terme à atteindre, le fil d'arrivée. L'itinéraire spirituel de Jésus a aboutit à son ascension dans les hauteurs. Mais son exaltation comme Fils de l'homme se produit à la suite d'une douloureuse descente aux enfers.

Le discours sur la descente ne se situe pas au niveau des finalités de la vie spirituelle, mais des moyens à mettre en œuvre, de la route à suivre. Mais c'est une descente dont le terme est le haut. Ici prennent place toutes les antithèses et les paradoxes de la vie spirituelle. Qui s'abaisse sera élevé; qui veut être le premier doit prendre la dernière place; qui veut le plein doit faire le vide. L'humilité est le chemin de la gloire; le vide, celui du plein, l'obscurité, celui de la lumière, la pauvreté, celui de la richesse.

Le sommet du Carmel est dans les profondeurs de l'âme; les hauteurs du Sinaï, en plein désert; et l'illumination, au cœur de la nuit obscure. L'ascension s'accomplit dans un mouvement de descente.

Mais la descente ne doit pas être recherchée pour elle-même; elle n'est jamais une fin en soi. Jamais faut-il poursuivre pour elles-mêmes la souffrance, l'ignominie, la misère ou la mutilation physique ou psychologique. La montée spirituelle peut s'accommoder d'une valorisation personnelle, d'une réussite sociale ou d'une grandeur mondaine; mais celle-ci n'en est jamais le but. L'épreuve tout autant que le succès, peut être un handicap sur la route spirituelle. Mais l'*homo spiritualis* doit à tout prix s'en servir comme d'un tremplin. Il n'est pas écrit que tous les spirituels doivent mourir sur une croix et embrasser l'échec total; mais il est écrit que la croix est plantée partout, jusqu'au cœur du bonheur. Le maître de Nazareth le rappelle avec force : si tu veux me suivre, c'est-à-dire t'engager dans les voies spirituelles, prends ta croix et marche. La descente aux enfers et l'ascension dans le ciel constituent les deux faces du mystère de l'accomplissement de soi comme être spirituel.

L'intérieur.

L'intérieur constitue le second pôle de l'espace spirituel. Qu'est-ce que l'intériorité ? Il y a d'abord l'intérieur du corps avec ses organes internes; il y a ensuite un autre niveau de profondeur fourni par les sensations (liées au sens) et une autre région encore plus profonde, celle des émotions et des sentiments (colère, joie, sympathie) ; il y a enfin la région du soi ou de l'âme, qui est le lieu le plus intérieur de l'être humain. On parle alors des profondeurs du soi et de l'âme. Profondeur non pas dans un sens opposé à hauteur. Il y a plusieurs niveaux de profondeurs correspondant aux degrés d'intériorité. La profondeur indique la direction vers l'intériorité et imprime un mouvement par lequel l'être humain, au cours de sa vie, s'incline spontanément vers l'intérieur. Aux fils des ans se déploient normalement les profondeurs de l'intériorité.

L'intériorité spirituelle s'inscrit dans ce mouvement naturel vers le dedans; mais elle n'attend pas le nombre des années pour s'épanouir. Dans la vie spirituelle, l'individu anticipe son âge et acquiert une profondeur précoce. Marcher dans la vie spirituelle, c'est s'intérioriser, c'est-à-dire s'abreuver au-dedans de soi, boire à sa propre source et agir du dedans. L'*homo spiritualis* s'intériorise à mesure que, se déterminant du dedans, sa vie et son action coulent de sa liberté intérieure.

On devient spirituel le jour où on se saisit et où on agit comme sujet libre et autonome. L'intériorité ne signifie pas que la vie spirituelle se passe uniquement à l'intérieur de soi, dans la méditation, le silence et la réflexion. L'intériorité signifie ici que la vie spirituelle prend sa source au-dedans, que l'individu puise à sa propre liberté, qu'il se choisit lui-même en s'arrachant aux déterminations et qu'il s'arrime à son noyau intérieur. L'homme intérieur est celui qui se construit à partir de son centre intime et qui est orienté vers le dedans. L'intériorité est toujours l'axe de la vie spirituelle ; mais cette vie se déploie autant à l'extérieur dans l'espace public que dans les alcôves secrètes de l'âme et du cœur.

Il faut se prémunir contre une intériorité qui consiste à se couper des autres pour s'enfermer dans son monde secret. Fuir les autres, déserter la place publique, quitter le domaine de l'action au nom d'une soi-disant intériorité, tout cela n'est le plus souvent qu'un repli sur soi dans lequel l'individu concerné s'enfonce en lui-même et s'emmure dans le huis clos d'une conscience fossilisée. La recherche du silence et de la solitude ne doit jamais servir de déguisement aux tendances schizoïdes ou à la peur d'être dérangé ou bousculé par les autres.

En plus d'être un arrimage à son centre, l'intériorité spirituelle s'accomplit dans le passage de l'objectivité à la subjectivité, du monde des objets à celui du sujet. Être intérieur, ce n'est pas ramener le monde à soi, mais le ramener *en* soi. Le cosmos n'est plus devant soi, mais *en* soi. Les autres ne sont plus devant soi, mais *en* soi. L'intériorité consiste à découvrir que tout ce qui est extérieur à moi est en moi, est moi. Non seulement le cosmos est en moi, mais il est moi, il me constitue physiquement. L'autre partage la même nature et la même destinée ; je le porte donc en moi ; il est moi en quelque sorte. Parce que tout ce qui est au-dehors est au-dedans, l'*homo spiritualis* est affecté personnellement par tout ce qui se passe dans le cosmos et la société ; il est essentiellement com-patissant, sym-pathique : ce qui signifie « celui qui souffre avec », « qui ressent avec ».

Les catégories objet-sujet correspondent à celle de l'avoir et de l'être. L'objet est dans l'ordre de l'avoir et le sujet dans celui de l'être. Le passage de l'objectivité à la subjectivité ne peut que coïncider avec le passage de l'avoir à l'être. La propension à l'avoir doit sa force au besoin et au désir de suivre. Par ailleurs, la tendance vers l'être trouve son dynamisme dans le besoin inhérent de surmonter l'isolement en ne faisant qu'un avec soi-même, avec les autres et avec le cosmos. En se mettant sous le registre de la subjectivité, l'*homo spiritualis* inscrit son existence dans la mouvance de l'être.

Prenant acte des réflexions théo-philosophiques de Gabriel Marcel[2], Erich Fromm a mené une analyse psychosociale empirique des deux modes fondamentaux d'existence, structurés l'un autour de l'avoir et l'autre autour de l'être, et qui correspondent à deux types fort différents de personnalité et à deux modes très spécifiques d'orientation vers le monde, les autres et soi-même[3]. Dans l'existence sous mode de l'avoir, ma relation au monde, aux autres et à moi-même est fondée sur la possession et la propriété. Je me comporte envers toutes choses et toutes personnes, y compris moi-même, comme un propriétaire. Tout ce qui est réduit à l'état d'objet peut faire partie de mon avoir. Quand à l'existence sous mode de l'être, elle s'exprime sous deux formes. La première est en opposition avec le paraître et se rapporte à la nature vraie et à l'être authentique d'une personne. La seconde est en opposition avec l'avoir et exprime une relation, de type subjectif, vivante et vraie avec le monde, les autres et soi-même. La personne qui vit sous le mode avoir trouve son appui et sa valeur dans ce qu'elle a ; celle qui est sous le mode être se fonde sur ce qu'elle est. Alors que la société contemporaine promeut unilatéralement le mode avoir d'existence comme le seul conforme aux exigences de la modernité marchande, la spiritualité, elle, invite l'individu à structurer sa vie sous le mode être. Tous les maîtres spirituels reconnaissent unanimement que la spiritualité s'inscrit dans le mode être de l'existence. Selon eux, le but de la vie spirituelle est d'être plus et non d'avoir davantage..

Résumons ces remarques sur l'espace spirituel. Le premier pôle de cet espace, la hauteur, imprime au processus spirituel un mouvement ascendant qui prend concrètement l'allure d'une descente. L'*homo spiritualis* « aspire aux choses d'en-haut », comme dit saint Paul. Dans son élan il soulève et élève le monde, les autres et lui-même au niveau de leur être essentiel. Le deuxième pôle, l'intériorité, suggère que la vie spirituelle procède du dedans et qu'elle se

2. Gabriel Marcel, *Être et avoir*, Paris, Aubier-Montainne, 1961.
3. Erich Fromm, *Avoir ou Être ?*, Paris, Robert Laffont, 1978.

déroule dans le registre de la subjectivité et sous le mode être d'existence. Le pôle de la hauteur désigne la finalité, le point d'arrivée et la tension-vers, alors que l'axe de l'intériorité vise davantage le point de départ ou l'origine du mouvement spirituel.

La hauteur et l'intériorité décrivent l'espace dans lequel l'*homo spiritualis* est invité à inscrire le sens, le projet et le faisceau de valeurs qu'il se donne ; elles commandent la façon dont seront conçus, articulés et mis en œuvre les trois rapports constitutifs de l'être humain. L'effort de l'*homo spiritualis* consiste finalement à s'atteler avec courage et constance à cette humble tâche de penser et de déployer sa triple dimension humaine et d'organiser les trois rapports correspondants, à l'intérieur de l'espace spirituel décrit ci-dessus.

À titre d'exercice, appliquons ces données aux rapports et sous-rapports qui définissent l'être humain, et voyons comment ils sont affectés et déterminés par la hauteur et l'intériorité. Brièvement.

II- Les trois rapports dans l'espace spirituel

Rapport au cosmos

Ce rapport sera d'abord déterminé par la catégorie de la hauteur. Cela veut dire que j'inclus le cosmos lui-même dans mes aspirations aux choses d'en-haut. D'emblée, on pourrait penser qu'il s'agit de voir le monde comme venant de Dieu et retournant à lui ; donc comme une créature orientée vers son créateur. Ainsi le monde serait vu comme une immense échelle pour monter vers Dieu ; et les créatures, comme un chemin vers le Créateur. Telle est en tout cas la compréhension de la hauteur dans les spiritualités chrétiennes traditionnelles.

Mais la démarche spirituelle doit partir aujourd'hui de la vision moderne du cosmos. L'univers est expérimenté non plus comme créature, mais comme réalité autonome avec son ordre et ses lois propres. C'est sur cette conception du monde que la catégorie de la hauteur doit être comprise. Selon cette vison, l'évolution cosmique, qui est un processus de complexification progressive, débouche sur l'homme ; elle est une montée vers l'humanité, une anthropogenèse, pour parler à la Teilhard de Chardin. L'*homo spiritualis*, dans son élan vers le haut, tire l'évolution cosmique vers un stade supérieur d'évolution : c'est la noogenèse. Le rôle de l'*homo spiritualis* est de spiritualiser l'univers, non de l'avilir, de l'humaniser en le transformant, et non de le défigurer en l'exploitant; de le voir comme un organisme vivant et non comme une mécanique bien montée.

Par ailleurs l'intériorité m'amène à insister sur le pôle subjectif de mon rapport au cosmos, c'est-à-dire à considérer le cosmos comme une réalité constitutive de mon être. Je suis un microcosme, une synthèse originale d'éléments cosmiques. Les lois qui régissent l'univers sont à l'œuvre en moi. Aussi l'*homo spiritualis* est-il affecté par ce qui se passe dans le cosmos; il communie aux mystérieuses aspirations à la liberté qui sourdent des entrailles de la terre; il souffre vraiment des blessures que l'objectivation industrielle inflige à la planète. Le spirituel peut dire en toute vérité: j'ai mal à mon être cosmique qui s'étend jusqu'aux limites du monde.

De plus l'intériorité m'amène à inscrire mon rapport au cosmos dans le mode être d'existence. L'univers n'est pas une chose à posséder, comme mon avoir bien à moi sur lequel j'ai tous les droits, mais comme une réalité à connaître et à approcher dans l'amour et le respect. Si je suis un être cosmique, l'univers ne se résume pas à moi. Intégré dans un mode être d'existence, mon rapport au monde se traduit dans une recherche de communion qui n'est pas fusion, mais recherche de plénitude dans le respect de l'altérité. Oui, je suis un être cosmique, mais l'univers ne se limite pas à moi. Mon rapport au cosmos ne doit pas viser l'appropriation, mais la croissance de mon être qui ne se réalise qu'en puisant dans l'univers tous les sucs nourriciers.

La terre est un organisme vivant dont je fais partie; elle est à la fois la mère qui me porte en son sein et en même temps l'enfant qui est confié à mes soins, que je dois respecter et embellir, protéger contre les exploiteurs, les vandales et les prédateurs tous azimuts. Se spiritualiser, ce n'est pas accomplir un retour archaïque à la terre, devenir gentleman-farmer ou sombrer dans le romantisme, c'est développer la conscience de son unité avec la nature. Communion dans le respect de l'altérité. Devenir spirituel, c'est être atteint dans son corps et dans son âme par les coups portés à la nature, se sentir violenté personnellement par les outrages infligés à l'environnement.

Voyons maintenant en détail comment fonctionne le processus de spiritualisation dans les différentes modalités de mon rapport au monde.

Rapport à mon corps

Le corps a été le mal aimé des spiritualités occidentales traditionnelles qui le voyaient comme l'ennemi à désarmer et à museler. Il fallait à tout prix le mettre au service de l'âme qui, seule, était concernée par la démarche spirituelle. Le corps était traité comme un objet dont il fallait se rendre maître. Le rapport au corps-objet était défini en termes de droit et de servitude.

Ce rapport négatif au corps n'est plus soutenable. Il est urgent d'établir avec le corps une nouvelle relation qui tienne compte de la culture, de l'anthropologie et de la phénoménologie. Dans ce contexte, la catégorie de la hauteur indique que le corps n'est pas seulement un organisme biologique composé de molécules, de muscles et d'organes variés. Vulgaire masse adipeuse qui mange, jouit, travaille et se repose, et dont le poids tire l'individu vers le bas. Poser le haut, c'est reconnaître que le corps est la forme visible de la profondeur spirituelle, le signe de l'âme et le lieu cosmique d'une transcendance immanente qui cherche à s'exprimer. Le haut signifie que je suis appelé à traiter mon corps avec respect et dignité. Éviter de le rabaisser en le vautrant dans l'alcool, la pornographie, la bouffe et la paresse ou en exigeant de lui des efforts démesurés ou encore en lui faisant produire des œuvres de ténèbres. Mais au contraire, user de mon corps comme d'un instrument de paix, de justice et de compassion et mettre mes membres au service de ce qui est le plus haut : le vrai, le beau, le bon. Élever le corps à la dignité de l'esprit dont il est la forme spatio-temporelle.

Le corps est en réalité mon histoire, c'est-à-dire l'ensemble des formes dans lesquelles mon « je » spirituel s'est exprimé au cours de mon existence. Devenir spirituel, c'est passer d'une forme physique à une autre qui est en plus grande harmonie avec mon centre intérieur. Tel qu'il se présente actuellement, mon corps est une forme plus ou moins semblable à mon être véritable qui, lui, est de nature invisible. Il peut même être un écran opaque ou un anticorps qui exprime le contraire de ce que je suis. Ou encore il peut révéler que mon être secret est brisé. Ainsi les comportements erratiques, les crampes et les tensions peuvent exprimer ce que mon être profond porte de fixations, de blocages et de refoulements.

L'axe de l'intériorité inscrit le rapport au corps dans le registre de la subjectivité et dans le mode être d'existence. Il s'agit de passer du corps que l'on a au corps que l'on est. Passer du corps-objet au corps-sujet. Toutes les techniques de prise de conscience sensorielle tendent vers cette expérience corporelle éprouvée sous mode être. Le sujet vit une coïncidence avec sa propre chair. Je suis concerné immédiatement par le corps que je suis, qui est partie prenante de ma démarche spirituelle. Le corps que je suis, c'est le témoignage que je me donne à moi-même dans l'espace-temps, la figure que je me construis pour m'exprimer le plus parfaitement possible. Ainsi par exemple une âme musicale cherche à se former, par mille exercices appropriés, un corps apte à l'exprimer adéquatement. L'autre soir au concert, la pianiste qui jouait le concerto *Empereur* de Beethoven, au Grand Théâtre de Québec, n'avait plus de masse physique, n'avait plus de poids. Son corps, devenu musique, n'était qu'élan. Son âme musicale s'était donnée une forme adéquate. Bienheureuse coïncidence, moment de grâce où l'être devient un.

La spiritualisation apparaît donc comme la transformation de mon épaisseur physique en corps humain et comme le passage du corps que j'ai au corps que je suis. Pour parler à la manière de Paul de Tarse, elle consiste à passer du corps « animal », « terrestre », « charnel », « psychique » au corps spirituel, « céleste », « pneumatique » (1 Co 15,43). Se spiritualiser c'est devenir corps tout court, c'est devenir le corps de son âme et réaliser l'harmonie entre le noyau invisible et la forme tangible. Non seulement le visage émacié d'un spirituel qui lutte pour la justice est-il plus spirituel que celui de Monsieur Muscle, mais il est tout simplement plus corps. Non seulement les corps nus de Jésus sur la croix ou de Gandhi sur son coussin sont-ils plus spirituels que celui de la pin-up aux galbes chantournés, mais ils sont tout simplement plus corps. En regardant leur visage, c'est leur noyau spirituel qui apparaît.

Notons en terminant qu'à cause de l'ambivalence de l'avoir et de l'être impliquée dans la condition somatique, le corps que l'on est ne cesse jamais d'être le corps que l'on a. Paul Ricœur écrit : « Posséder un corps, c'est ce que font ou plutôt ce que sont les personnes[4]. » Poussons le paradoxe. Parce qu'il est toujours le corps que l'on a, le corps que l'on est est toujours celui qui nous a, c'est-à-dire celui dont on pâtit et dont on souffre : maladie, dépérissement, pulsions

4. Paul Ricœur, *Soi-même comme un autre*, Paris, Seuil, 1990, p. 46.

animales, besoins impératifs, limites gênantes. Le corps qui nous a conditionne grandement la relation spirituelle au corps que l'on est[5].

Rapport aux biens

Mon corps n'est pas limité aux frontières de ma corporéité mesurable. Il s'étend aux biens que je possède et qui forment ce qu'on pourrait appeler mon corps augmenté ou agrandi. Me spiritualiser, c'est organiser mon rapport aux biens en m'inspirant de mon projet de vie et de mes valeurs, et en situant ce rapport dans mon espace spirituel polarisé par le haut et par le dedans.

Le rapport aux biens a toujours été considéré comme un élément important dans toutes les spiritualités. L'attitude face à l'avoir détermine l'être spirituel que je veux devenir. Les maîtres spirituels ont développé le concept du non-avoir comme moyen de parvenir au plus-être. À la limite, ne rien avoir leur apparaît comme la seule voie vers la richesse spirituelle et la plénitude de l'humain en soi. Les spiritualités ont inventé des techniques efficaces et proposé des moyens souvent ingénieux pour régler le difficile rapport aux biens matériels : techniques allant du rejet absolu de toute possession à un usage circonstancié des biens. Les pratiques varient à l'infini, mais l'accent est toujours mis sur le détachement, la non-appropriation, la pauvreté intérieure, le non-désir et la vacuité.

Quelle place les biens occupent-ils dans l'espace spirituel ? Que signifie la hauteur dans le rapport aux biens dont j'ai la propriété ou qui sont à mon service ? La hauteur signifie que les biens, aussi lourds et matériels qu'ils puissent être, sont orientés vers l'humain. Que la propriété soit privée ou collective ne change rien à la chose. Ou bien les choses sont à moi pour permettre à tous d'accéder à l'humain ; ou bien elles sont à tous pour me permettre d'accéder à ma propre humanité. La hauteur désigne l'orientation anthropocentrique des biens. Ne jamais considérer les biens dans une perspective de consommation. C'est précisément le caractère consommable des biens produits qui leur confère leur nature éphémère et périssable. Absence de durée. Destruction continuelle liée à la consommation. Cycle infernal : production-consommation-destruction-production. On produit du prêt-à-jeter. On n'achète

5. Robert JACQUES, « Le corps dans la modernité. De la méfiance et du surpassement », dans *Théologiques*, 5/2, 1997, p. 25-50.

plus pour garder, mais pour jeter. On achète une chose, on s'en lasse, on s'en débarrasse pour acheter un nouveau modèle. Les biens produits sont vite ravalés à l'état de déchets et transformés en vidanges. Dans ce contexte, la hauteur entend restituer aux biens leur qualité intrinsèque et restaurer leur orientation naturelle. L'*homo spiritualis* ne se laisse pas enfermer et séduire par les biens, pas plus qu'il ne les profane. Inscrire la hauteur, c'est orienter les biens vers la promotion de l'humain individuel et social par un usage judicieux et un partage équitable.

Dans une société d'abondance comme la nôtre, le rapport aux biens constitue une menace inédite pour l'*homo spiritualis*. Consommer est la manière d'être obligée dans une société caractérisée par la surproduction de biens nécessairement éphémères. Nature transitoire des choses à consommer. La hauteur inscrit un nouveau rapport aux biens. La consommation a supplanté l'usage dans le rapport aux biens produits. La différence entre consommer et faire usage a une connotation de durée; elle marque l'écart entre passer et durer. Faire usage d'une chose, l'user jusqu'à la corde s'il le faut. Y a-t-il chose plus impressionnante, spirituellement, que ces vieilles dalles de pierre creusées par les pieds des marcheurs? Y a-t-il chose plus vénérable, spirituelle même, qu'une vieille grange aux planches cuites par le soleil et burinées par la pluie et le vent? Y a-t-il bête plus émouvante, spirituelle même, que le vieux cheval de trait qu'on laisse vieillir lentement après une vie de durs labeurs? Y a-t-il choses plus éloquentes, spirituelles même, que les bottillons et la chaise peints par Van Gogh dans « Les souliers » et « La chaise de Vincent avec sa pipe »? Passer de la consommation à l'usage, c'est faire durer les choses. La durée les rends familières. Les choses deviennent ma demeure; je les habite. Le monde des objets se transforme en patrie stable dans la mesure où il transcende la pure utilité de choses produites pour la consommation. La catégorie de la hauteur aboutit à reconnaître ou à conférer une certaine transcendance aux biens à mon usage[6].

Quant au pôle de l'intériorité, il introduit la subjectivité dans le rapport aux biens. Le mode avoir d'existence est remplacé par le mode être. Les biens que j'ai sont traités non plus comme des objets

6. Voir à ce sujet Hannah Arendt, *Conditions de l'homme moderne*, Paris, Calman-Lévy, 1983.

que je possède ou dont j'ai l'usage, mais comme des réalités qui me font advenir dans l'être. L'être se construit pour l'assimilation de l'avoir. Le pôle de l'intériorité inscrit un processus qui fait miennes les choses que je possède. Faire mien, résister à l'instinct de possession et considérer mon avoir comme l'expression de ma subjectivité. Ainsi mon vêtement cesse de n'être qu'un tissu utilitaire servant à me protéger contre le froid et à voiler ma nudité. Il devient l'expression de mon être, de mes goûts, de mes désirs ou de mes désillusions. Mon stylo n'est plus un objet de consommation, mais le prolongement de ma main et l'instrument de ma pensée. Ainsi en est-il de ma maison qui n'est pas seulement un abri contre les intempéries, mais ma demeure, mon *home*. Je me projette dans mes biens et mes biens me renvoient mon image. En tant que prolongements de mon corps, ils sont appelés, eux aussi, à se spiritualiser, c'est-à-dire non seulement à me servir de supports physiques mais à être des signes de mon être spirituel et des moyens efficaces pour le promouvoir. Un des premiers soucis des spirituels au cours des siècles, a été d'aménager des lieux adéquats, de se vêtir d'une manière conforme à leur projet de vie et à leurs valeurs, et d'user des biens en respectant les exigences de leur espace spirituel.

Rapport à la nourriture

Point n'est besoin de rappeler la place dominante occupée par la nourriture dans les traditions spirituelles judaïques, hindoues et musulmanes. Le rapport à la nourriture y est défini par mille perceptions et interdits. Dans une conception du monde structuré autour du pur et de l'impur, il est nécessaire d'éviter d'être souillé par ce qui pénètre dans le corps. Même dans les traditions spirituelles qui se sont élaborées en dehors des catégories du pur et de l'impur et des pratiques de purification, comme les spiritualités chrétiennes et bouddhistes, le rapport à la nourriture constitue un point névralgique. Chaque spiritualité entend définir ce rapport en cohérence avec son système doctrinal et proposer des pratiques aptes à fortifier l'*homo spiritualis*.

Quelle place le rapport à la nourriture occupe-t-il dans l'espace spirituel ? En d'autres termes, comment manger peut-il devenir une action spirituelle ? En ce qui concerne la catégorie de la hauteur, disons que la nourriture est de tous les biens, celui qui touche le plus immédiatement l'être humain. La hauteur signifie que les biens nourriciers n'existent qu'orientés vers les humains. La nourriture est une question de survie. En mangeant, l'*homo spiritualis* élève la nourriture au niveau spirituel. La catégorie de la hauteur rappelle que les biens nourriciers sont destinés à accéder, dans l'homme, à un rang supérieur. À sa manière, la nourriture participe à l'avènement de l'*homo spiritualis*. Il est possible de détourner les biens nourriciers de leur destination spirituelle et de les faire servir à l'avilissement de l'être humain (goinfrerie, ivrognerie, mal bouffe). Cela est en opposition avec la catégorie de la hauteur.

L'axe de l'intériorité signifie que manger est un acte d'incorporation et de communion. La nourriture devient moi et je deviens l'objet consommé. Le cannibalisme pratiqué dans la société archaïque était fondé sur la conviction magique que dans la manducation d'un autre humain s'accomplit un transfert de pouvoir. En mangeant le cœur d'un homme brave, j'acquiers son courage. Aujourd'hui la diététique analyse les propriétés de chaque aliment et leurs effets sur le corps. Les vieux apothicaires connaissaient les vertus médicinales des plantes. Il existe toujours des traditions magiques qui attribuent à certains aliments (plantes, organes d'animaux) des vertus aphrodisiaques. Tout cela témoigne de la même vérité : la nourriture me transforme. Dans la manducation, l'aliment passe du domaine objectif au registre de l'être et de la subjectivité.

Grâce à la hauteur et à l'intériorité, le rapport à la nourriture est élevé au niveau du symbole. Le repas inscrit l'acte de manger dans un réseau symbolique. Le repas, surtout le repas communautaire, a traditionnellement joui d'un pouvoir très évocateur. Il est le lieu de la fraternité, le moment de l'hospitalité, le temps de la fête. La nourriture est intégrée dans un réseau de significations humaines, spirituelles et même religieuses. Elle devient symbole de communion : les aliments assimilés rendent symboliquement présents en moi la chose représentée. Je communie à la divinité dans le repas sacré et je mange le Christ dans les agapes eucharistiques. Les repas de Jésus avec les pécheurs sont des lieux où s'anticipent symboliquement le Règne à venir. C'est au niveau symbolique que s'expriment le plus nettement les catégories du haut et du dedans et la portée spirituelle du processus de manducation.

Rapport à l'argent

Le rapport incorrect à l'argent est un obstacle majeur à la croissance spirituelle. L'*homo spiritualis* se doit de prendre le bœuf par les cornes et de s'attaquer résolument à la question de l'argent. Redéfinir son rapport à l'argent à la lumière de son projet de vie et de ses valeurs, et le situer adéquatement dans l'espace spirituel, telle est la tâche urgente du spirituel, tâche malaisée et pleine d'embûches. L'argent, en effet, est une réalité extrême difficile à saisir. Qu'est-ce que l'argent ? Quelle signification donne-t-on à l'argent dans notre société ? Qu'est-ce que l'argent signifie pour moi ? Chacun est appelé à répondre à ces questions. À bien y penser l'argent n'est rien en soi ; il n'a aucune existence réelle en tant que chose ou objet. Même à son niveau le plus élémentaire, c'est-à-dire comme moyen d'échange, il n'a de valeur que conventionnelle. Il n'est vraiment qu'un « un étalon sans valeur intrinsèque, servant à déterminer le prix d'un objet qui, *théoriquement*, avait, à un moment donné, de la valeur pour quelqu'un[7] ». Quoiqu'on en dise, il ne représente rien en lui-même ; il ne constitue un moyen d'échange et un réseau de valeurs que dans les limites d'un accord mutuel.

L'argent vaut ce qu'il signifie pour soi et pour la société ambiante. L'argent est une réalité immatérielle ; sa vraie nature est d'ordre symbolique. Matériellement l'argent est un morceau de papier ou une pièce de métal. C'est uniquement en tant que mythe qu'il a la force de renverser les montagnes et qu'il se substitue à Dieu lui-même. L'argent tire sa signification et sa valeur symbolique de l'espace social dans lequel on se trouve. Dans notre espace socioculturel et économique, l'argent est synonyme de sécurité, de pouvoir et de reconnaissance sociale. L'argent propulse l'individu vers les sommets et l'enlise dans l'avoir et le paraître. La grandeur et le paraître constituent les deux pôles de notre espace psychosocial quand il s'agit du rapport à l'argent.

Dans l'espace spirituel, comment doit-on comprendre la relation à l'argent ? Difficile inversion de la symbolique qui consiste à passer de la grandeur à la hauteur, et du paraître et de l'avoir à l'être subjectif. Que signifie ici le pôle de la hauteur ? On accède à la spiritualité quand on quitte le pôle de la grandeur pour celui de la hauteur.

7. Joe Dominguez et Vicki Robin, *Votre vie ou votre argent ?*, Montréal, Les Éditions logiques, 1977, p. 94.

Conférer à l'argent une orientation vers le haut, c'est lui donner une visée anthropologique en le réduisant au service de ce qui est authentiquement humain. En spiritualité, l'humain remplace l'argent au sommet de l'échelle. Au niveau à l'existence individuelle, l'argent doit être orienté vers le haut, c'est-à-dire vers ce qui promeut l'humain en soi, ce qui peut faire advenir en chacun le beau, le bon, le vrai. Du point de vu social, le pôle de la hauteur implique que l'argent, le mien autant que celui de l'État, doit recouvrer sa visée sociale et son orientation altruiste.

Quant au pôle de l'intériorité, il faut reconnaître que, même si l'argent est une chose que l'on a, c'est sur soi, à l'intérieur de soi qu'il exerce sa hégémonie. L'argent est mon maître; je suis son esclave, je lui sacrifie ma liberté. L'axe de l'intériorité resitue l'argent dans le registre de la subjectivité et sur le mode être d'existence. L'argent est mis au service de l'avènement de l'humain personnel et social.

C'est dans cet espace spirituel du haut et du dedans que l'*homo spiritualis* est appelé à situer son rapport à l'argent. D'une part, il est face à l'argent qui est son vis-à-vis obligé; d'autre part, il doit lui faire face, en ce sens qu'il doit être en lutte contre lui. Ma vie ou l'argent. L'humain ou l'argent. Dieu ou l'argent. Toute attitude spirituelle découle en grande partie du sens que l'on donne à l'argent. Une certaine tradition biblique, reprise par quelques courants protestants, voit l'argent comme une bénédiction divine. Par contre, le Jésus des Évangiles le trouve « malhonnête » (Lc 16,9), véritable « mammon », opposé à Dieu (Mt 6,24). François d'Assise en parle comme du « crottin d'âne » Le discours des maîtres spirituels sur l'argent peut varier, mais tous attirent l'attention sur l'extrême danger des richesses, sur le nécessaire détachement et sur le devoir du partage. Aucune vie spirituelle n'est possible aussi longtemps que l'argent tient le timon. L'argent ou le spirituel. Comme disait mon ami Lucien, « l'argent, c'est maudit pour la spiritualité ».

Pour clore cette longue partie sur le rapport au cosmos (corps, environnement, bien, nourriture et argent), disons que ce rapport occupe une très large place dans la vie spirituelle. Comme quoi le matériel aussi est spirituel! La spiritualité induit un processus qui fait d'une masse physique un corps humain, signe et revers tangibles d'un noyau intérieur invisible. Devenir corps humain ou humanité incarnée, telle est la visée de l'entreprise spirituelle. L'*homo spiritualis* est celui qui s'est donné un corps, mieux, qui est devenu corps véritable. Le processus spirituel en est un de cosmicisation, c'est-à-dire finalement de « corporisation ».

Rapport à l'autre

La vie spirituelle implique que l'on redéfinisse son rapport aux autres humains sur l'horizon de son projet personnel et des valeurs qui président à sa mise en œuvre, et qu'on le situe avec justesse dans l'espace spirituel.

Dans son rapport à l'autre en tant qu'individu, l'*homo spiritualis* se laisse inspirer par la hauteur. Cela veut dire qu'il s'efforce de développer une relation susceptible d'élever l'individu et l'humanité. Jamais son attitude ne portera atteinte à la dignité humaine, jamais elle ne sera de nature à humilier et à avilir, jamais elle ne fera appel aux instincts les plus bas de la foule. Élever au lieu d'abaisser, avertir plutôt que flatter, pointer vers la montagne plutôt que vers le bourbier. L'autre est toujours un but, jamais un moyen ou un instrument. Le spirituel inscrit son élan ascensionnel au cœur même de l'humanité. Devenir spirituel, c'est faire surgir partout de l'humain de qualité, c'est promouvoir l'humain dans les autres. Faire advenir l'humain dans la société, c'est spiritualiser le monde.

Par ailleurs le pôle de l'intériorité inscrit la relation à l'autre dans la sphère de la subjectivité. Le spirituel cesse de considérer l'autre comme un objet. En tant qu'objet, l'autre, c'est l'enfer, car il prend ma place, m'objectivise de son regard, entre en compétition, me menace, me fait peur, m'inhibe, m'oblige à me replier et à faire mille compromis. L'autre apparaît comme ennemi. Qualifier quelqu'un d'ennemi, c'est s'arroger le droit de l'empêcher de nuire, fût-ce en l'éliminant ou en l'écrouant.

Loin d'être un objet, l'autre est un sujet humain à part entière — quelles que soient sa race et sa condition sociale. L'autre porte la même nature, partage la même destinée et voyage sur le même radeau de méduse dérivant vers l'inévitable gouffre de la mort. Il n'est pas suffisant de dire que l'autre est mon congénère, mon compagnon de route. Je dois aller plus loin et affirmer qu'en un certains sens il est moi et que je suis lui. L'autre c'est moi, c'est-à-dire la partie de moi qui me paraît étrange et étrangère, qui m'échappe et éventuellement me fait peur. En réalité le dialogue avec l'autre doit commencer par le dialogue avec moi-même, avec l'autre qui est en moi. Le spirituel remplace la catégorie de l'ennemi par celle du prochain : l'autre est mon prochain dans la mesure où je m'approche de lui et deviens son proche. Le spirituel actualise son potentiel relationnel en devenant un être social et communautaire.

L'autre, pour moi, c'est aussi la femme. Comment concevoir mon rapport à la femme à l'intérieur de mon projet de vie et de mes valeurs, et comment le situer dans mon espace spirituel ? Ce rapport n'est pas simple ; et toutes les spiritualités se sont efforcées de le définir et de gérer sa mise en œuvre. Je parle ici du point de vue des hommes. La catégorie de la hauteur implique deux choses. Négativement : elle commande d'inscrire un rapport qui exclut toute sujétion, exploitation, discrimination, menace et violence. Positivement : elle exige qu'on mette en œuvre une attitude ascensionnelle qui promeuve les droits de la femme, accueille ses revendications et ses façons de sentir et de faire, et fasse appel à sa dignité et à ses capacités. L'humain ne peut advenir que sous forme masculine ou féminine. Aussi longtemps que le féminin n'est pas accompli, l'humain est handicapé dans sa réalisation. L'homme spirituel favorise le surgissement de l'humain intégral sous sa forme la plus menacée, la féminine.

Le pôle de l'intériorité invite l'homme spirituel à considérer le rapport à la femme sous l'angle de sa propre subjectivité. La femme n'est pas un objet que l'homme peut traiter comme son avoir. L'homme ne se conçoit que dans sa relation avec la femme et la femme que dans son rapport avec l'homme. La femme, certes, est en face de l'homme, mais le féminin n'est pas qu'en dehors de l'homme ; il est aussi finalement en lui. Le féminin et le masculin constituent les deux polarités de chaque individu. *Animus* et *anima*. La relation à la femme doit viser à faire advenir le féminin en moi. S'il est vrai que devant la femme, le mâle déploie toutes ses énergies vitales, il n'est pas moins vrai que la présence féminine est de nature à faire advenir le féminin dans le masculin. Le drame des communautés religieuses d'hommes voués au célibat a été de favoriser le développement d'attitudes « mâles », de vertus « viriles », de réactions machistes et de comportements anti-féministes. L'homme spirituel est celui qui tente de réaliser en lui l'alliance du masculin et du féminin. C'est en lui finalement que se joue la relation au féminin.

Serait-il exagéré de dire qu'en actualisant sa capacité relationnelle innée, le spirituel accomplit le mythe de l'androgyne primordial. L'aspiration à l'androgynie spirituelle se retrouve dans les spiritualités ésotériques, hindoues et même africaines. J'ai dans mon salon une figurine congolaise bisexuée; j'ai également une reproduction androgyne du dieu Vishnu.

Un dernier point. La relation à l'autre prend encore la forme du rapport à la société. Dans toute société, les rapports entre les humains sont réglés par des lois, des coutumes et des institutions destinées à favoriser la vie commune. Le rapport à l'autre se vit forcément à l'intérieur de structures sociopolitiques et économiques.

Toute spiritualité est politique. Elle est amenée à définir un rapport aux structures qui permette l'avènement de l'*homo spiritualis*, ce rapport devant être compris, lui aussi, à l'intérieur de l'espace spirituel. Ici la hauteur signifie qu'il faut redonner à toute structure sa visée anthropocentrique fondamentale. Le Sabbat est pour l'homme et non l'homme pour le Sabbat. Telle est la façon dont le Maître de Nazareth parle de la hauteur dans l'ordre du rapport aux structures. Toute institution ou loi qui perd sa visée humaine se tourne rapidement contre la personne et devient un fardeau qui écrase, une lettre qui tue, une entrave qui casse l'élan. La catégorie de la hauteur est proprement révolutionnaire. En posant l'intangible dans l'*humanum*, elle relativise toute institution et engage inévitablement un processus de résistance contre toute structure aliénante.

Quant à l'axe de l'intériorité, il abolit l'objectivité des structures qui définissent l'homme de l'extérieur. Le processus de socialisation s'accomplit par l'introjection dans la conscience et le psychisme de l'individu de données objectives puisées dans la société. L'intériorisation suppose que l'on reconnaisse que sa propre subjectivité est construite en grande partie avec des matériaux venant du monde de l'objectivité. Poser l'intériorité, c'est refuser de se laisser mener par toutes ces données objectives introjectées, pour n'en retenir que ce qui correspond aux requêtes de sa propre subjectivité. Le processus de résistance induit par la démarche spirituelle s'amorce d'abord à l'intérieur de soi : c'est là que la lutte contre les structures atteint son paroxysme. C'est un aspect important du combat spirituel.

Pour clore cette réflexion sur l'intersubjectivité, disons que le rapport à l'autre est réussi lorsque l'être humain, de relationnel qu'il est au départ, devient social et communautaire. Le processus spirituel vise l'accession de l'individu à la socialité. L'*homo spiritualis* est un *socius*; ou, pour parler en termes évangéliques, un prochain pour tous et chacun. Alors que l'individu se pose en s'affirmant et s'opposant, le sujet spirituel se pose en se reliant aux autres et en s'ouvrant à tous. Le processus spirituel en est un de socialisation.

Rapport à soi

L'homo spiritualis tente également de définir le rapport à soi sur l'horizon de son projet et de ses valeurs, en le situant dans l'espace spirituel. Du point de vue de la hauteur, le spirituel tente de rompre tous les liens qui rivent son ego au bas : la peur, la culpabilité, le mal, l'insécurité, le mépris de soi ou le surmoi. Le moindre fil empêche l'oiseau de prendre son envol, dit l'apophtegme patristique. Dans le rapport à soi-même le haut signifie que l'humain est aimable, que je suis beau et digne d'être respecté, que je n'ai pas à avoir honte de moi, de rien en moi, de rien dans mon histoire. Le haut, c'est l'humain transcendant qui réside et cherche à s'accomplir dans cet être que je suis.

Par ailleurs, l'axe de l'intériorité suppose que l'*homo spiritualis* se débarrasse de tout ce qui, en lui, est extérieur et objectif, à savoir de tous ces personnages qui l'emprisonnent et le sclérosent, personnages liés à sa fonction, à son statut social, à ses désirs inavoués et aux images que les autres se font de lui. L'axe de l'intériorité fait passer du personnage au « je » authentique : elle place l'*homo spiritualis* dans le registre de la subjectivité et sous le mode être d'existence. Mon moi peut devenir le plus important des objets possédés : mon corps, mon nom, mes idées, mes convictions, mon image, mes vertus, mes bonnes œuvres, mes mérites, ma santé, ma vie. Le moi est ressenti ici comme un objet que je possède et qui est à la source de mon identité. L'axe de l'intériorité fait passer la relation à soi de ce mode avoir au mode être d'existence selon lequel je suis par moi-même et non pas par ce que j'ai ou ce que je fais. Le mode être établit une relation non chosifiée, vivante et féconde avec tout ce qui relève de mon identité.

Le spirituel est celui qui est passé de l'individu à la personne. Alors que l'individu humain est un organisme vivant ayant une existence propre face au cosmos et aux autres, la personne, elle, se réalise à mesure que l'individu cesse d'être déterminé par les instances extérieures, par les biens qu'il possède ou par les élans du vitalisme vital, et qu'il décide d'agir en conformité avec son soi profond et sous l'élan de son noyau ultime. Le spirituel est un sujet individuel devenu personne. Le processus spirituel en est un de personnalisation.

Au terme de ce long développement peut-être trop didactique et un peu redondant, il convient de rappeler que mon intention n'était aucunement de dire quelle doit être *la* façon spirituelle valable pour tous d'articuler les rapports au monde, aux autres et à soi, mais de décrire à grands traits l'espace spirituel à l'intérieur duquel ces rapports sont appelés à être compris et vécus par l'*homo spiritualis.* Il revient à chacun, selon sa spiritualité, ses appels intérieurs et sa situation existentielle de définir le genre de rapports qu'il veut, lui, mettre en pratique. J'ai présenté un cadre générique. À chaque sujet spirituel d'y inscrire sa démarche particulière

III- Trois types de spiritualité

Même s'il peut désigner la qualité spirituelle d'une personne, le mot « spiritualité » signifie généralement une réalité objective, un mouvement spirituel ou un cadre théorique et pratique à l'intérieur duquel s'inscrit la vie spirituelle. Une spiritualité est « une façon particulière d'atteindre l'objectif visé par la vie spirituelle. Elle devient en quelque sorte la voie, la méthode retenue pour orienter la vie spirituelle [...]. Les spiritualités imposent des comportements et dictent des conduites. Elles se construisent en s'efforçant de répondre à une certain nombre de questions, de préoccupations qui sont au cœur de l'expérience humaine[8] ».

Une spiritualité est donc une voie, un chemin sur lequel marche le spirituel, souvent à la suite d'un maître. La route a généralement été battue par d'autres dans le passé. On n'est jamais seul à l'arpenter. Certaines voies sont mieux connues, très anciennes, bien balisées, parfaitement éprouvées. D'autres ressemblent davantage à des

8. Jean-Claude Breton, *Pour trouver sa voie spirituelle*, Montréal, Fides, 1992, p. 8 et 10.

sentiers tracés à travers les montagnes de la vie ; d'autres ont plutôt l'allure d'une *trail* de chasse à peine défrichée, jalonnée d'une signalisation discrète connue du seul chasseur. Certains marcheurs tracent eux-mêmes leur sentier à mesure qu'ils avancent ; ils construisent leur propre route avec des éléments puisés dans différentes traditions. Dans ce cas, la voie est davantage un cheminement qu'un chemin, plus un itinéraire qu'une route. Le sentier, c'est la marche elle-même.

Pour être voie de vie, une spiritualité doit répondre aux interrogations issues du cœur de l'existence. Il lui revient donc de proposer un sens et un projet de vie induisant un système de valeurs. Toute spiritualité comporte toujours un discours offrant ne serait-ce qu'un embryon de synthèse doctrinale. Avant d'entreprendre sa marche, le spirituel a besoin de se donner une vision globale de la vie et de l'univers et d'avoir une certaine connaissance de la route et de la destination. Le *logos* précède la *praxis*, et celle-ci conduit à celle-là. Est-ce l'expérience qui est première ou le discours interprétatif? Il n'y a à proprement parler ni antériorité chronologique, ni antériorité logique. L'expérience appelle l'interprétation et celle-ci provoque celle-là. La vitalité du processus spirituel dépend du dynamisme de cette circularité herméneutique.

Toute spiritualité propose un système de pratiques en syntonie avec sa théorie. Chaque spiritualité a ses méthodes, ses techniques, ses règles et sa discipline. Autant d'éléments constitutifs d'une voie spirituelle. Des méthodes qui remontent à la nuit des temps sont aujourd'hui souvent amalgamées à des techniques récentes issues des sciences de l'âme et des thérapies modernes.

Les spiritualités certes sont multiples, mais elles se ramènent à trois grands types, selon qu'elles se développent autour de l'un ou l'autre des trois rapports fondamentaux qui correspondent à la triple dimension de l'être humain.

Spiritualités cosmiques

Le modèle cosmique de spiritualité se structure autour du rapport à l'univers. Le rapport au cosmos peut, nous l'avons vu, connaître plusieurs modalités : rapport à la nature, au corps, aux biens et à l'argent. Chaque modalité va donner naissance à des formes variées de spiritualité cosmique. À tel point qu'on pourra parler de spiritualités cosmiques au pluriel. La référence à la nature environnante constitue-t-elle le pôle central? On aura alors les spiritualités amérindiennes, africaines ou écologiques. L'accent pourra être mis sur l'immense univers en évolution: spiritualité Teilhardienne. On pourra rechercher la communion et la fusion à la nature: spiritualité ésotérique et gnostique, On pourra insister sur les liens fraternels qui unissent toutes les créatures: spiritualité franciscaine. Ou sur la sauvegarde de la création: spiritualité verte.

Spiritualités prophétiques

Les spiritualités de type prophétique s'articulent autour de la relation à l'autre. Si le rapport à l'autre en tant qu'individu est posé comme pôle cristallisateur, on aura mille formes de spiritualité caritative d'inspiration chrétienne ou autres, à la Vincent-de-Paul, à la mère Teresa, à la Jean Vanier. Autant de spiritualités structurées autour d'une action secourable. Une foule d'organisations communautaires s'inspirent de ces modèles de spiritualité et des valeurs qu'ils propagent. La primauté est-elle donnée au rapport à la société et aux structures sociopolitiques et économiques? On verra alors se déployer cent modèles de spiritualités « politiques »: spiritualités d'engagement, de solidarité, de militance, de non-violence, d'option pour les pauvres. Autant de spiritualités axées sur l'intervention transformatrice dont s'inspirent beaucoup de groupes populaires d'intervention. Si par ailleurs le rapport entre homme et femme devient la préoccupation dominante, on assiste, chez les femmes, à l'éclosion des spiritualités féministes.

Spiritualités mystiques

Le rapport à soi-même est l'axe central du modèle mystique. Les spiritualités de ce type insistent sur le travail intérieur, la méditation, le silence et la solitude. Plusieurs modèles existent: les spiritualités contemplatives traditionnelles qui poursuivent l'union ou la fusion avec le divin; les spiritualités gnostiques et ésotériques qui cherchent l'accession à soi et l'expérience du soi comme fragment divin; les spiritualités « initiatiques » et transpersonnelles qui proposent des expériences sommets par le truchement de l'expansion de la conscience[9].

---

9. Voir Pierre Pelletier, *Les thérapies transpersonnelles*, Montréal, Fides, 1996.

Il est à noter que, quel que soit son axe de cristallisation, toute spiritualité se doit d'articuler les trois rapports déterminants. Le modèle mystique doit concevoir, interpréter et intégrer, à sa manière à lui, le rapport au cosmos et à autrui. De même en est-il pour les spiritualités cosmiques et prophétiques. Aucun modèle ne peut développer un pôle à l'exclusion des deux autres. Toutefois on entre toujours dans la vie spirituelle par un pôle donné qui correspond davantage à son tempérament, à ses talents et à sa vocation. Le choix d'une voie spirituelle ne se fait jamais dans l'abstrait, en conclusion d'une étude théorique de toutes les spiritualités.

La vie spirituelle ne se porte pas en elle-même ; elle s'inscrit dans une spiritualité qui prend place à son tour dans un discours plus large. Les religions ont été les lieux d'inscription traditionnelles de la spiritualité, au point de laisser croire à une identification du spirituel et du religieux. En référence aux trois grands types de spiritualité, on doit reconnaître que les religions dites « primitives », amérindiennes, africaines et aborigènes, et l'hindouisme védique ont toujours offert un terreau idéal aux spiritualités cosmiques. Par contre, les spiritualités prophétiques ont traditionnellement trouvé dans les religions abrahamiques, (judaïsme, christianisme et islam), leur lieu d'inscription privilégié. Enfin le bouddhisme et l'hindouisme des Upanishads se sont toujours présentés comme des foyers favorables aux spiritualités mystiques.

Chaque modèle religieux offre donc un lieu d'inscription idéal pour un type particulier de spiritualité. Est-ce à dire pour autant qu'une religion donnée puisse être allergique à l'un ou l'autre des modèles spirituels ? Même si les religions abrahamiques favorisent et privilégient les spiritualités prophétiques, elles n'en sont pas moins aptes à accueillir les spiritualités cosmiques et mystiques, tout en nourrissant une vague méfiance envers elles. Qu'on songe aux kabbalistes et aux hassidim dans le judaïsme, aux soufis dans l'islam et aux mystiques dans le christianisme[10]. Par ailleurs, les religions orientales ont favorisé les spiritualités mystiques au point d'exclure pratiquement le modèle prophétique, surtout à cause des conséquences karmiques inévitables de l'action qui est nécessairement inhérente au prophétisme.

10. Nous développerons ce point plus bas.

L'avènement de la culture séculière a provoqué la dissociation de la religion et de la spiritualité. Ayant quitté le sein des religions, les spiritualités cherchent de nouveaux lieux d'inscription. La spiritualité cosmique a tendance actuellement à s'inscrire dans le discours scientifique. Le danger de cette inscription scientifique du spirituel, c'est de vassaliser la spiritualité et de la réduire à une vague tentative d'harmonisation avec l'âme du monde et avec l'énergie cosmique ou, à des niveaux plus populaires, à une version modernisée des vieilles cosmologies hermétiques. Ce danger de « gnosticisation » n'est pas illusoire. Raymond Ruyer ne l'a-t-il pas souligné dans son livre *La gnose de Princeton*[11] ? Et n'a-t-on pas taxé de gnostiques les synthèses de Teilhard de Chardin et de Matthew Fox ?

Les spiritualités prophétiques, quant à elles, cherchent les nouveaux lieux d'inscription dans la philosophie, surtout l'éthique, et dans les sciences sociales. Elles trouvent dans la philosophie les fondements d'un nouvel art de vivre selon les exigences des valeurs démocratiques, et dans les sciences sociales des analyses du jeu social et des méthodes qualifiées d'intervention. Le danger ici consiste à se laisser inféoder à l'éthique ou aux sciences sociales ; la spiritualité prophétique est alors réduite à un effort moral ou à un service social. Danger de moralisation et de politisation de la spiritualité.

Enfin les spiritualités de type mystique auront tendance à se blottir dans les sciences de l'âme. La psychologie et le psychanalyse sont des lieux d'inscription tout désignées pour elles, car elles fournissent des connaissances précises sur la vie psychique, sur la conscience et l'inconscient ainsi qu'une panoplie de techniques d'analyses et d'exercices thérapeutiques dont la spiritualité mystique peut tirer grand profit. Mais il y a péril en la demeure. Les sciences de l'âme peuvent asservir la spiritualité. Danger de psychologisation de la spiritualité : la vie spirituelle est réduite à un pur processus de croissance psychologique.

11. Raymond Ruyer, *La gnose de Princeton. Des savants à la recherche d'une religion*, Paris Fayard, 1974.

TROISIÈME PARTIE

Le spirituel et le religieux

La vie spirituelle a trouvé dans les religions instituées son lieu d'inscription traditionnel. Il existe, en effet, une grande affinité et de nombreuses convergences entre le spirituel et le religieux. Le religieux encadre le spirituel et le situe sur l'arrière-fond d'un horizon ultime; par contre, le spirituel dynamise et conforte le religieux. Cependant, l'union entre les deux ne va pas toujours de soi, loin de là. Elle est vécue au cœur de tensions qui menacent l'équilibre du couple, dégénérant en guerres ouvertes ou larvées et aboutissant parfois à des divorces malheureux.

CHAPITRE 7

L'homo religiosus

Il y a trois choses que je veux dire et une quatrième, ainsi parle le prophète en Israël. J'ai dit : il y a trois dimensions dans l'être humain et trois rapports constitutifs correspondant à chacune d'elles. J'ajoute : il y a un quatrième rapport. Mais ce rapport, unique en son genre, ne se situe pas au même plan que les autres. À strictement parler, ce n'est pas un quatrième rapport accolé aux trois premiers. Il est totalement autre. Alors que les trois premiers rapports se situent au niveau de l'être humain en tant qu'essence et nature, le dernier l'envisage sous son aspect de *créature*.

I- Le rapport Dieu-homme

Jusqu'à maintenant, nous avons considéré l'être humain comme corps (le cosmique), comme culture (le relationnel) et comme sujet (l'individuel). Nous avons proposé une anthropologie de la vie spirituelle fondée sur cette structure tridimensionnelle. Ce faisant, nous avons tenu compte des sensibilités de la conscience contemporaine qui éprouve spontanément le monde et l'être humain comme nature. La nature est un concept objectif; elle s'impose à nous comme une réalité propre et une essence véritable avec son ordre et ses lois spécifiques. Le monde n'est pas une illusion ou une ombre; il possède une densité ontologique.

L'impermanence

Dans ce monde réel, rien n'est permanent. Tout passe. La vie est comme un flot; les saisons se succèdent; les êtres naissent et meurent. Rien n'est stable. Même les formes les plus solides sont rongées par le temps. Rien ne résiste à la durée; tout finit par se métamorphoser et se corrompre. Tout être est comme l'herbe qui le matin s'épanouit et le soir se fane.

À mesure que la vie passe, s'aiguise la conscience de la facticité de toutes choses. Tout échappe à notre prise. La fragilité de la vie, la fugacité des formes, l'évanescence des phénomènes, la contingence de la réalité, tout nous ramène à l'inéluctable question : Y a-t-il quelque chose derrière toutes ces apparences ? Le monde n'est-il qu'un jeu d'ombres chinoises ? D'emblée nous sommes tentés par la solution bouddhiste : il n'y a rien derrière les phénomènes. C'est l'impermanence absolue. J'ai beau frapper à la porte des êtres ; jamais voix ne me répond : présent. Pourtant je me tiens à la porte et je frappe. Les humains frappent depuis l'origine des temps. Éternel silence. Y a-t-il vraiment quelque chose, quelqu'un derrière la porte ? Cette première question, déjà vertigineuse, conduit logiquement à une autre qui, elle, coupe le souffle : Y a-t-il quelqu'un qui frappe ?

Ne suis-je pas, moi aussi, qu'une ombre, qu'une succession de formes vides ? Tous les « je » à travers lesquels je me dis ne sont-ils pas factices ? Y a-t-il un moi ou un soi qui se cache derrière eux et qui cherche à se dire à travers eux ? Si la réponse est négative, c'est le règne de l'impermanence absolue. On serait alors tenté de sauter à la conclusion : il n'y a donc pas de spiritualité possible et tout ce que nous avons dit jusque-là s'écroule comme château de cartes. Pas si vite. J'affirme au contraire que la vie spirituelle reste possible et continue à s'imposer comme le devoir de l'être humain. La preuve en est le bouddhisme, qui développe sa spiritualité sur la prémisse de l'impermanence absolue de toute réalité, y compris de l'être humain.

Quant à moi, je ne partage pas cette vision de l'univers. Héritier d'Aristote, de la philosophie occidentale et de la tradition chrétienne, je pose au départ la densité du réel. Derrière les phénomènes transitoires et évanescents que je perçois, il y a une réalité stable et permanente. Derrière la multiplicité des êtres (des étants), il y a l'Être qui fonde tout. Il y a de l'être partout. La philosophie repose sur cet étonnement initial : qu'est-ce que c'est ? Qu'est-ce qui est à la base de tout et grâce auquel tout se tient ?

Que de réponses n'a-t-on pas données à cette question depuis les tout premiers balbutiements de la philosophie ! Tout est eau, disait Tales, le plus ancien philosophe ionien. Non, répliquaient les autres qui avaient, chacun, sa petite idée là-dessus : tout est air ou feu, ou matière, ou atome, ou vie, ou esprit, ou énergie, ou âme du monde. On a élaboré des réponses en ayant recours à un élément présent dans le monde, élément qu'on a considéré comme substrat universel de toutes choses et à qui on a attribué ce caractère d'être la source ou le fondement de tout le reste.

Cette manière de penser a donné naissance à des conceptions dont les conséquences sur la spiritualité n'ont pas toujours été très heureuses. L'être manifesté sous toutes les formes du réel et appelé *fondement des êtres* n'est pas une chose particulière qui pourrait être extraite des phénomènes comme s'il existait indépendamment d'eux, au-delà des choses et en-dehors de moi. L'être n'existe que dans les étants.

Ce fondement des êtres renvoie à une source mystérieuse plus lointaine qui sert d'assise à tout : c'est le *Fondement de l'être.* S'il y a le fond des êtres ; il y a le fond du fond des êtres qui ne doit pas être compris comme le tissu ultime des êtres, mais comme la source qui en assure l'existence. Il ne s'identifie ni aux choses ni à moi, mais il n'est pas séparé non plus. Dieu — puisqu'il faut bien le nommer — n'est ni derrière, ni au-dessus, ni en-bas, ni à-côté, ni au-dehors, ni au-dedans comme un bijou dans un écrin.

Rapport de création

Comment peut-on concevoir ce rapport énigmatique entre Dieu et l'être humain ? Généralement en faisant appel aux notions de création ou d'émanation. Je ne m'arrête pas ici au postulat de l'émanation selon lequel le monde apparaît comme provenant du divin lui-même. Chaque fragment divin projeté dans le chaos primordial cristallise les éléments épars pour en faire des êtres. D'où trois possibilités : tout est divin (panthéisme) ; tout est en Dieu (panenthéisme) ; le divin est le tissu ultime des choses (ésotérisme). Je ne considère ici que la réponse créationnelle. Le principe de création détermine le rapport entre le cosmos et Dieu, plus spécifiquement entre l'homme et Dieu. Il est vrai, avons-nous dit, que l'être humain se réalise lui-même par un acte libre et par l'effet d'un effort spirituel soutenu. Mais il est tout aussi vrai qu'il ne se donne pas lui-même à lui-même. Ultimement il n'est pas le produit d'un acte souverain; il se reçoit d'ailleurs, d'un autre. C'est en se recevant qu'il s'accomplit lui-même. Son auto-réalisation est le déploiement des virtualités inhérentes aux dons reçus. En tant que nature je me réalise moi-même; mais en tant que créature, je me reçois d'une puissance créatrice qui, à chaque instant me tire du néant et me fait advenir dans l'existence. Un être créé n'a d'existence et d'être que grâce à l'énergie créatrice ininterrompue qui s'épanouit en lui.

La création n'est pas un acte ponctuel à l'origine du temps. Aujourd'hui on pose ce commencement mystérieux dans un passé immémorial. On conçoit volontiers, mais à tort, que l'acte créateur est l'explosion d'une énergie gigantesque analogue aux forces qui agissent dans l'univers. Dire que le monde est créé, c'est dire qu'il ne va pas de soi, qu'il n'est pas une nécessité, qu'il a besoin de fondement et qu'il suppose une cause créatrice. Le monde n'est pas seulement nature; il est créature, c'est-à-dire réalité produite par un acte créateur libre.

L'idée de création définit et caractérise le rapport de Dieu à l'homme; et ce, au double sens, d'une part, que l'être et la vie sont remis à l'homme comme lui appartenant en propre et d'autre part, que Dieu, étant source ultime de l'être, n'est pas situé sur le même plan que lui. Créer « signifie que Dieu établit entre l'homme et lui un rapport tel que, pour le penser vraiment, on doit dire d'abord: “Dieu n'est pas moi”, puis: mais il n'est pas non plus un autre — afin d'orienter la pensée par cette apparente contradiction vers un rapport réellement indicible qui échappe à toute expression conceptuelle. Mais ce rapport indicible est immédiatement perçu par la conscience religieuse; bien mieux, il semble permis de présumer que c'est précisément cette intuition *sui generis* qui constitue cette conscience. [...] Dans la notion de la grâce proprement dite, enfin, le rapport entre Dieu et l'homme trouve sa clarté et son achèvement suprême[1] ».

1. Romano Guardini, *Le monde et la personne*, Paris, Seuil, 1966, p. 45-46.

Lorsqu'il s'agit de caractériser ce rapport Dieu-*homo*, l'hétéronomie est tout aussi fausse que l'identité. Certes Dieu n'est pas un autre être à-côté, au-dessus ou au-dedans des autres êtres. Il n'est aucun des êtres qui existent; il est absolument différent de tout ce que mon expérience peut éprouver et exprimer. Au-delà de toute pensée et de toute expérience. Tout ce qu'on dit de lui doit aussitôt être nié. Si Dieu est totalement autre, le Tout Autre, il ne peut pas être mon vis-à-vis campé dans son identité, mon *alter ego* à l'image de qui j'ai été créé. Dieu n'est donc pas l'autre, pas plus qu'il ne s'identifie à moi-même. On ne peut pas forcer Dieu dans la catégorie de l'autre ni dans celle du même. Pour définir le rapport entre Dieu et l'être humain Il faut poser l'altérité sans division ni dualisme et l'unité sans monisme. Dieu est tellement au-delà, qu'il ne s'identifie à rien de ce qui existe : il est donc le Tout autre absolument. Pour rester dans la vérité, il faut s'empresser d'ajouter : il est tellement au-delà qu'il ne peut être séparé d'aucun être. On est sur la corde raide; on doit éviter la tentation de la dualité sans pourtant succomber à celle de l'unité. Il convient de faire usage ici de la catégorie de la non-dualité « qui consiste dans l'expérience selon laquelle la réalité ne se laisse pas réduire à l'Un, à l'unité ou au monisme, à une substance ou à un être, mais pas davantage à un dualisme, à deux substances, à deux principes. [...] Le non-dualisme c'est la négation du dualisme qui se refuse à verser pour autant dans le monisme. Cette négation (non-dualisme) est un dynamisme propre de la réalité même[2] ». Dieu est si intimement lié à mon être et à mon existence que je ne puis lui parler comme s'il était quelqu'un d'autre.

Dieu n'est donc pas un être extérieur hissé au sommet de la hiérarchie des étants, un être de notre espèce agrandi au superlatif. Ni un être extérieur à chercher dans la loi, dans les textes sacrés, dans les dogmes ou dans quelqu'autorité magistérielle. Pas davantage un être intérieur identifié au surmoi ou à l'objet de mes pensées. Pour que s'accomplisse l'émergence de Dieu dans la subjectivité, il faut abolir toutes ces images objectives, extérieures ou intérieures, d'un Dieu mesuré au gabarit de notre humanité. Images aliénantes, mortifères et culpabilisantes. C'est dans la conscience et non sur

2. Raimon Pannikkar, *Entre Dieu et le cosmos*, Paris, Albin Michel, 1998, p. 136.

quelque Horeb que les idoles divines doivent être fracassées. Passage obligé par une phase athée.

Dieu n'est pas un objet de foi, d'étude ou de connaissance situé en dehors de moi ou habitant en moi comme une réalité distincte de moi. Dieu ne réside pas dans le monde de l'objectivité; il n'est que dans l'intersubjectivité; il advient dans la subjectivité. Dieu est au fond de moi, le Fond de moi, le Fond d'où je tire mon être à chaque instant. En réalité je n'atteins pas le Fond moi-même; c'est le Fond qui se révèle et s'exprime dans la multiplicité des formes. Dom Henri Le Saux écrit dans son journal :

> Cette vie dans le Fond où seul *avec* Dieu, je suis.
> Cette vie dans le fond où seul *en* Dieu, je suis.
> Cette vie dans le fond où seul *de* Dieu, je suis[3].

Dieu advient en moi dans la mesure où je deviens moi-même en profondeur. « Dieu est pour moi, écrit Karl Jasper, dans la mesure où je deviens vraiment moi-même dans la liberté[4]. » Le chemin vers soi, c'est la voie vers Dieu. Connais-toi toi-même et tu connaîtras Dieu. L'éveil à Dieu s'accomplit dans l'éveil à soi. Se saisir comme créature, c'est intuitionner le Créateur. On ne découvre Dieu qu'en se trouvant soi-même. « Si l'homme, écrit Hegel, a vraiment connaissance de Dieu, il a vraiment connaissance aussi de lui-même : il y a correspondance entre les deux[5]. » Dieu advient dans le devenir-personne de chaque individu. Il précède, informe, imprègne mon être, ma vie et mes actions, même les plus triviales. J'en fais l'expérience simplement comme d'une présence et d'un impératif dont j'ai à déchiffrer le sens pour moi-même. Je *vis* cette présence et de cette présence dans le déroulement de mon quotidien le plus banal.

Quant à l'idée de grâce, elle occupe une place très importante dans l'intelligence du rapport Dieu-homme. Les grandes religions abrahamiques insistent avec force sur la grâce; et l'idée se retrouve dans certaines tendances hindoues (vishnouisme) et même boud-

3. Cité par Marie-Madeleine Davy, *Henri Le Saux. Swami Abhishiktananda*, Paris, Cerf, 1981, p. 120.
4. Karl Jasper, *Introduction à la philosophie*, Paris, Plon, 1966, p. 46.
5. Cité par Eugen Drewermann, *Dieu en toute liberté. Psychologie des profondeurs et religion*, Paris, Albin Michel, 1997, p. 539.

dhiques (bouddhisme de dévotion). Le recours à la notion de grâce influence radicalement la façon d'envisager et de vivre la relation au divin. Car l'idée de grâce présuppose que Dieu agit mystérieusement dans le monde, non par nécessité, mais par suite d'un mouvement d'amour.

Résumons-nous. Du côté de Dieu, le rapport de création implique la non-dualité, la grâce et la dépendance ontologique de toute créature.

Du côté de l'homme, la question est de savoir si et comment l'être humain peut entrer en relation avec le divin et comment il doit vivre ce rapport dans son existence spatio-temporelle.

II- Le religieux dans l'homme

Qu'il le veuille ou non, que ça lui plaise ou non, qu'il en soit conscient ou non, l'être humain n'existe que grâce à ce lien créateur qui le maintient dans l'être à tout instant. Ça, il peut le nier, le refuser, l'ignorer; il peut se révolter ou rester indifférent. Rien n'y fait. L'homme n'est pas que nature, il est aussi créature. Dieu est en relation créatrice permanente avec lui.

La pensée moderne a du mal à voir le monde comme création, braquée qu'elle est sur la loi des causes et des effets et sur une compréhension mécanique du cosmos. La raison technique et scientifique n'étudie que ce qui est mesurable et elle repousse ce qui ne l'est pas dans le ciel des naïvetés et des utopies. En manipulant le monde et en l'exploitant, elle le désenchante et le vide de toute surprise. Une fois décortiqué, éviscéré et domestiqué, l'univers ne parle plus que de lui-même; il n'est plus étonnant; il ne renvoie plus au-delà de lui. Certes on peut le trouver beau dans sa forme, fascinant dans son immensité. Mais il reste muet : il ne chante plus la gloire de Dieu. Il n'est plus le reflet du créateur. En lui aucune trace de Dieu. Les êtres ne crient plus : « c'est Dieu qui nous a faits ».

Même si la modernité rationnelle nous a insensibilisés à l'invisible et au merveilleux, il demeure possible de nous ouvrir au mystère. Il y a, inscrite dans la structure même de l'être humain, une « capacité de Dieu », comme disaient les anciens. La théologie a toujours maintenu avec force la possibilité naturelle de « saisir » Dieu. Cette capacité n'est pas que théorique, elle est un pouvoir réel et actif. Le pouvoir de connaître Dieu fournit le fondement subjectif à toute ouverture à une potentielle révélation de Dieu. Il ne suffit pas que l'être humain ait la capacité de connaître Dieu; ce pouvoir reste virtuel si Dieu ne se révèle pas au cœur. Ineffable et insaisissable, plus grand que notre cœur et que notre esprit, Dieu échappe à toute préhension et à toute expérience directe. Il ne peut donc être saisi que s'il se livre, connu que s'il se révèle, trouvé que s'il se dévoile. Et cela, gratuitement. La découverte de Dieu n'est pas au bout d'un microscope, d'un raisonnement, d'un acte méritoire ou d'une pratique vertueuse. Elle est de l'ordre de la grâce.

Le sujet humain ne peut donc se mettre en relation avec Dieu que grâce à quelque révélation. Le rapport au divin se situe dans un espace de grâce. Ce qui définit l'essentiel de ce rapport, c'est la foi, entendue non pas comme une adhésion intellectuelle à des croyances, mais comme une ouverture au mystère insondable du réel, en dépit de l'expérience du chaos, et comme une confiance fondamentale malgré les injustices de ce monde, la peur devant la mort et l'inaction apparente de Dieu. Une telle conception de la foi implique toute la personne : la raison, la volonté et le corps. La foi touche l'intelligence, car, même si elle n'est pas rationnelle, elle n'en est pas moins raisonnable. Elle concerne la volonté car même si elle est un don, elle est toujours le fruit d'une décision de faire confiance à la vie. Elle implique le corps, car c'est là qu'elle s'actualise, dans une pratique contextuelle et dans des œuvres déterminées.

Fondamentalement la foi est l'attitude d'accueil inconditionnel de Dieu dans sa vie. C'est une disposition existentielle, morale et ontologique par laquelle le sujet croyant se met en état de recevoir son être de Dieu. Le Nouveau Testament qualifie d'obéissance cette attitude fondamentale. Quand on dit de Jésus qu'il s'est vidé de lui-même pour se faire obéissant jusqu'à la mort, cela signifie qu'il n'a pas compté sur la suffisance de son ego ni sur la puissance de sa volonté propre pour accomplir son être et réaliser le projet qu'il s'était donné en réponse à son mystérieux appel. Il a misé résolument sur celui qu'il a appelé Père. Aussi a-t-il pu crier en mourant : « Tout — mon être et mon projet — est accompli. Par la foi-obéissance je dépose toute arrogance et renonce à toute velléité de parvenir à la plénitude humaine par mes propres forces. »

C'est ici qu'apparaît l'étonnante notion de volonté de Dieu. La foi étant obéissance à Dieu, on peut en toute cohérence parler de volonté de Dieu. S'il est un vouloir divin, il est nécessairement mystérieux, indéchiffrable et insondable. On ne peut donc point le connaître à l'avance. D'ailleurs il ne s'identifie ni à une loi, ni à un diktat d'autorité, pas davantage à un plan divin tout tracé d'avance ou à un *vade mecum* destiné au croyant. Il est dangereux de parler de dessein éternel de Dieu pour expliquer le monde et l'histoire; dangereux de faire appel à la volonté de Dieu pour justifier une position personnelle ou pour fonder une loi objective ou un ordre intimé. Soyons modestes et contentons-nous de parler analogiquement de volonté divine comme d'un programme (*nomos, logos*) inscrit dans les structures mêmes de la création. Si l'univers et l'homme sont issus d'un Créateur, leurs structures ontologiques et les lois de leur croissance naturelle doivent correspondre à une intention créatrice. La volonté du pomiculteur, n'est-ce pas que ses pommiers produisent des pommes, selon leurs espèces? Celle de l'avionneur, que son engin vole? De même peut-on affirmer que la volonté du Créateur, c'est que l'homo devienne Homme, qu'il réalise l'humain en lui dans le respect de son être tridimensionnel et des processus de croissance inscrits dans sa nature. Irénée de Lyon a exprimé cette idée dans sa maxime célèbre : la volonté de Dieu c'est que l'homme vive, qu'il devienne humain. « La gloire de Dieu, déclare le maître de Nazareth, c'est que vous portiez du fruit et que vous en portiez en abondance » (Jn 15,8). Quelle espèce de fruits? Des fruits d'humanité évidemment. Comme la grappe juteuse fait la renommée de la vigne et du vigneron, ainsi l'homme vivant chante la gloire de son créateur. Ces considérations ont des conséquences déterminantes pour notre propos[6].

Par la foi, je reconnais ma dépendance envers Dieu, créateur du ciel et de la terre. Découvrant que je suis un être créé, je décide délibérément d'entrer en relation avec mon créateur : je deviens *homo religiosus*. Le religieux en moi n'est pas une partie de moi, un élément constitutif de ma nature. C'est la dimension profonde et fontale de mon être tout entier en tant qu'il reconnaît librement sa condition de créature, qu'il se reçoit à chaque instant de Dieu, qu'il est relié à la source créatrice. En d'autres termes, l'*homo religiosus* désigne l'être humain tridimensionnel en tant qu'il s'accepte comme

6. Cette question de la volonté de Dieu est fort complexe; nous ne retenons ici que ce qui est utile à notre propos.

contingent, impermanent et ontologiquement pauvre, qu'il se reçoit dans son être et dans son agir d'un Dieu créateur et qu'en retour il remet son être à Dieu dans l'action de grâce.

La religion, la vertu de religion comme on disait autrefois, c'est la qualité de l'*homo religiosus*. Elle est une prédisposition, une marque ou une capacité inscrite dans la structure même de l'être humain. Dire que l'*homo* est religieux, c'est dire qu'il a la capacité innée de s'ouvrir à sa condition de créature et d'accueillir son être de l'Autre. Le caractère religieux de l'être humain est donné en germe comme une virtualité appelée à s'actualiser. On ne naît pas religieux, on le devient. Et ce devenir comporte plusieurs étapes de développement que les auteurs nomment de différentes façons. Certains, tels F. Oser, P. Gmünder et L. Ridez, identifient six phases du développement religieux : dans un premier temps, le divin est saisi comme une puissance objective qui fascine et effraie, ensuite on passe au Dieu moral qui impose sa loi, puis au Dieu cosmique qui assure l'ordre de l'univers, par la suite au Dieu historique qui a un dessein de salut sur le monde, et après au Dieu de l'inter-subjectivité, pour aboutir finalement au Dieu insaisissable éprouvé comme le *nada*, le rien, la vacuité, le sans défense. La croissance religieuse coïncide avec le passage graduel de l'objectivité à la subjectivité de Dieu pour déboucher sur l'expérience de la nuit obscure, du nuage de l'inconnaissance[7].

La vie religieuse

Qu'est-ce que la vie religieuse ? On peut la décrire comme une entreprise par laquelle l'individu cherche son achèvement, sa réalisation humaine intégrale, (appelée selon les cas humanisation, libération, salut), en nourrissant librement une relation consciente avec la réalité transcendante (Dieu, l'Un, l'Ultime, Allah, Brahman, Yahvé). En s'accomplissant comme personne humaine, en faisant advenir l'humain intégral en lui, non seulement l'*homo religiosus* rend-il gloire au Créateur mais encore il se divinise parce qu'il reçoit de Dieu tous les biens qu'il fait siens. Les biens que Dieu m'offre deviennent miens quand j'ouvre la main pour les accueillir. Dieu ne retire jamais ce qu'il a donné ; ses dons sont sans repentance. Je deviens bon par le

---

7. Fritz Oser, Paul Gmünder et Louis Ridez, *L'homme, son développement religieux. Étude de structuralisme génétique*. Paris, Cerf, 1991.

don que Dieu me fait de sa propre bonté qui devient réellement mienne tout en demeurant toujours sienne. Aussi à l'appellation de « bon maître », Jésus rétorque-t-il : « Pourquoi m'appelles-tu bon ? Seul Dieu est bon » (Lc 18,19). Cette parole ne signifie pas que Jésus serait mauvais ; il ne fait que reconnaître que la bonté qui est en lui est de Dieu : s'il y a de la bonté en moi, cette bonté est de Dieu qui seul est bon. Paul de Tarse exprime la même conviction : « Si ce que tu as, tu l'as reçu, pourquoi t'en enorgueillir ? ». François d'Assise reprend le même thème de façon récurrente dans ses *Admonitions* : « Bienheureux le serviteur qui ne se glorifie pas des biens que le Seigneur opère en lui et par lui... Celui qui se les approprie est un voleur qui s'attaque au Très Haut Seigneur à qui tout appartient et de qui tous biens dérivent... De quoi peux-tu donc bien te glorifier ? » [*Admonitions V, VII, VIII, XII, XVII*].

Du seul fait qu'elle est une entreprise d'humanisation, la vie religieuse est un processus de divinisation. Dans la vie religieuse s'accomplit, à vrai dire, le *sacrum commercium*, c'est-à-dire le mystérieux échange de l'humain et du divin. Les pères grecs n'avaient pas peur de parler à ce propos de divinisation de l'être humain. En devenant homme, plus homme, homme intégral (chose impossible), je deviens divin. « Vous êtes des dieux ! », parole du psalmiste reprise par Jésus de lui-même (Jn 10,34). « Nous sommes de la race de Dieu » (Ac 17,28), « fils et donc héritiers de Dieu » (Rm 8,17), ose déclarer Paul. Dans la foi j'entre dans une relation créatrice par laquelle la créature que je suis devient fils de Dieu. J'expérimente une nouvelle naissance ; à mon tour, je nais *a Patre* (du Père), comme Jésus. À tout âge, même devenu vieux, je puis connaître cette seconde naissance. Première naissance, quand je me reçois de ma mère ; seconde naissance, lorsque Dieu me donne à moi-même en se donnant lui-même à moi.

La vie religieuse apparaît comme un processus de glorification de Dieu, à qui je rends grâce pour tout ce qu'il crée, pour ses biens qu'il me donne et pour l'être que je reçois de lui. Je n'ai pas à pavaner, à m'enfler, à m'enorgueillir, car tout vient de lui et tout retourne à lui. « Je te bénis, Seigneur, de m'avoir créée », telle est la strophe que Claire d'Assise a ajoutée au Cantique du Soleil de son ami François. Oui, la reconnaissance est l'attitude religieuse par excellence.

L'existence concrète est le lieu sacré où se déroule la vie religieuse de l'être humain tridimensionnel, le temple où elle se célèbre. La vie religieuse ne consiste pas en une activité spécifique émanant de quelque faculté ; elle ne s'exprime qu'à travers toute la gamme des activités et des passions humaines : pensées, volitions, émotions, sensations, actions. Il n'y a dans l'homme aucun organe spécifique pour le religieux. La relation au divin ne se limite pas à une chose ; elle joue sur tout et elle est en jeu partout. Elle affecte toute la personne et l'engage pleinement dans sa triple dimension constitutive. La religion ne correspond pas à une fonction spéciale de l'esprit humain. Elle n'est ni une activité sectorielle précise, ni un faisceau d'actions spécifiques. Elle est plutôt la dimension profonde de toutes les activités humaines ; elle est la radicalité (*radix :* racine) de toutes les sphères de l'existence.

Cependant la relation au divin peut et même doit parfois s'exprimer dans des activités spéciales (prière, rite, geste, culte) et dans des lieux particuliers. Pratiques et lieux symboliques qui constituent autant de « signes » et de « médiations » qui représentent la face culturelle de la vie religieuse, sans être pour autant déterminants pour l'identification du religieux. Comme tout signe, ils sont ambigus. Ils peuvent exprimer et favoriser l'attitude religieuse intérieure ou donner le change. La vie religieuse s'exprime quotidiennement dans l'exercice des trois rapports constitutifs de l'être humain. C'est en mettant en œuvre chacun de ces rapports qu'elle se vit. Ma relation à Dieu se moule dans la forme que prennent mes trois rapports, au cosmos, à autrui et à moi-même.

La mise en œuvre concrète de ces rapports trahit la qualité de la vie religieuse. Comment peux-tu prétendre aimer Dieu si tu n'aimes pas ton frère ? Comment peux-tu honorer le Créateur si tu détruis sa création ? Comment oses-tu dire que tu crois en Dieu alors que tu n'as pas foi en toi-même ? Les trois rapports sont le lieu d'inscription existentiel de ma relation à Dieu. Puis-je aller plus loin et dire ceci : en vivant en vérité mon rapport au cosmos, c'est avec le Père créateur de l'univers que j'entre en relation ; en articulant dans la vérité mon rapport à autrui, c'est le Verbe sauveur que je rejoins ; et en me trouvant vraiment moi-même, c'est l'Esprit vivifiant que je découvre. Dieu trinitaire qui se laisse appréhender comme Père, Fils et Esprit au terme et à l'intérieur du triple rapport de mon être.

Je puis monter vers Dieu par le truchement du cosmos, comme le laissent entendre les « preuves » classiques de l'existence de Dieu; je puis servir le Verbe en m'engageant pour les autres, comme l'affirme Jésus; je puis m'aboucher avec l'Esprit en prenant contact avec mon centre ultime, comme le pense saint Paul. La théologie traditionnelle a toujours identifié trois voies vers Dieu : la connaissance du cosmos; le service agapique; la conscience et la connaissance de soi.

III- Le religieux institutionnel

Aussi loin qu'on remonte dans l'histoire, la vie religieuse s'est donnée des structures et des cadres spécifiques pour s'exprimer socialement. La religion n'est pas qu'une affaire privée, intérieure et invisible; elle ne peut pas ne pas se donner une forme tangible dans l'espace public. Les religions établies, nouvelles et anciennes, sont nombreuses et variées. Le mot « religion » a été utilisé pour désigner des phénomènes et des structures fort différentes. Je me contenterai de reprendre ici la description fonctionnelle que j'en offre dans mon *Cortège des fous de Dieu* où la religion est présentée comme une voie structurée d'humanisation individuelle et communautaire (salut, réalisation, libération) qui consiste dans la mise en place d'un univers de sens et d'un système de pratiques individuelles et sociales, destinés l'un et l'autre à mettre l'individu en rapport avec le divin (le Sacré, l'Ultime, l'Un) et à lui permettre de s'arracher dès maintenant à une existence aliénante[8].

Les religions instituées se présentent comme des voies de libération, de salut, de réalisation de soi, en un mot d'humanisation. Non seulement ont-elles été dans le passé garantes de la sauvegarde génétique de la race humaine grâce aux multiples lois de pureté et aux interdits sexuels; non seulement ont-elles été des éducatrices d'humanité en réglant les rapports sociaux et en favorisant la culture. Elles se sont toujours présentées comme des entreprises de transformation globale des individus et des sociétés, comme des voies d'accomplissement intégral de l'humain. Elles se drapent toutes de la même prétention universelle, convaincues de leur capacité de sauver tous les hommes et tout dans l'homme.

8. Richard BERGERON, *Le cortège des fous de Dieu*, Montréal, Éd. Paulines, 1982, p. 22.

Le spécifique de la religion, c'est d'accomplir cette libération ou réalisation humaine par l'*entremise* du sacré ou du divin. La référence au divin ou au surnaturel est une donnée centrale de la religion. Aussi l'histoire des religions foisonne-t-elle d'hiérophanies tous azimuts qui racontent sous forme de mythes ou de légendes des visitations d'en-haut. Tout cela suggère l'idée que la détresse et l'aliénation humaines sont si profondes que la libération ne peut pas être le résultat du seul effort de l'homme, mais seulement d'une conjonction de l'action humaine et de l'intervention des dieux. En conséquence il faut que le rapport au divin soit renoué pour que se produise l'accomplissement humain.

Toutes les religions instituées mettent en place un univers de sens englobant et un système de pratiques individuelles et sociales. Les expériences fondatrices et les symboles fondamentaux d'une religion sont historiquement soumis à un processus d'interprétation et de clarification intellectuelle aboutissant à un corpus doctrinal cohérent porteur d'un univers de sens englobant. Ce corpus n'est pas que spéculatif; il implique l'élaboration d'un ordre normatif destiné à encadrer la pratique et à l'orienter vers la fin ultime. La dimension téléologique des idées religieuses pose des exigences éthiques précises et commande des modes d'intervention et des modèles de conduite aptes à favoriser l'obtention du but recherché.

Toute religion instituée implique aussi une gestuelle symbolique, un rituel sacramentaire ou magique, une action liturgique. Elle comprend un culte, c'est-à-dire un ensemble de prières, de gestes, de danses, d'ablutions, de repas, de dévotions et d'attitudes corporelles. Elle enseigne une discipline et propose des techniques d'ascèse, de méditation et de discernement. Toutes ces pratiques se veulent en harmonie avec l'univers de sens proposé et le but recherché : elles visent à mettre l'*homo religiosus* en relation avec la Réalité supérieure et à actualiser l'expérience de libération transformatrice.

Chaque religion se donne une expression sociale. Celle-ci concerne l'organisation du groupe, ses relations entre les membres, la répartition des pouvoirs et des tâches, ainsi que les rapports du groupe avec le monde extérieur. L'organisation peut épouser toutes les formes, allant du modèle démocratique au régime monarchique. La structure peut être parlementaire ou pyramidale; le leadership, libéral ou autarcique. La relation à la société peut prendre l'allure d'une rupture totale, d'un mépris larvé ou d'une alliance farcie de compromis.

Les trois niveaux d'expression, théorique, pratique et social, du religieux institutionnel fournissent les éléments d'une structure normative propre à chaque religion. C'est à l'intérieur de cette structure objective que l'*homo religiosus* inscrit sa vie religieuse. En adhérant à un univers de sens et à un système de pratiques, le croyant met sa confiance dans son institution religieuse qui a pignon sur rue. L'adhésion à une religion est une question de foi et une affaire de cœur. Elle n'est légitime qui si le fidèle croit vraiment que sa religion est pour lui un chemin assuré vers l'humain intégral.

CHAPITRE 8

Le spirituel versus le religieux

Je ne parle ici du religieux institutionnel que sous sa forme chrétienne, plus spécifiquement catholique ; et cela, pour simplifier la question et en rester à un réseau de référence mieux connu. Il va sans dire cependant que mes réflexions s'appliquent de quelque manière aux autres religions abrahamiques, voire à tout modèle religieux fondé sur la conception d'un Dieu personnel et créateur, et sur l'idée de la grâce.

Nous savons que la vie spirituelle et la spiritualité se sont traditionnellement inscrites à l'intérieur du religieux institutionnel. Il n'y a pas si longtemps, on ne pouvait guère entrevoir la possibilité de mener une vie spirituelle en dehors d'un cadre religieux établi. Toute spiritualité était liée à une confession de foi religieuse ; elle était chrétienne, hindoue, musulmane. Chaque religion développait une spiritualité bien à elle qui s'épanouissait en de multiples ramifications. La spiritualité chrétienne par exemple présente mille configurations : monastique, franciscaine, dominicaine, jésuite, carmélitaine, etc. Chaque modèle a surgi dans des conditions particulières et s'est développé en harmonie avec la mentalité d'une époque donnée et sur l'arrière-fond d'une théologie précise. La vie spirituelle se déroulait à l'intérieur d'un modèle religieux objectif et normatif.

Le mariage du spirituel et du religieux repose sur une convergence apte à favoriser leur fécondation mutuelle. Vie spirituelle et vie religieuse s'interpellent et se confortent. Leur union toutefois n'a pas toujours baigné dans l'huile. Elle connaîtra des tensions et des heurts qui menaceront l'harmonie et finiront par provoquer un divorce.

I- Les convergences

L'*homo spiritualis*, c'est l'être humain en tant qu'essence qui cherche à accomplir sa vraie nature par le *dépassement* de l'ego narcissique et par l'*attachement* à un projet de vie induisant des valeurs précises. Le sujet spirituel se donne à lui-même en mettant en œuvre talents, potentialités et dynamismes naturels. C'est une personne unifiée par le dedans (sens, projet de vie et valeurs) et dotée d'un dynamisme qui lui imprime un élan vers la plénitude humaine; une personne qui a du souffle, de l'envol, du vent dans la voile; une personne consumée par un feu qui enflamme le monde. Pour le spirituel, la réalisation de soi s'accomplit par l'effort et le dépassement. L'homme est sa propre tâche. L'*homo spiritualis* agit comme si tout dépendait de lui.

L'*homo religiosus* désigne l'être humain en tant que créature qui cherche à épanouir sa nature et son essence *en se mettant en rapport avec le divin*. Le sujet religieux reçoit son être et son agir de la source créatrice. C'est un individu qui se sait relié ontologiquement à Dieu; qui, par et dans ce lien, est en lien avec le cosmos, avec les autres et avec lui-même; et qui cherche son accomplissement par le biais de ce lien. En termes chrétiens, cette relation dynamique est constituée du côté de Dieu par la création, la révélation et la grâce, et du côté de l'être humain, par la foi qui est ouverture, confiance et obéissance. Le religieux se trouve en cherchant Dieu et il trouve Dieu en se cherchant. Il se divinise en s'humanisant; il s'accomplit comme fils de Dieu en se réalisant comme humain intégral. Il se reçoit du créateur comme un don gratuit, comme une grâce. Pour le religieux, l'homme est la tâche de Dieu. L'*homo religiosus* agît comme si tout dépendait de Dieu.

Malgré leur différence, le spirituel et le religieux ont de grandes affinités. Ils convergent vers un même objectif. La spiritualité et la religion se veulent des voies d'humanisation, de réalisation de l'être trine et pour ce faire elles proposent l'une et l'autre un univers de sens et un système de pratiques. En s'inscrivant dans le religieux institutionnel, la vie spirituelle peut gagner en dynamisme et en profondeur. Quelques remarques pour illustrer ce point.

Premièrement, en affirmant Dieu et en posant un avant-vie et un après-vie (donc quelque chose d'extérieur aux limites spatio-temporelles), les religions sont en mesure de définir un sens absolu qui confère une direction et une finalité à la vie humaine dans son ensemble. Ce sens englobant s'offre à l'*homo spiritualis* comme le lieu où il peut inscrire le sens particulier qu'il entend imprimer à sa propre existence, le projet qu'il veut donner à sa vie et le système de valeurs qu'il désire mettre en œuvre. En proposant un sens ultime et un cadre objectif conséquent, la religion offre à la vie spirituelle une assise absolue et un horizon sans limites.

La religion invite l'être humain à se comprendre non d'abord en référence à sa propre nature et au monde, mais en regard de Dieu ; non pas d'abord comme fils de la mère-terre, mais comme créature et enfant de Dieu. Toutes les religions intuitionnent des ruptures primordiales dont l'impact s'est révélé catastrophique pour l'espèce humaine. Cette intuition se déploie dans des mythes d'origine variés qui ne veulent dire qu'une seule chose : la rupture de l'homme avec son Dieu brouille et même brise ses rapports avec le cosmos, avec autrui et avec soi-même. Une telle compréhension de la cassure ne peut que fournir un socle plus solide à l'édification de l'*homo spiritualis*, car elle sous-entend que l'unification de son être est pratiquement impossible sans le rétablissement du rapport avec le divin. C'est dire que personne ne peut refaire l'unité de soi, devenir soi-même et rester soi-même s'il ne se resitue pas face à l'Absolu, s'il ne rétablit pas sa relation au divin. Il est à noter cependant que ce rétablissement peut ne pas être conscient ou nommé explicitement. Il existe des agnostiques, des non-théistes et des athées qui rejettent toute image de Dieu proposée par les religions et pour qui Dieu est un mot qui ne veut rien dire, mais qui pourtant posent un absolu immanent qui préside au déroulement de leur existence.

Deuxièmement la référence à Dieu révèle les véritables dimensions de l'espace spirituel. Le haut et le bas y trouvent leur base absolue et leur horizon ultime. Le mouvement vers le haut ne s'arrête pas à l'humain, mais il trouve sa fin et son point d'arrivée dans le Dieu Très-haut qui est absolument différent de l'homme et au-delà du monde. Il y a un « lieu » proprement divin qui est là-haut ; lieu symboliquement figuré par la voûte céleste où trône « le Père qui est aux cieux ». Le mouvement spirituel devient mouvement religieux : la tension vers sa propre humanité à faire advenir, devient réellement tension vers Dieu. L'*homo spiritualis* qui est religieux, sait qu'il ne peut s'élever vers Dieu que si Dieu l'attire. L'ascension spirituelle est finalement le résultat d'une divine attraction. L'élan vers le haut ne se termine pas dans l'homme, il se transforme en un saut dans la transcendance.

Le mouvement spirituel vers l'intérieur se transforme à son tour. Sitôt qu'il revêt un caractère religieux, il devient saut dans l'immanence absolue. Dieu se rend immanent à l'immanence humaine. Dieu étant en moi ce qu'il y a de plus intérieur et de plus intime, le mouvement vers le dedans outrepasse les frontières du moi pour s'achever dans un mystérieux « Tu ». Il y a en soi un « lieu » profond qui est symboliquement la demeure inviolable du Dieu Très-Intime. Le mouvement de l'*homo spiritualis* vers le haut et vers le dedans permet donc d'opérer — souvent à son insu — la transgression d'une limite naturelle, grâce à une mystérieuse énergie venue d'ailleurs. Ainsi s'accomplit l'impossible traversée vers le Non-lieu divin.

En langage strictement chrétien, la nécessaire médiation christologique nous oblige à transposer en Christ et le haut et le dedans projetés dans le mystère de Dieu. La hauteur de Dieu passe par la hauteur du Christ qui est « élevé à la droite du Père » et qui a reçu un « nom qui est au-dessus de tout nom » (Ph 2,9). Le Christ est installé dans les hauteurs comme Fils de l'homme, prototype de l'homme intégralement réalisé, qui est le but ultime du mouvement spirituel vers le haut. Dans cette ascension spirituelle qui s'achève en Christ, c'est lui, le Christ, qui vient en nous. L'*homo spiritualis* ne peut par lui-même accomplir l'humain intégral, il faut que le Fils de l'homme lui partage sa propre humanité achevée. La montée spirituelle vers le Fils de l'homme coïncide avec son avènement en nous.

Ainsi le mouvement vers le haut aboutit en dedans. Ce qui va vers le haut comme ce qui en provient trouve son terme dans l'individu. Le Christ en-haut devient le Christ en nous. La célèbre formule paulinienne « en Christ » évoque l'image non seulement d'un milieu de vie dont il faut écarter toute conception spatiale ; milieu où tout l'être est repris par un nouveau principe pour être transformé en créature nouvelle. « Vous avez revêtu le Christ », écrit Paul aux Galates (3,27). Le Christ est en nous et nous sommes son corps. Réalisme de l'union au Christ qui va jusqu'à une certaine identification au Christ lui-même qui, de ce fait, devient notre vie. « Ma vie, c'est le Christ, ce n'est plus moi qui vis, c'est le Christ qui vit en moi » (Ga 2,20). Le pôle du dedans trouve dans le Christ intérieur son horizon ultime et sa profondeur absolue.

Tels donc les deux pôles entre lesquels s'étalent la vie spirituelle sitôt qu'elle s'inscrit dans le registre chrétien : Dieu dans le Christ. Finalement les deux lieux n'en font qu'un. Le dedans et le haut coïncident. Le point ultime de la montée spirituelle est précisément le point immanent de la venue du Fils de l'homme en nous. Les deux expériences de l'ascension et de la venue en soi n'en forment qu'une seule ; ou plutôt elles constituent les deux faces d'une existence vécue en tension entre le haut et le dedans. À la fin il n'y aura plus ni haut, ni bas, ni dedans, ni dehors. Mais pure présence. Tout l'intérieur sera parvenu à s'exprimer totalement ; tout ce qui est dedans sera manifesté. Toute hauteur sera épuisée, car l'élan aura atteint son but ; tout ce qui est en-bas aura été élevé. Mystère de la glorification. Les limites de l'espace spirituel auront disparu. Tout sera en Dieu et Dieu sera tout en tous (1 Co 15,28).

Troisièmement le religieux institutionnel offre à la contemplation de l'*homo spiritualis* des figures instigatrices de traditions spirituelles éprouvées. Il va sans dire que de grands maîtres comme Moïse, Gautama, Jésus, Mahomet, Gandhi, François d'Assise sont des modèles et des maîtres capables d'inspirer toute recherche spirituelle et de stimuler tout effort de dépassement. Gardons-nous d'oublier qu'en spiritualité l'exemple d'un grand marcheur est plus inspirateur qu'une théorie sur la marche, et que l'actualisation des valeurs dans un individu concret stimule davantage que les définitions les plus exactes. Les religions sont toutes habitées par des figures dignes d'admiration et d'amour. La vie spirituelle se vit alors en réponse à l'invitation d'une de ces grandes figures toujours vivantes ; elle est la suite d'un infatigable itinérant, souvent considéré comme révélateur du divin, modèle d'humanité ou maître archétypal.

La vie spirituelle se transforme ainsi en expérience dialogale, surtout dans les religions où Dieu est perçu et éprouvé comme être personnel. Elle s'inscrit dans un espace de grâce qui la protège autant contre le découragement et le désespoir que contre toute forme de volontarisme ou toute obsession de dépassement. Déposant toute crispation, le spirituel entre dans un esprit d'abandon qui lâche prise et fait confiance. La vie spirituelle se remplit alors de simplicité, d'affection, de tendresse et d'amour. Elle s'inscrit dans la rencontre d'un toi indicible, caché à l'intérieur du devenir spirituel. La révélation de Dieu s'inscrit dans le passage qu'un individu accomplit en devenant personne spirituelle. Le divin s'exprime à travers le devenir personne de chaque individu. Grâce à la religion, *l'homo spiritualis* voit et comprend ce qui autrement resterait inconscient et voilé, à savoir que le processus spirituel d'accession à l'humain intégral est lieu où s'accomplit la révélation progressive de Dieu et où se réalisent, de fait, la venue de Dieu dans notre vie et le processus de notre divinisation.

Ces quelques considérations évoquent les affinités du spirituel et du religieux et leurs convergences mutuelles. S'attirant l'un l'autre, ils ont été inséparables au cours de l'histoire, au point de se confondre souvent. Les religions favorisent l'émergence du spirituel et comptent leur phalange de grands maîtres. En retour, le spirituel, en s'inscrivant dans la religion, la vivifie, l'interpelle et souvent la secoue.

II- Les tensions

L'histoire montre que le spirituel et le religieux ont difficilement cohabité dans les religions établies, spécialement dans le christianisme catholique où la tension entre le spirituel et le religieux institutionnel a connu des moments conflictuels.

À l'origine, le christianisme était un puissant mouvement spirituel lancé par l'homme de Nazareth, grand spirituel de religion juive. Jaillissant du tréfonds de lui-même, la liberté de Jésus prenait appui sur une expérience indicible de Dieu et s'épanouissait en obéissance filiale au Père. Jésus se déterminait lui-même totalement du dedans et, ce faisant, il se recevait du Père dans la gratitude. Sa liberté d'homme trouvait sa source ultime dans le bon plaisir du Père. Il disait avec autant de vérité : « On vous a dit ; eh bien ! moi je vous dis », que « Tout m'a été remis par mon Père ; et je fais toujours ce qui lui plaît ». L'expression de sa liberté absolue coïncidait avec la qualité de son obéissance filiale. Mieux, il était libre parce qu'il était fils ; sa liberté s'enracinait dans sa filialité. En se connaissant lui-même comme homme, il se découvrait comme fils. En lui s'est vérifiée à la perfection cette grande vérité : en accédant à la vraie connaissance de Dieu, on accède à la connaissance de soi ; et en accédant à la vraie connaissance de soi, on accède à celle du Dieu Père. Dans la mesure où Jésus découvre son humanité, il découvre sa filialité. L'inverse est également vrai. Dans le sens et le projet qu'il donne à sa vie et dans son témoignage aux valeurs, Jésus se révèle comme un grand spirituel, le Maître par excellence. Il n'est maître que comme fils du Père et il n'est fils que comme maître. Sa qualité spirituelle va de pair avec sa qualité religieuse. Il y a parfaite correspondance entre la liberté du maître spirituel et l'obéissance du Fils. Le « Voici l'homme » de Pilate au procès de Jésus, fait écho au « Voici mon fils » du Père céleste au Thabor. L'accomplissement de l'humain en Jésus recouvre sa réalisation filiale.

Totalement libre face à la société, au pouvoir politique et au système religieux, le spirituel de Nazareth se moque de la mauvaise réputation qui lui est faite : fou, possédé, béelzéboul, faux prophète, blasphémateur, ami des prostituées, buveur de vin. À son avis, les responsables religieux imposent des fardeaux injustes au petit peuple ; les pharisiens s'enfargent dans mille prescriptions inutiles ; la religion établie bloque l'accès à Dieu ; le monceau de lois muselle la liberté et aliène les gens. Jésus invite ses auditeurs à s'exposer au vent de l'esprit qui souffle où il veut, quand il veut et comme ça lui plaît. Il déclare : Tu adoreras le Père en esprit et en vérité, pas forcément à Jérusalem ou à Garizim. D'ailleurs le Temple sera détruit et les prêtres crouleront avec lui.

L'expérience spirituelle de Jésus ne pouvait laisser indifférents les responsables religieux. Un conflit mortel allait éclater entre le Maître de Nazareth et la religion juive, sa religion. En Jésus, le pouvoir religieux a opposé au spirituel une fin de non recevoir catégorique. Le principe institutionnel, incarné dans les prêtres et le Sanhédrin est entré en action pour déclarer : cet homme contrevient à la loi, il doit donc mourir. Le principe dogmatique, représenté par les rabbins et les docteurs de la loi, est intervenu à son tour : cet homme est un hérétique qui propage une image de Dieu contraire aux Écritures. Quant au principe moral personnifié par les pharisiens, il ne tarde pas à entrer en guerre lui aussi : cet homme est un méchant garnement qui fréquente les gens de mauvaise réputation.

C'est ainsi que les grands principes du religieux institutionnel se sont ligués impitoyablement contre le principe spirituel. Mais, si on a tué le Maître, on n'a pas étouffé son mouvement spirituel. Au contraire, du côté ouvert du martyr a jailli un fleuve d'eaux vives où s'est abreuvé au cours des siècles une foule innombrable de disciples.

À l'origine, l'Église formait une communauté spirituelle animée par un dynamisme aussi puissant qu'exaltant. Comme spirituels, les chrétiens ne sont plus des esclaves, mais des fils. Libérés par le Christ qui a été baptisé et ressuscité dans et par l'Esprit, ils ont, eux aussi, reçu l'Esprit que Dieu a répandu dans leur cœur (Ga 4,6). Leur corps est le nouveau Temple de l'Esprit, le sein duquel coulent des fleuves d'eaux vives. Membres du Christ, ils vivent par et dans l'Esprit qui est en eux principe de filiation, de liberté et de connaissance de Dieu. Puisque l'Esprit vient en aide à leur esprit, ils peuvent dire à Dieu : « Abba », et à leur prochain : « Frère ». Là où est l'Esprit du Seigneur, là est la liberté. Et c'est à la liberté dans l'amour que les chrétiens sont appelés, à cette liberté dont découlent les œuvres de l'Esprit. « Voici le fruit de l'Esprit : amour, joie, patience, bonté, bienveillance, foi, paix, douceur, patience, maîtrise de soi ; contre de telles choses, il n'y a pas de loi » (Ga 5,22-24). Oui, le chrétien est un spirituel libéré de la loi, de la chair et des éléments du monde. Libre pour faire le bien, pour produire les œuvres de l'Esprit. Libre de tout ce qui détourne l'*homo spiritualis* de son appel à réaliser l'humain intégral et, ce faisant, à devenir fils. Cette liberté ne doit toutefois pas être prétexte au libertinage.

L'enthousiasme et la ferveur spirituelle caractérisaient la vie dans l'Esprit dont le rôle est polyvalent dans la communauté des fidèles. Les chrétiens sont des êtres libres qui ont abandonné la circoncision, rejeté les lois et les préceptes vétérotestamentaire, délaissé le Temple et la synagogue et boudé l'enseignement des maîtres d'Israël. Ils sont sortis du bercail de leur religion, pourtant voulue par Dieu, pour prendre les routes du monde dans l'attente du Fils de l'homme, c'est-à-dire de l'Homme Nouveau, de l'Humain intégral.

Mais la Grande Venue étant ajournée à une date indéterminée, la communauté spirituelle des disciples a dû prendre le chemin de l'histoire et se structurer pour faire face aux tempêtes de la vie et pour durer dans l'impermanence du monde. Le principe spirituel s'est développé en système religieux, en corpus doctrinal, en traité de morale, en code de droit et en rituelle sacramentelle. Le passage du charisme à l'institution a été, de fait, un transitus de la subjectivité à l'objectivité, de l'intériorité de l'Esprit à l'extériorité du système. Grâce aux conjonctures favorables et à la sanction impériale qui fit du christianisme la religion officielle de l'empire romain, le système a connu un développement prodigieux, au point de devenir la structure sociopolitique dominante en Occident.

Parmi les constituants du système ecclésial, mentionnons, entre autres, les principes institutionnel, dogmatique, sacramentel, éthique et spirituel. Le principe institutionnel préside à la direction et à l'encadrement du peuple des croyants ; le principe dogmatique assure l'unité de la foi et l'orthodoxie doctrinale ; le principe sacramentel se déploie en instances médiatrices de salut et de grâces ; enfin le principe éthique induit un système d'impératifs et de pratiques destinés à favoriser la libération promise. Ces principes, qui appartiennent à l'essence du christianisme et président à la structuration de l'Église, ne doivent jamais fonctionner isolément. Ils constituent autant de pôles en interrelations dynamiques qui exercent dans la communauté ecclésiale des fonctions spécifiques. L'harmonie entre les fonctions est souvent rompue par l'exclusivisme ou l'hypertrophie d'un pôle en particulier. En conséquence il se produit asymétries et enflures sur la surface du système religieux. Analysons brièvement quatre tensions : le spirituel et l'institutionnel ; le spirituel et le dogmatique ; le spirituel et le sacramentel ; le spirituel et l'éthique.

L'institutionnel versus le spirituel

Par institutionnel, j'entends non seulement la hiérarchie cléricale, mais l'organisation juridique du pouvoir et la structure canonique dans son ensemble. Les liens entre le système et le pouvoir sont fort étroits. Si les instances d'autorité ont comme fonction principale de diriger, protéger, instruire le peuple chrétien et d'assurer l'unité du troupeau, il va sans dire que cette fonction ne peut s'exercer qu'en référence au système qu'il faut aussi protéger, défendre et justifier. Imperceptiblement un glissement se produit : du service de la communauté, on passe à la sauvegarde du système et, de là, à la défense de son propre pouvoir, de ses droits et de ses privilèges. Le monde objectif et normatif du système fonctionne selon ses lois propres, ses intérêts et ses peurs. Le pouvoir a la propension naturelle à se développer pour lui-même, à circonscrire la vie avant qu'elle ne se produise, à parer aux dangers éventuels et à enfermer la réalité dans des codes de droit. Quand on en appelle au Christ et à l'infaillibilité pour défendre les structures, le système risque alors de se scléroser et de s'éloigner de la vie et de l'expérience. La fonction institutionnelle exerce toujours une forte pression sur le principe spirituel, même quand elle opère dans les limites de sa juridiction. Advenant des abus de pouvoir, la pression est à son comble.

Dans ce système ecclésiastique objectif, qu'est-il advenu du principe spirituel, lui qui est intrinsèquement lié à l'intériorité et à la subjectivité, et qui est naturellement allergique à l'institution ? Qu'est devenu le charisme sous l'imposante structure ? la semence sous les monuments de pierre ? la vie sous la chape du droit et des prescriptions ? la liberté sous la masse des obligations et des interdits ? la subjectivité sous le poids de l'objectivité ? le spirituel sous l'imposante machine du *law and order* ? Tout au long des siècles, on assiste par intervalles à des sursauts du spirituel. Des hommes et des femmes se lèvent comme des fleurs à travers les fissures du béton, pour affirmer la primauté du spirituel et de la liberté religieuse. Qu'ils s'appellent Antoine, Benoît, François et Claire d'Assise, Maître Eckhart, Catherine de Sienne, Joachim de Flore, Thérèse d'Avila, Luther, Savonarole, Marie de l'Incarnation, Dorothy Day ou Marcel Légaut, tous ces spirituels se sont levés, entraînant dans leur sillage de nombreux disciples inspirés par leur exemple. Ils ont réaffirmé la primauté du spirituel sur le charnel, du charisme sur l'institution, de la liberté et de la grâce sur la loi, de la connaissance de Dieu sur le savoir dogmatique, de l'expérience « immédiate » sur l'appareil rituel.

Dans l'Église catholique, l'histoire de la spiritualité a été ponctuée de crises qui illustrent de mille manières les tensions souvent aiguës entre le système romain et le principe spirituel. Comme Jésus, leur maître, les spirituels ont souvent eu maille à partir avec le pouvoir ecclésiastique. Les rapports du spirituel et du religieux institutionnel sont d'autant plus tendus que les spirituels sont plus ouvertement contestataires, charismatiques, enthousiastes ou illuminés. Même les spirituels les plus « ecclésiastiquement corrects » qui se contentent de mener docilement une vie exemplaire en se faufilant entre les mailles de l'institution et en exploitant au mieux tous les espaces de liberté, ne sont pas de tout repos pour le système. Ils n'ont pas le verbe provocateur mais leur seul exemple parle haut et fort. Qu'on se souvienne de la participation pacifique de François d'Assise à la cinquième croisade et de son dialogue spirituel avec le sultan à Damiette ! Quelle contestation éloquente de la violence dans le domaine religieux ! Qu'il s'exprime sous un mode exemplaire ou sous une forme contestatrice, le principe spirituel ne se vit qu'en tension avec les autres principes constitutifs du corps ecclésial.

Le pouvoir ecclésiastique voit spontanément dans le principe spirituel une menace éventuelle pour le système. Et cela pour une foule de raisons : le principe spirituel peut gêner l'exercice du pouvoir et ébranler les structures ; être une source d'exaltation et d'enthousiasme ; sombrer dans l'illuminisme et le fanatisme ; et enfin soulever la contestation et même provoquer des schismes.

Par contre, le spirituel, lui, considère volontiers le système comme un danger pour la liberté et la subjectivité, comme une instance encombrante, sinon nuisible au cheminement spirituel, comme une lettre qui tue et comme un frein aux élans de l'esprit.

Entre le principe spirituel et le principe institutionnel, le dialogue est tendu, difficile et cahoteux. D'autant plus malaisé que l'institutionnel est en position de force, qu'il aspire au monopole et qu'il n'entend pas à rire. Le système n'a aucun humour et il ne connaît ni élan, ni enthousiasme.

Le dogmatique versus le spirituel

Le principe dogmatique, essentiel au christianisme, joue un rôle important dans la structuration de l'Église qui a la mission de transmettre une parole révélée venue des origines. Puisque l'expérience de Jésus et celle de la communauté primitive sont fondatrices du christianisme, il s'en suit que l'Église ne peut se comprendre qu'en référence à ces expériences et à la tradition d'interprétation qu'elles ont fait naître. Le christianisme n'est pas n'importe quoi, et le magistère ne peut rien enseigner au gré de ses caprices, de ses intérêts et des modes du temps. En un mot, il y a eu une telle chose qu'une vérité chrétienne, une façon chrétienne de dire Dieu et sa relation à l'humanité. Voilà en gros en quoi consiste le principe dogmatique qui préside à la fonction d'enseignement et de recherche dans l'Église.

Au cours de l'histoire ce principe a trouvé son expression privilégiée et autorisée dans les credo, les professions de foi, les dogmes et les prononcés infaillibles. Il a induit un processus d'objectivation de l'expérience spirituelle et de la vérité religieuse. En se proclamant infaillible, le dogme prétend circonscrire la vérité et la contenir dans un énoncé doctrinal. Toute formule de foi tente de dire objectivement la vérité religieuse. Qu'elle le veuille ou non, elle parle de Dieu comme d'un objet. L'objectivation de la vérité et de Dieu atteint sa limite quand le magistère glisse dans le dogmatisme, et la théologie dans l'idéologie.

Puisque l'expérience spirituelle est si difficile à nommer et à interpréter, point n'est étonnant de voir le principe dogmatique entrer en conflit avec le principe spirituel qu'il doit normalement servir et encadrer. Ce qu'on appelle traditionnellement le discernement des esprits relève du principe dogmatique. Le principe spirituel a besoin de l'éclairage de la théologie pour son exercice. On sait quel service la théologie a rendu à la spiritualité ! Un fonctionnement juste du principe dogmatique est de nature à protéger le principe spirituel contre les bourrasques de l'esprit, les embardées de l'inspiration, les illusions de la liberté et les caprices de la subjectivité. Le savoir théologique, qui est objectif, est appelé à prendre le relais de la connaissance spirituelle qui, elle, demeure subjective. L'expérience spirituelle ne peut se comprendre que dans un cadre herméneutique précis.

Mais hélas ! le principe dogmatique a tendance à monopoliser tout l'espace spirituel et à le cartographier en détail. Il muselle alors l'expérience, en définit les coordonnées, en délimite les possibilités et en détermine les conditions. En un mot, il éteint l'esprit et oppresse le principe spirituel. Au cours des ans, le principe dogmatique s'est hypertrophié dans le système catholique ; le dogmatisme et l'idéologie ont produit les effets des plus répugnants, allant de l'inquisition au bûcher.

Le principe dogmatique a induit un processus d'objectivation de Dieu. Le dieu des religions — y compris du catholicisme — est devenu un Objet de foi, un Intervenant dans l'histoire, une Cause de phénomènes, un Être à-côté d'autres réalités, une Puissance au-dessus de tous les pouvoirs connus, un Père gigantesque aux proportions inimaginables et aux qualités incompatibles, un Humain magnifié de milliards de fois, une Loi morale personnifiée ou encore un grand Œil bienveillant ou scrutateur. L'objectivation de Dieu est une profanation du divin. Dieu a hélas! été tellement souillé par les religions qui ont perpétré trop de crimes en son honneur. Quelle qu'en soit la forme, un Dieu objet est toujours un Moloch opposé à l'*homo spiritualis*.

Le Dieu du spirituel ne peut être qu'un Dieu subjectif, mystérieusement lové à la source de l'être dans les profondeurs du soi. Avec ses volontés externes, ses lois objectives et ses interventions cosmiques, le Dieu objectivé est l'ennemi numéro un de l'*homo spiritualis*. Pour accéder à la spiritualité, l'être humain doit dissoudre toutes les images divines de son surmoi religieux et y mettre à la place son propre soi.

Drewermann a bien montré que toute « dogmatique qui exclut l'intériorité suscite elle-même l'identification du refoulé au divin[1] ». Le Dieu vivant naît sur les cendres du refoulé aux traits divins. Il faut dissoudre dans sa conscience tous ces dieux objectifs qui ne sont que le reflet de l'âme collective ou du psychisme individuel. Le sujet spirituel cherche à affranchir sa foi et spécialement son image de Dieu des déformations dues au dogmatisme et à les repenser en partant de sa propre subjectivité et de son expérience personnelle. On ne cherche pas Dieu à partir d'un prononcé infaillible.

Chercher Dieu en moi comme *homo spiritualis*, c'est descendre en moi-même, dans le ventre de moi-même et, tel un spéléologue, scruter mes profondeurs ultimes, là où comme créature je me reçois du Dieu créateur qui, étant Père, fait de sa fragile créature son fils véritable. Le sein maternel du Père où je suis engendré comme fils est au fond de moi.

Dieu advient comme Dieu pour moi, non dans un énoncé objectif, mais dans ma propre subjectivité; et la voie qui mène à lui passe par l'expérience, au-delà de l'ego fermé et prétentieux. C'est dans cette expérience de soi que peut se manifester le Créateur et se révéler ma condition de créature. C'est l'Esprit qui murmure à mon oreille que je suis fils de Dieu. Il y a un logos divin au-dedans de moi qui ne cherche qu'à se dire tout au long de ma vie et selon toutes les dimensions de mon être.

---

1. Eugen Drewermann, *Dieu en toute liberté*, p. 173.

Le point de vue de la subjectivité amène le spirituel à chercher la révélation divine dans les structures de sa propre subjectivité. Il y a un magistère intérieur qui passe par la conscience du sujet. Il y a un *sensus fidei*, un instinct spirituel qui est le lieu à partir duquel le spirituel pense, parle et agit. Le spirituel ne connaît plus Dieu par ouï-dire, par réputation, à partir d'informations extérieures ; mais l'ayant saisi dans son propre fond, il parle de lui-même et cesse d'en appeler aux autorités extérieures.

La conscience individuelle est la règle pratique, le guide immédiat de l'action et de la pensée. Par conscience, je n'entends pas ici le droit de penser, de parler et d'agir suivant mon humeur et ma petite opinion, sans me soucier le moins du monde des autres, de la tradition et des valeurs. La conscience est le lieu où s'expriment les lois profondes de mon être comme nature et comme créature. Elle n'a rien à voir avec le désir de rester logique avec soi-même. Newman écrit : « La conscience est le vicaire naturel du Christ ; prophète par ses instructions, monarque par son absolutisme, prêtre par ses bénédictions et ses anathèmes[2]. » Telle est, selon lui, la conception « ancienne, véritable et catholique » de la conscience. « On comprend, continue-t-il, qu'une opposition soit possible entre elle et l'autorité du pape ». Personne n'ignore sa célèbre boutade : « Si, après un dîner, j'étais obligé de porter un toast religieux, je boirais à la santé du pape, croyez-le bien, mais à la conscience d'abord, et ensuite au pape[3]. »

Il faut oser affirmer, après Maître Eckhart, que l'autorité n'est ni dans le pape, ni dans les chefs d'état ; elle est dans chaque homme et dans chaque femme, dans leur château fort, au cime de leur âme, au plus profond d'eux-mêmes, gravée dans leur cœur[4].

J'entends les défenseurs de principe dogmatique pousser des oh là ! devant ces requêtes du spirituel. Quel subjectivisme ! Quel relativisme ! Quel libre examen destructeur de toute vérité chrétienne ! Ils sortiront l'anathème, l'excommunication et même la torture. Telle fut du moins la réaction historique d'un magistère normatif exaspéré par les requêtes du principe spirituel. La tension entre le spirituel et le dogmatique s'est toujours résolue en faveur du dogme.

2. John Henry Newman, *Pensées sur l'Église*, Paris, Cerf, 1956, p. 130.
3. *Ibid.*, p. 132.
4. J'ai développé ce point dans *Les pros de Dieu*, Montréal, Médiaspaul, 2000, p. 173-179.

Le sacramentel versus le spirituel

Le principe sacramentel est un autre facteur structurant du christianisme. Ce principe découle d'une triple conviction : d'abord que le monde extérieur, physique et historique est la manifestation de réalités invisibles plus grandes que lui ; ensuite que la divine présence habite et agit à l'intérieur de toute réalité visible ; et enfin que Dieu lui-même s'est manifesté dans l'être corporel de Jésus et dans son existence terrestre. Jésus est le sacrement fondamental. À sa suite, l'Église est appelée à être sacrement de Dieu pour le monde et à se structurer en conséquence. La sacramentalité ecclésiale s'exprime dans des sacrements, des rituels, des attitudes corporelles, des images, des célébrations liturgiques. L'Église, étant maîtresse de sa propre sacramentalité, peut et doit adapter son expression sacramentaire aux temps, aux lieux et aux cultures. Autrement le sacrement perd sa force symbolique et sa qualité sacramentelle ; il se transforme en signe non signifiant et en rituel magique fonctionnant de lui-même, comme sur son erre d'aller.

Le principe sacramentel préside à l'élaboration cultuelle de la foi. L'Église invente de multiples manières de prier, d'adorer et de rendre à Dieu un culte dont elle précise les règles et les conditions de validité. L'appareil cultuel sert à mouler objectivement les relations officielles de la communauté et de ses membres avec Dieu. Le fidèle reçoit le baptême et la confirmation, va à la confesse, participe à l'eucharistie, fait ses Pâques, récite son chapelet, dit son *Pater* et son *Ave*, fait sa génuflexion et son signe de croix. Ces gestes qui l'identifient officiellement comme chrétien, sont considérés par l'Église comme des expressions privilégiées de la vie religieuse de ses fidèles. À tel point qu'on qualifie de pratiquants les chrétiens qui les posent. D'ailleurs les chrétiens eux-mêmes se trouvent généralement quitte envers Dieu et envers l'Église quand ils ont accompli leurs devoirs liturgiques.

Parallèlement au culte officiel, le principe sacramentel fait jaillir du milieu du petit peuple tout un appareillage de rites, de pratiques, de cérémonies et de dévotions qui ne laissent de surprendre l'intelligence théologique. Cet ensemble bigarré a servi d'alternative à une gestuelle officielle devenue obsolète et à une rituelle liturgique non signifiante et incompréhensible. Ce *cultus* populaire qui a fini par occuper beaucoup de place et par s'immiscer dans les rites officiels (on faisait ses dévotions pendant la messe), a souvent été entaché de sentimentalisme, de magie et de superstition. Il faisait souvent appel aux peurs et aux instincts les plus ambigus, et il procédait souvent des couches les plus douteuses de la conscience religieuse. Somme toute, il éloignait les fidèles de la spiritualité proposée par le Maître de Nazareth. Nous reviendrons sur le sujet au chapitre suivant.

Adorateur en esprit et en vérité, le spirituel est généralement gêné par les règlements et les cadres objectifs découlant du principe sacramentel. Aussi sera-t-il enclin à prendre ses distances face à l'appareil cultuel et à suspecter toute pratique imposée ou tout impératif liturgique. Les formules toutes faites le distraient et les rituels l'emprisonnent. Il préfère inventer ses propres prières et créer sa propre gestuelle. Les prières l'empêchent de prier. D'ailleurs qu'a-t-il besoin de formules puisqu'il prie sans cesse. Les rituels objectifs sont inadéquats pour exprimer ce qui est essentiellement intérieur et subjectif. Et puis… ce vacarme liturgique et ce va-et-vient si peu hiératique autour de l'autel ne font-ils pas souvent obstacle aux requêtes de l'intériorité et du silence ?

Le spirituel se méfie des médiations objectives qu'il considère volontiers comme des écrans. Cherchant l'expérience immédiate de soi et du divin il a tendance à dépasser les rites, à vivre au-delà des signes et à s'exprimer en-dehors de toute forme canonique. Tendance également à s'éloigner de la pratique commune, des cérémonies officielles ou des rassemblements de masse pour créer son propre réseau spirituel et pour former un corps d'élite. C'est pour contrer cette tendance à l'élitisme et à la transgression des signes que les maîtres spirituels ont toujours incité leurs disciples à rester attachés à des méthodes précises, à ne pas s'éloigner des pratiques communautaires et à éviter de s'ériger au-dessus du monde ordinaire.

Au cours de l'histoire, les grands spirituels chrétiens ont souvent été les instigateurs de mouvements et de groupes qui se sont séparés du peuple chrétien par les vœux de religion et qui ont même rompu avec l'institution ecclésiale — quand ce n'est pas l'institution elle-même qui les a chassés. La première réaction des spirituels dissidents est toujours la même : alléger l'appareil cultuel, sans nier pour autant le principe sacramentel. Ils réduisent le nombre des sacrements, délestent le culte des saints, sabrent dans les pratiques de dévotion, stoppent la course aux indulgences et interdisent la chasse au merveilleux. Les grands Réformateurs, qui étaient des spirituels, ont montré jusqu'où pouvait aller ce nettoyage rituel.

L'éthique versus le spirituel

Le principe éthique à l'œuvre dans toute religion s'est développé dans le catholicisme en un système moral complexe comportant des interdits et des obligations dont la violation constituent des péchés pouvant entraîner des conséquences néfastes jusque dans l'éternité. Si la religion propose un univers de sens, elle commande aussi un ensemble de pratiques conséquentes visant la libération désirée. Toute religion comporte une théologie de l'action en cohérence avec le sens global qu'elle confère à l'existence. À cet effet, elle se doit de définir ce qui est favorable ou nuisible, bon ou mauvais.

La morale considère le bien et le mal sous l'angle du « devoir », du « falloir ». Que dois-je faire ? Comment me faut-il agir ? Les grands principes qui président à l'agir moral sont formulés dans des commandements et des règles qui reposent sur des valeurs généralement traduites en termes négatifs. Le devoir ou le falloir pose la nécessité d'une action par un impératif ou par un interdit fondé ultimement sur ce qu'il était convenu d'appeler la « loi naturelle », que la religion identifie à la « loi divine ». En contexte religieux, la volonté de Dieu se présente comme le fondement ultime de la loi naturelle qui est à son tour fondement de la règle morale. Traditionnellement, religion et morale formaient un tout indissociable.

Il existe une tension inévitable entre le moral et le spirituel. La loi morale circonscrit un univers étroit, clos et statique. Commandant de l'extérieur, elle parle en termes de devoir, d'obligation, de responsabilité, d'obéissance et aussi de culpabilité. La spiritualité est au contraire le règne de la liberté dans l'amour. Elle évoque un univers dynamique, ouvert sur l'infini. Le dynamisme intérieur déclenche un élan qui pousse le spirituel vers l'objet recherché. L'*homo spiritualis* parle de séduction, d'attirance, de liberté et d'amour. Cette tension entre le moral et le spirituel peut aboutir à l'exclusion réciproque. Le moral dit au spirituel : « Je n'ai pas besoin de toi, car la règle me dit comment je dois vivre et ce que je puis espérer en faisant ce qu'il faut. » Le spirituel rétorque : « Je n'ai pas besoin de toi, car j'agis par amour des valeurs et l'amour ne connaît pas de lois ».

Le spirituel n'a que faire des médiations objectives; toute loi le gène et tout impératif l'embête. Faisant fi de la loi écrite, il se croit volontiers au-dessus de toute règle, convaincu que toute loi, en tant que lettre objective, porte un aiguillon de mort. L'idéal de l'*homo spiritualis* est de suivre ses inspirations intimes et de ne se mettre en marche qu'en réponse à l'appel intérieur. À ne vouloir se déterminer que du dedans, ne risque-t-il pas de glisser à son insu dans l'illusion d'être « maître du sabbat », c'est-à-dire d'être au-delà de la morale et des référents extérieurs. Qui n'a pas entendu de ses oreilles ces histoires troublantes de spirituels épris de leur beauté et de leur puissance? Des mystiques sombrant dans l'ésotérisme. Des conseillers spirituels jouant à l'apprenti-sorcier. Des gourous exploitant sexuellement et financièrement leurs adeptes et menant des vies de pacha. Des maîtres laissant leurs disciples opérer des transferts affectifs et sombrer dans une dépendance néfaste. Que de spirituels se noient dans les eaux troubles de leur subjectivisme. Et cela … toujours au nom d'une spiritualité soi-disant achevée.

Le principe moral peut protéger le spirituel contre toutes ces illusions et ces tentations en dressant des balises concrètes qui indiquent les endroits où la route ne peut tout simplement pas passer. Par temps de brumes, quand le chemin s'estompe, le moindre panneau indicateur est plus précieux qu'un soleil à midi. S'il est vrai que le cœur a ses raisons et que l'amour ignore la loi, il est tout aussi vrai que l'amour est aveugle et fragile, que nous ne savons pas aimer et que le cœur est lâche et égoïste. Il y a des moments — et ils sont nombreux — où les valeurs ne font plus sentir leur attrait. Il faut dès lors que l'attirance des valeurs prennent la forme d'un commandement, d'un impératif. Il faut compléter le « aime et fais ce que tu veux » par le « aime et fais ce que tu dois ». La morale offre un garde-fou indispensable pour le spirituel qui est soumis à tant de tentations subtiles. Certes la loi ne donne pas la force ni le courage de marcher; elle ne dit pas non plus au spirituel comment marcher vers l'humain intégral; elle dit au moins où il ne faut pas marcher. Et c'est là un énorme service qu'elle rend. La loi morale est toujours valable pour l'*homo spiritualis* aussi longtemps que traînent en lui des résidus de « charnel », d'égoïsme, de non spirituel. L'*homo spiritualis* n'est vraiment libéré de la morale que dans la mesure où il est accompli comme spirituel.

La règle morale joue auprès du spirituel le rôle de pédagogue. Or, ce pédagogue a le fâcheux défaut de vouloir tout contrôler. Le principe moral souffre d'un complexe de supériorité ; il rêve d'exercer son hégémonie sur l'ensemble du système ecclésial et sur tous les domaines de la vie individuelle et communautaire. L'autorité des valeurs morales, surtout en contexte religieux, peut aisément dégénérer en totalitarisme. Le principe moral impose alors sa loi sur les autres principes ecclésiaux et étend sa juridiction à tous les domaines. D'où les interventions intempestives du principe moral dans l'art, la politique, le religieux, l'intellectuel et le spirituel. Certes tout ce qui relève de l'humain peut, en certaines circonstances, se réclamer d'une signification morale. Le principe moral en profite pour s'immiscer et imposer sa loi. En réaction les autres principes revendiquent leur autonomie face au principe moral. Dans l'Église, le spirituel s'est toujours dressé contre l'absolutisme du principe moral, protégeant ainsi le christianisme contre la sclérose. Il y a toujours dénoncé le « caractère totalitaire et contaminant des valeurs éthiques qui colorent les valeurs esthétiques, imprègnent les valeurs religieuses, cherchent à dominer les valeurs politiques et économiques, surveillent même l'action des valeurs intellectuelles en rappelant que la vérité ne peut être que bonne[5] ».

Le danger du totalitarisme moral n'est pas chimérique. Le légalisme, le pharisaïsme, le formalisme, voir le fanatisme en sont des manifestations éloquentes. Le moral se transforme en moralisme et se dépasse en religion. Alors s'opère la moralisation du christianisme dans son entier. Dieu est compris comme le législateur qui juge d'après son grand livre de règles morales. Jésus est vu comme le moraliste par excellence qui nous propose une loi nouvelle. Les Évangiles sont interprétés comme des livres de morale. Et le christianisme prend la figure d'une école de casuistique. Symptôme évident d'une grave sclérose du christianisme, le moralisme menace toutes les religions de type prophétique.

Dans le catholicisme des deux derniers siècles le principe éthique a acquis une autorité particulière en s'immisçant dans le principe dogmatique. Le dogmatisme théologique s'est transformé en dogmatisme éthique suite à la méfiance pathologique des autorités ec-

5. Roger Mehl, *De l'autorité des valeurs*, Paris, Presses Universitaires de France, 1957, p. 199.

clésiastiques à l'égard de la liberté et de la conscience individuelle ainsi qu'à leur soupçon à l'endroit de la culture séculière soi-disant anomique. À partir de la deuxième moitié du XIXe siècle, l'enseignement pontifical a fait le passage du théologique à l'anthropologique. L'intérêt dogmatique recule devant la préoccupation éthique. Le pouvoir ecclésiastique se pose à la face du monde entier comme « expert en humanité ». Il n'est de domaine qui échappe à sa compétence. Tous les secteurs de l'activité humaine et tous les problèmes touchant à la vie en société ont été abordé dans les mille et un discours des sept derniers papes qui ont dit haut et fort ce qu'il fallait penser de toutes les questions et comment on devait agir moralement. Le prononcé pontifical a tombé de haut sur tous les domaines avec une autorité garantie par l'infaillibilité qui, ne l'oublions pas, s'étend aussi aux questions de mœurs. La certitude qui marque les dits d'un magistère pourtant incertain ne cesse d'étonner.[6] Omnipuissance du principe moral qui oppresse le spirituel.

Or, si elle est nécessaire, la morale ne suffit pas. Les notions de bien et de mal n'épuisent pas l'expérience humaine et la prescription morale ne peut être que sectorielle. Aussi nombreuses qu'elles puissent être, les lois morales n'arriveront jamais à circonscrire parfaitement l'existence humaine. La morale est appelée à se dépasser dans le spirituel.

En conclusion

Les tensions dynamiques entre les principes constitutifs du christianisme se résorbent habituellement, dans le système romain, au détriment du pôle spirituel. Non seulement chaque principe a-t-il tendance à s'ériger individuellement au-dessus du spirituel et à ne lui laisser qu'une place restreinte ; mais encore tous les principes font souvent front commun pour isoler le principe spirituel et le tenir en laisse. Cette coalition des principes conduit à un cumul des fonctions qui ne favorise pas de soi l'épanouissement du principe spirituel. Dans le catholicisme, l'exercice des fonctions exécutives (l'institutionnel), magistérielles (le dogmatique) et pastorales (le sacramentel et le moral) est l'apanage du seul clergé qui a tout pouvoir dans ces domaines. Pouvoir qui n'est pas lié à la qualité

6. Voir le beau livre d'André Naud, *Le magistère incertain*, Montréal, Fides, 1987.

spirituelle de son détenteur, mais qui découle de la seule ordination presbytérale qui, en soi et par soi, habilite le clerc à l'exercice de cette triple fonction. Le pouvoir structurel du sacerdoce, inamissible de droit, va de pair avec l'infaillibilité doctrinale et l'efficacité *ex opere operato* des sacrements. Il est indépendant des vertus et de l'expérience spirituelle du prêtre. Il se réclame théoriquement de l'autorité du Seigneur, mais il est fondé objectivement sur un ordre juridique et un droit canon, indépendamment de l'expérience spirituelle du ministre.

En contraste, l'autorité de l'*homo spiritualis* découle du témoignage personnel aux valeurs qu'il promeut dans et par sa vie. Son autorité, liée à la qualité de son expérience personnelle, trouve son fondement dans l'admiration et le respect qu'il suscite et dans le consentement et la confiance qu'on lui accorde. Cette autorité subjective est en position de faiblesse devant le pouvoir objectif lié au cumul des fonctions ecclésiales.

Il appert finalement que le spirituel est allergique à toute forme d'objectivation religieuse. L'*homo spiritualis* accompli est au-delà de tout pouvoir objectif; seules, les valeurs ont autorité sur lui. Au-delà de tout énoncé doctrinal, car seule est vraie l'expérience subjective. Au-delà de toute structure de médiation, car seul compte le contact direct avec soi-même et avec la source créatrice. Au-delà de toute loi morale, car seul l'esprit, qui ne connaît pas de loi, est principe de vie spirituelle.

Mais force nous est de reconnaître que le spirituel parfaitement accompli n'existe qu'au pays de l'utopie. L'*homo spiritualis* est essentiellement un *homo viator* toujours en marche vers son Compostelle qui s'éloigne à mesure qu'il s'en approche. C'est un être en devenir, tendu entre ses limites et son infinitude, structurellement faillible et potentiellement fautif. Il peut connaître le mensonge, l'erreur, la tentation, l'épreuve, la déviation, le recul et l'illusion. Séduit par sa propre beauté, il peut prendre des vessies pour des lanternes et s'affubler des camouflages les plus lucifériens. Son orgueil peut se parer d'humilité et de modestie; son intérêt, d'altruisme; son libertinage, de liberté; sa lâcheté, de renoncement; et son mutisme, d'écoute. Autant d'écueils dénoncés par tous les traités de spiritualité. Que le discernement est difficile! L'être humain n'aime pas la vérité; il se complaît même dans le mensonge: « Menteur depuis les origines », disait Jésus, c'est-à-dire jusque dans ses racines les plus profondes.

Aussi longtemps qu'il est en route, loin de sa propre humanité, le spirituel a besoin d'instances extérieures et objectives auxquelles il peut et doit se référer. Dans la mesure où il est encore dans la servitude, il ne peut se passer d'indications objectives qui pointent vers le but et dirigent ses pas vers la terre promise. Dans la mesure donc où le spirituel habite les hauteurs sublimes de sa vertu et se sent audessus du monde ordinaire, il a encore besoin d'une structure d'appartenance et d'une autorité extérieure (principe institutionnel). Dans la mesure où il reste sourd aux appels de son être profond, prend ses idées pour la vérité et identifie tout de go ses inspirations à des révélations divines, il a encore un besoin de recourir à un corpus doctrinal qui lui offre un cadre herméneutique utile pour interpréter son expérience (principe dogmatique). Dans la mesure où il glisse sur la pente de l'illuminisme, du fanatisme, de l'utopie, du mysticisme ou de l'enthousiasme, il doit encore recourir à des médiations (principe sacramentaire). Enfin dans la mesure où il est toujours sous le règne de ses caprices et de ses pulsions vitales, il ne peut se dispenser d'un prudent recours à la loi morale (principe éthique). C'est dire que, aussi longtemps qu'il est en route, c'est-à-dire toujours, l'*homo spiritualis* se doit d'intégrer dans sa pensée et dans sa vie les requêtes des quatre principes ci-haut mentionnés. Les instances objectives sont appelées à jouer le rôle de pédagogue aussi longtemps que l'apprenti n'est pas devenu maître, et encore!

Voyons maintenant comment s'est opérée la gérance du spirituel dans l'Église au cours de l'histoire.

III- La gérance du spirituel

L'encouragement

Nous serons brefs sur une question complexe qui mériterait un traitement plus élaboré. Disons que l'autorité ecclésiastique a toujours tenu le principe spirituel sous étroite surveillance. Surveillance justifiée par la crainte d'un pouvoir parallèle, par la peur des déviations doctrinales et des tendances schismatiques, et par une certaine méfiance devant l'extravagante radicalité de l'Évangile. Cette surveillance s'est traduite concrètement par des mesures visant à encourager des formes de spiritualité exemplaires ou « de droite » favorisant le maintien du système et l'attachement au passé, et promouvant la soumission aux impératifs du pouvoir. L'obéissance aux autorités devient la principale jauge d'une spiritualité authentique, auquel se joignent, comme critères d'appoint tout aussi essentiels, l'orthodoxie de la doctrine et la pratique des vertus. Souffrir non seulement *pour* l'Église, mais *par* l'Église. Accepter sans mot dire de se laisser écraser, muter, dégommer par les autorités ecclésiastiques. Voir son œuvre détournée, écrasée ou brisée et… rester muet. Tel est le summum de la spiritualité. Obéir, rester soumis, et même se laisser écraser par des décisions injustes, des manœuvres politiques et des bassesses ecclésiastiques. Il y aurait sur ce point un long chapitre à écrire et mille exemples à citer.

La promotion la plus efficace de ce type de spiritualité se fait par la béatification et la canonisation de personnes, spirituelles certes, saintes à n'en pas douter, mais dont le type de spiritualité est de nature à plaire et à obliger les autorités ecclésiastiques. Les canonisations servent à mousser des modèles spirituels d'exemplarité, conformes au bon plaisir du pouvoir religieux, aux règles prescrites, aux impératifs du système et aux exigences de la théologie dominante. Les béatifications du fondateur de l'*Opus Dei* et de Pie XII servant à contrebalancer celle de Jean XXIII, illustrent à merveille la signification et la portée politiques des canonisations. On ne choisit pas comme ça, par hasard, d'élever sur les autels tel serviteur ou telle servante de Dieu plutôt qu'un autre tout aussi saint et spirituel. Ce n'est pas qu'une question d'argent ; c'est un geste hautement symbolique et politique. Aussi de très nombreux papes, cardinaux, évêques et prêtres religieux ont-ils eu le privilège de « monter sur les autels ». En canonisant un modèle spécifique de spiritualité, on confère une plus grande autorité morale à ceux qui par ailleurs détiennent déjà tout le pouvoir juridique dans l'Église. Ainsi se trouve subtilement neutralisé le principe spirituel et canalisé dans un sens bien défini les dynamismes de l'Esprit. En dressant la « généalogie insolite » de ses portraits de famille. J.-P. Jossua fracasse les images d'Épinal et dénonce implicitement le processus actuel de canonisation par lequel le même engendre le même[7]. On met ainsi le spirituel au service du système établi ou d'une cause

7. Patrick Jacquemont, Jean-Pierre Jossua et Bernard Quelquejeu, *De qui tenir… Portraits de famille*, Paris, Cerf, 1979.

chère aux autorités, comme le culte eucharistique, la dévotion mariale et le culte du Sacré-Cœur ; ou encore d'un aspect de la mission de l'Église, comme la conversion des païens. Tant mieux si le principe spirituel est mis au service du peuple ! Mais n'assistons-nous pas trop souvent au cours de l'histoire à cette mobilisation, pour ne pas dire détournement, du principe spirituel par le pouvoir clérical et l'institution ecclésiastique ?

Encadrement canonique

L'encadrement canonique s'est avéré un moyen éprouvé de gestion efficace du principe spirituel dans l'Église catholique. L'Esprit souffle toujours à l'improviste dans des lieux imprévisibles et sous des formes inédites. Sa nouveauté représente une menace pour le système établi qui ne prise guère d'être dérangé.

Que les nouveautés du principe spirituel soulèvent méfiance et soupçon, il n'y a pas de quoi suspendre surtout si elles semblent en contradiction avec un système ecclésiastique, dogmatique et sacramentel voulu par Dieu et fondé sur le vouloir de Jésus. Les idées et les actions du Maître de Nazareth n'ont-elles pas été qualifiées de blasphématoires, de diaboliques, de scandaleuses parce qu'elles représentaient une nouveauté inadmissible pour la religion ? Ainsi en a-t-il été pour les juifs de la communauté chrétienne de Palestine. Leurs attitudes par rapport à la *Torah* et à la circoncision représentaient des nouveautés qui s'opposaient directement à un système religieux voulu par Dieu. L'érémitisme d'Antoine et des anachorètes a été suspect.

Au départ. François d'Assise s'est fait rétorquer par les Cardinaux que son style de vie « évangélique » n'était pas possible, et Claire d'Assise a dû attendre jusqu'à la veille de sa mort pour que lui soit accordé le privilège de la pauvreté. Et que dire de la nouveauté des béguines, de Savonarole, des Réformateurs, de Jean de la Croix, de Newman, de Marcel Légaut, de Dom Henri Le Saux ? Que dire de toutes ces personnes, qui, se réclamant d'apparitions et de révélations du Seigneur, de la Vierge ou de toute autre entité céleste (saint, ange, âme du purgatoire), tiennent des discours nouveaux, font des choses inédites, partent des mouvements dits spirituels ou fondent des associations parfois insolites ? Tous des suspects aux yeux du pouvoir ecclésiastique.

Les exemples abondent qui illustrent la méfiance des autorités ecclésiales devant la nouveauté spirituelle. Pour savoir exactement ce qui se passe, on « met un homme là-dessus », on confie l'étude du dossier à un groupe d'experts qui soumet son avis à des instances désignées qui, à leur tour, recommandent aux autorités concernées (évêque, préfet, pape) les mesures à prendre en la circonstance.

Généralement ces mesures sont d'ordre canonique. Si le spirituel et son mouvement sont jugés dangereux, les autorités émettent un *monitum* qui appelle à la prudence et met les fidèles en garde. Du *monitum* on passe à la condamnation explicite, puis à l'excommunication. Trop nombreux sont les soi-disant récalcitrants qui, durant les 5 siècles qu'a duré l'inquisition, ont été pourchassés, emprisonnés, torturés et brûlés pour leur contumace. Mais la force et la violence ne viennent jamais à bout des vrais spirituels qui sont prêts à perdre leur vie pour sauver leur âme. Aucune contrainte ne peut éradiquer le principe spirituel. Et ceux qui pensent l'étouffer par la violence se trompent ; l'effet boomerang ne se fait pas attendre. La persécution ne fait que jeter de l'huile sur le feu intérieur du spirituel qui s'en trouve mieux trempé. De toutes façons, aucune mesure coercitive n'a jamais muselé la liberté de l'esprit ; aucune décision conservatrice ou restauratrice n'a jamais freiné l'élan spirituel.

Mais si, comme il arrive le plus souvent, les autorités jugent que les spirituels et leurs mouvements ne sont ni hérétiques, ni nuisibles au système, ni ouvertement contestataires du pouvoir établi, alors elles useront, pour gérer le principe spirituel, de la méthode de l'encadrement juridique qui consiste à forcer le charisme religieux dans la structure canonique elle-même pour en faire un organe du système. La conséquence : le principe spirituel ne peut plus se déployer librement ; en s'institutionnalisant, il est altéré dans son essence. Quand le spirituel se fond dans les structures, il disparaît comme spirituel.

La première manœuvre d'encadrement du principe spirituel, c'est le décret de reconnaissance officielle par l'autorité diocésaine. Ainsi reconnu, le mouvement spirituel tombe sous la juridiction diocésaine ; c'est dire qu'il est soumis et imputable à l'évêque, qui peut le promouvoir, lui imposer une nouvelle orientation ou tout simplement le dissoudre. La plupart des mouvements spirituels en restent à ce niveau de juridiction, mais leur désir profond est de passer sous la juridiction pontificale — ce qui est de nature à leur conférer honneur, prestige et puissance. L'expression canonique « devenir exempt » signifie qu'on ne dépend plus de l'autorité de l'évêque qui a, dit-on, le désavantage d'être trop immédiate. Vaut mieux dépendre d'une autorité lointaine. Sauf qu'on oublie que l'œil de Rome est perçant et son bras, très long.

Tous les mouvements spirituels reconnus officiellement occupent une place bien précise dans la législation canonique. Ils sont tous régis par des normes universelles et administrées par une superstructure omniprésente, la Congrégation des religieux, qui exerce un pouvoir et un contrôle absolus sur le mode de vie et les règlements des groupes spirituels. Ce contrôle est encore plus serré s'il s'agit de mouvements ou groupes féminins qui sont toujours redevables à un haut fonctionnaire masculin.

La forme parfaite de l'encadrement juridique, c'est la cléricalisation des hommes spirituels. Les grands mouvements spirituels masculins ont été pour la plupart fondés par des laïcs. L'autorité romaine s'est vite empressée de cléricaliser les moines, de faire des plus instruits des clercs. Elle a fait de même avec les ordres issus de François d'Assise et d'Ignace de Loyola, ainsi qu'avec de nombreuses congrégations modernes. La dichotomie clerc-laïc, introduite dans les communautés religieuses, a causé un tort irréparable. Un nouveau clergé s'est constitué à côté du clergé diocésain, dit séculier; c'est le clergé religieux, dit régulier. En introduisant dans les ordres et dans les congrégations une classe supérieure, instruite et dominante, on compromettait la vitalité du principe spirituel. En ordonnant prêtre une grande partie — et la plus instruite — des membres d'une communauté, c'est le groupe lui-même qui « quittait » l'espace du spirituel proprement dit pour entrer dans le système et se mouler dans l'institution. L'autorité ecclésiastique exerce un contrôle canonique plus serré sur les communautés cléricales. La cléricalisation entraîne l'absorption, sinon la domination, du principe spirituel par le principe institutionnel. C'est la domestication du dynamisme spirituel.

Cette politique d'encadrement du principe spirituel a permis de tenir en laisse l'*homo spiritualis*, de contrer les tendances schismatiques du dynamisme spirituel, de limiter l'exercice de la liberté et finalement d'assurer le maintien et même le renforcement du système ecclésiastique. Paradoxalement, le principe spirituel a affermi l'institution, alors que normalement il devrait jouer en faveur d'un allégement. Les communautés religieuses actuelles, qui étaient à l'origine des mouvements spirituels très inventifs, se sont installées dans des structures objectives puissantes. Le principe spirituel a fini par étouffer sous les structures canoniques qu'on avait érigées pour le défendre, le promouvoir et assurer son expansion dans la spatio-temporalité.

L'effort et l'intérêt de l'Église catholique ont porté au cours des siècles sur le développement de la qualité objective de la religion chrétienne : multiplication des lois, codification des règles, constructions d'églises, de basiliques, etc. Cet effort de structuration s'est accompagné du développement unilatéral d'une dogmatique pétrie d'orthodoxie. Toute réduction de la religion au doctrinal débouche nécessairement sur l'idéologie et la violence. Immense déploiement du principe dogmatique visant à exercer un contrôle serré sur toute pensée et à réduire au silence toute idée nouvelle et subversive. Qu'on songe encore à l'effort humain et financier déployé pour la pastorale et l'initiation sacramentelle, sans oublier la phobie traditionnelle du péché et la peur de l'enfer qui a transformé la religion en une grande école de moralité. Au cours du dernier millénaire, l'Église catholique incarnée dans le système romain est devenue une institution moins soucieuse de transformer ses fidèles en spirituels que d'en faire des sujets soumis (l'institutionnel), orthodoxes (le dogmatique), pratiquants (le sacramentel) et moralement corrects (l'éthique). Qu'est devenu l'*homo moralis* ? Quoi d'autre qu'un prisonnier oublié au donjon par des pouvoirs trop soucieux de gouverner, d'enseigner, de sacramentaliser et de faire la morale.

Sommes-nous donc acculés au dilemme que formule Eugen Drewermann, lui qui doute sérieusement que l'Église puisse opérer sa propre transformation à l'intérieur du système catholique. « Selon la *mystique*, la vérité de Dieu réside en l'homme lui-même ; selon l'*Église* telle qu'elle est, la vérité de Dieu est entre les mains du magistère romain. Pour la *mystique*. Dieu s'adresse à l'homme sans médiation ; pour l'Église telle qu'elle est, Dieu ne se "communique" à l'homme que *par la médiation*, par la bouche des détenteurs d'une fonction officielle, pape et évêques. La *mystique*, cela signifie l'inaliénable primauté de l'individu sur le collectif; l'*Église*, telle qu'elle est, signifie la primauté du collectif sur l'individu. Répétons-le : on ne peut éviter de *choisir*; l'un exclut l'autre[8]. » Le mot mystique recouvre ici en bonne partie le sens que nous donnons au spirituel en contexte religieux chrétien. L'accent est sur le caractère immédiat, subjectif de l'expérience.

8. Eugen Drewermann, *Dieu en toute liberté*, p. 128.

CHAPITRE 9

Quand le spirituel quitte le temple

Sommes-nous vraiment acculés à devoir choisir entre le spirituel et le religieux institutionnel, en l'occurrence l'Église catholique ? Faut-il quitter un système marqué au coin de l'objectivité afin de permettre au spirituel de s'épanouir ? Le système romain est-il vraiment un instrument de dé-spiritualisation ? Personne ne peut éviter de répondre à cette question posée ici en termes radicaux. Toujours est-il que beaucoup de catholiques font l'*opting out*. C'est l'exode massif. Chacun a ses raisons à lui de partir, portant sur ses épaules son baluchon lourd de déceptions, de griefs, de culpabilité et de ressentiments.

Pour avoir œuvré pendant 20 ans dans le domaine des nouvelles religions et spiritualités, j'en suis arrivé à la conviction que beaucoup de catholiques quittent leur Église parce qu'ils n'y trouvent pas les nourritures spirituelles dont ils ont faim. Les adeptes des nouvelles religions sont souvent des chercheurs spirituels en quête d'une spiritualité qui fasse vivre. Qui trouve-t-on dans les ashrams, les centres de méditation, les week-ends ésotériques, les rencontres gnostiques, les groupes évangéliques et pentecôtistes ? Très souvent des gens qui ont quitté le système catholique en secouant la poussière de leurs souliers ; ou encore des jeunes qui, n'ayant jamais mis les pieds dans une église, sont convaincus d'avance qu'il n'y trouveront rien qui puisse combler leur manque spirituel. C'est à tous ces mendiants du spirituel que j'ai dédicacé mon livre *Vivre au risque des nouvelles religions*[1].

Le présent chapitre regroupe quelques réflexions autour de trois thèmes principaux. Dans un premier temps, je présente à grands traits la spiritualité traditionnelle du peuple catholique et je montre comment elle a été fabriquée et gérée par les clercs et les religieux consacrés. Ensuite je parle de la spiritualité laïque, c'est-à-dire celle qui est créée par et pour des laïcs et qui affirme son autonomie face au pouvoir magistériel et canonique et face à la spiritualité consacrée, tout en restant rattachée à l'institution ecclésiale. Je montre enfin que l'affranchissement du pouvoir magistériel et des structures canoniques a conduit à la démocratisation de la spiritualité, démocratisation qui aboutit à une spiritualité séculière totalement affranchie du contrôle du religieux institutionnel.

I- La spiritualité populaire

Le système catholique a eu tendance, avons-nous dit, à vassaliser le principe spirituel au cours des siècles. Il a même cherché à l'isoler sous prétexte que le « monde » pouvait détourner *l'homo spiritualis* de sa sainte détermination et que le principe spirituel était dangereux pour le système et pour les simples fidèles qui n'étaient pas aptes, pensait-on, à opérer les discernements nécessaires. L'isolement assure une protection reconnue pour son efficacité. Isoler un individu, c'est l'empêcher de nuire. Les autorités ont conçu un système ingénieux de mise en quarantaine du principe spirituel. Chaque fois qu'un spirituel apparaît, on l'isole en le soumettant, lui et ses disciples, à un genre de vie canoniquement conçu pour le séparer du peuple chrétien. En effet la structure juridique de la vie religieuse et l'obligation des trois vœux assurent un retrait de la vie spirituelle dans des espaces réservés, à l'intérieur d'une clôture canonique, loin de la place publique. Beaucoup de communautés de femmes sont toujours cloîtrées. Dans chaque maison religieuse, il y avait et il y a souvent encore une clôture délimitant le cloître, c'est-à-dire cet espace strictement interdit aux laïcs, surtout ceux de l'autre sexe, sous peine d'excommunication. La clôture matérielle est un signe très éloquent de l'isolement du principe spirituel dans le système catholique.

1. R. Bergeron, *Vivre au risque des nouvelles religions*, Montréal, Médiaspaul, 1997.

Par ailleurs, la seule option qui se présentait à un aspirant à la vie spirituelle, c'était d'entrer dans une forme vie religieuse canoniquement érigée. Le discours officiel était toujours le même : la vie consacrée est à toutes fins inutiles la plus parfaite ; entre donc en communauté et, là, tu pourras mener une vie spirituelle dans la prière, au service des maganés ou dans les missions étrangères.

On ne peut, dans les limites de cet essai, entrer dans les détails. Mais il reste évident que nous assistons dans l'Église catholique à un processus d'isolement du principe spirituel, isolement qui va de la réclusion radicale à la présence mitigée dans le monde. Cet isolement est structurellement aménagé de façon à rattacher le spirituel, par des législations canoniques appropriées, au pouvoir central et au système ecclésial. Néfastes ont été les effets de cette claustration de l'élite spirituelle et de ce détournement des eaux vives vers des lieux spécialisés et réservés. Les laïcs ordinaires, voués aux tâches triviales, à la procréation et aux soucis du monde, sont négligés et pratiquement traités comme inaptes à la spiritualité. Comme le disait un curé de mon enfance : « la vie spirituelle, c'est pour les prêtres et les religieux ; pour vous les laïcs, c'est la pratique dominicale, la dîme et l'obéissance aux commandements ». Ne laissait-on pas entendre volontiers que l'idéal spirituel ne pouvait se réaliser que par la sortie du monde ?

François de Sales a été parmi les premiers à se préoccuper du désert spirituel dans lequel vivait le peuple chrétien. Opérant une synthèse des spiritualités, jésuite et carmélitaine, il a publié en 1608 l'*Introduction à la vie dévote.* Ce livre de spiritualité destiné aux chrétiens vivant dans le monde, a exercé, de fait, une influence beaucoup plus considérable dans les milieux religieux officiels que chez le peuple chrétien. N'empêche que *l'Introduction à la vie dévote* a marqué une petite révolution, puisque l'auteur y défendait la thèse selon laquelle la vie spirituelle est destinée à tous les fidèles, prenant ainsi la contrepartie de la position dominante qui réservait la vie spirituelle à une élite de parfaits vivant hors du monde. D'ailleurs la spiritualité n'était-elle pas présentée d'une manière inaccessible dans des livres aussi abscons que compliqués ? S'insurgeant contre un tel état de choses, François de Sales prétendait que tous, aussi bien le militaire et l'artisan que le courtisan et le bourgeois, pouvaient avoir accès à la spiritualité.

La spiritualité qui, à partir du XVIe siècle, s'est répandue dans le peuple chrétien vient de deux sources : l'une officielle, la chaire de vérité ; l'autre, officieuse, le peuple chrétien lui-même. Les sermons et le bouche à oreille. Jean Delumeau a bien étudié le modèle de spiritualité inculqué du haut de la chaire[2]. De son côté, l'histoire des mentalités commence à nous instruire sur les idées et les courants spirituels qui, partis de simples laïcs, ont circulé clandestinement dans le peuple chrétien et l'ont aidé à se construire une spiritualité bien à lui. Les privilégiés, qui savaient lire, s'abreuvaient à une immense littérature de vulgarisation : brochures, feuillets, albums, florilèges, abrégés, abécédaires spirituels, manuels de piété, missels de prières. Autant d'écrits davantage préoccupés à provoquer l'enthousiasme pieux que soucieux de rigueur doctrinale. Cette littérature était étroitement contrôlée par des autorités ecclésiastiques qui se faisaient bienveillantes quand il s'agissait de dévotion et de piété, mais intraitables quand il était question de doctrine et d'orthodoxie. Les sermons, la littérature pieuse et la tradition orale populaire ont été les instruments d'édification de la spiritualité populaire à l'honneur dans l'Église à partir du XVIe siècle. Voici sous mode de flash les grands traits de cette spiritualité.

Une spiritualité expiatrice

Le péché occupe une place énorme dans l'univers mental des catholiques : il apparaît comme la donnée essentielle de l'existence humaine. Depuis le péché originel qui plonge l'humanité toute entière dans un état de perdition, jusqu'au péché mortel qui voue le pêcheur aux enfers éternels, en passant par tout l'éventail des péchés véniels qui affaiblissent l'âme et créent une propension au mal, la conscience de l'universalité du péché constitue le filon directeur de la spiritualité populaire. *Homo peccator* et *massa damnata.* L'être humain est fondamentalement perverti et corrompu, révolté contre Dieu et voué aux griffes du malin. L'humanité forme une masse condamnée d'avance à l'éternelle perdition, à laquelle n'échapperont que quelques rares catholiques privilégiés et ce, grâce à l'imputation des mérites du Christ, unique Sauveur, et à la méditation de l'Église hors de laquelle il n'y a pas de salut.

2. Jean DELUMEAU (dir.), *Histoire vécue du peuple chrétien*, Toulouse, Privat, 2002 1979 ; *La peur en Occident*, Paris, Fayard, 1979 ; *Le péché et la peur*, Paris Fayard, 1983.

Le pauvre humain éprouve un vif sentiment de culpabilité. Il sait que son péché déplaît infiniment à Dieu et qu'il fait peser sur ses épaules une dette énorme dont il ne peut s'acquitter lui-même malgré sa bonne volonté. Il est condamné à vivre sous l'œil scrutateur d'un Dieu courroucé et vengeur, et sous le regard inquisiteur d'une Église qui lui rappelle sans cesse son état déplorable, l'exhorte à pratiquer une impossible vertu monastique et le menace des peines infernales.

Le seul espoir qui reste : entrer dans le régime pénitentiel défini par l'Église : confessions fréquentes, contritions, réparations, pénitences tarifaires, expiations exigées, componctions, examens de conscience. Les larmes sont la nourriture de l'âme repentante : elles éteignent les péchés, étouffent les vices et nourrissent les vertus. Les sommes pour confesseurs et les manuels de confession se multiplient qui circonscrivent scrupuleusement les prescriptions du régime pénitentiel, car il faut expier jusqu'au moindre péché pour être digne du pardon de Dieu.

Le souci d'une expiation parfaite conduit, d'une part, au scrupule avec ses mille manifestations : méticulosité, perfectionnisme, obsession de la propreté, ruminations introspectives, mépris de soi, obsession des tentations sexuelles, sentiment de damnation ; et, d'autre part, au dolorisme sous toutes les formes : sacrifices, renoncements, auto-flagellation, recherche d'humiliations et d'opprobres, pratiques de mortification. Cette poursuite de la souffrance, fruit de la dévalorisation de soi ou de la reconnaissance de sa propre indignité, trouve dans l'identification au crucifié son enracinement théologique. Il s'agit de « souffrir avec le Christ », comme dit saint Paul. Les confesseurs, les prédicateurs et les autorités ecclésiastiques d'insister à outrance sur l'importance d'imiter le Christ souffrant, non seulement en acceptant les malheurs qui nous tombent dessus et en accueillant les souffrances issues de la foi et d'un système ecclésiastique oppressif, mais encore en s'infligeant à soi-même des mortifications « rédemptrices ». Le péché continue de crucifier Jésus qui est en agonie jusqu'à la fin des temps. À l'inverse la communion à son épreuve est un baume qui soulage sa souffrance. Il s'agit de réparer pour ses propres péchés, responsables, eux aussi, de la mort du Christ. Cette communion réparatrice aux souffrances du Crucifié confère à la spiritualité populaire son allure dramatique et sa dimension mystique.

La rédemption par les souffrances du Christ est une donnée fondamentale. En effet, nul n'étant en mesure de réparer l'offense infinie faite à Dieu par le péché. Seul le Christ pouvait poser un geste aux mérites infinis, capable d'expier l'offense faite à la divinité. La théologie de la rédemption qui s'est emparée de la conscience populaire est celle de la substitution pénale[3]. Cette théologie fort suspecte affirme que le Christ a pris sur lui tous les péchés du monde, comme s'il les avait commis personnellement, devenant ainsi objet de malédiction. Le divin courroux s'abat sur lui au calvaire. Le Christ est victime de propitiation pour le péché. Fontaine inépuisable de mérites et de grâces, son expiation ouvre les portes du paradis. Aussi la communion à sa souffrance substitutive constitue-t-elle, dans la spiritualité populaire, une coordonnée d'une importance égale à celle du péché. Là où le péché a abondé, la grâce a surabondé. Accablé par une dette dont il est incapable de s'acquitter lui-même, le pécheur se voit sauvé du désespoir par la vertu salvifique de la communion à l'expiation du Christ.

Une spiritualité ascétique

Alors que l'expiation découle d'une prise de conscience aiguë du péché et de l'ire divine qu'il provoque, l'ascèse, elle, se présente surtout comme une exigence reliée au caractère transitoire, séducteur et même corrompu de toute réalité matérielle, particulièrement du corps humain qui, à cause des pulsions sexuelles, des instincts concupiscents, des convoitises charnelles et des appétits captatifs, incline l'âme au mal et l'emprisonne dans la geôle des vices. La lourdeur de la chair tire l'âme vers le bas et la rive aux trivialités du quotidien. En un mot, l'esprit est à la merci du corps; le corps se rebelle contre l'âme et refuse d'obtempérer à ses ordres.

Cette vision pessimiste du corps, fondée sur une anthropologie dualiste, commande une spiritualité fortement teintée d'ascétisme. Que faire du corps et comment se comporter à son endroit? Le museler, le dompter, harnacher ses énergies, le mettre au service de Dieu et en faire une monture docile aux moindres mouvements de l'âme. L'ascèse désigne l'ensemble de pratiques et de techniques destinées à assurer le triomphe de l'esprit sur le corps. Elle évoque

3. Sur la théorie de la substitution pénale, voir Philippe De la Trinité, *La rédemption par le sang*, Paris, Fayard, 1959, p. 9-30.

l'idée de lutte et de combat ; elle implique abnégations, renoncements et sacrifices. Il s'agit de mortifier les sens et les affections charnelles dans le but de réduire les besoins corporels, d'arracher l'existence à l'inconscience à la paresse, et de mettre le corps au diapason de l'esprit.

Or, le corps individuel se prolonge dans le corps social. La spiritualité populaire jette un regard soupçonneux sur la société qu'elle appelle « monde » à la suite des évangiles. Le monde est tout simplement un lieu de perdition, dominé par l'argent, la vanité, l'ambition, la cruauté, la luxure, l'impiété, le stupre, le plaisir et la triple concupiscence. Cité séculière et société corrompue sont synonymes. Satan est vraiment le prince de ce monde, véritable Babylone de tous les vices.

Cette vision pessimiste de l'existence humaine découlait d'une cosmologie antique adoptée par le Moyen Âge et toujours dominante aux temps modernes jusqu'au XIXe siècle, en dépit de Copernic et de Galilée. Selon cette conception, les *corpora inferiora*, c'est-à-dire le monde subhumain où partie inférieure de l'univers, s'opposent aux *cœlestia*, c'est-à-dire à la partie sidérale de l'univers. La terre est inférieure, d'une part, parce qu'elle abrite sous sa croûte les enfers et, d'autre part, parce qu'elle est composée d'éléments moins nobles que les trois autres qui sont l'eau, l'air et le feu. Jean Delumeau remarque que la sous-évaluation de la nature a été inséparable d'une dépréciation du temps, héritage de la tradition hellénique qui abolit la durée réelle[4]. C'est le règne de l'impermanence, de la fugacité et de l'évanescence. Puisqu'elles sont éphémères et fugitives, les choses terrestres sont essentiellement vaines. Non seulement vaines, mais illusoires puisqu'elles se présentent sous des apparences qui donnent le change. Non seulement illusoires mais trompeuses, puisqu'elles exercent sur les humains un irrésistible attrait qui obnubile leur esprit et finit par éteindre le désir des biens célestes.

Que dire de la condition humaine dans cette société en perdition et dans une nature aussi ambiguë ? Formé de poussière et de cendre, l'être humain connaît une vie misérable, caduque et parsemée d'embûches. Le catalogue des calamités dressé par les prédicateurs est inépuisable. Soucis, maladies, épidémies, violence,

4. Ce n'est qu'au XIXe siècle qu'on s'affranchit de la vieille cosmologie mythique et du temps cyclique.

injustices, guerres, tourments, pauvreté, dureté de la vie, catastrophes naturelles : voilà ce dont l'existence est tissée. La vie commence par un cri, se poursuit dans une plainte et s'éteint dans un râle tragique. Quelle mort que la vie ! Pauvres humains ! Tous des naufragés abandonnés à leur triste sort ; tous sont embarqués sur le radeau du temps qui dérive impitoyablement vers le gouffre de la mort. La terre, quelle vallée de larmes ! Étranger et pèlerin en ce monde, le chrétien aspire à sa vraie patrie, la Jérusalem céleste.

Le mot « monde » est traditionnellement utilisé pour désigner à la fois la société, la condition terrestre et la nature cosmique. Dans la Bible, le « monde » est « un terme ambivalent dont la signification oscille entre deux pôles opposés. Tantôt il désigne le règne de Satan qui s'oppose à celui de Dieu et sera finalement vaincu, et tantôt l'humanité avec la terre qui lui est liée. Dans cette seconde acception, le "monde" n'est pas objet de condamnation, mais de rédemption, et il est demandé aux fils d'Adam de renoncer au Malin mais non à leur destin d'hommes. C'est ce monde-ci qui doit devenir autre. Un des drames de l'histoire chrétienne a résidé dans la confusion des deux sens du mot "monde" et dans l'élargissement d'un anathème qui ne concernait que l'empire de Satan[5] ». Cette confusion en a entraîné une autre qui identifie détachement du monde à mépris du monde.

Comment vivre spirituellement dans ce monde, c'est-à-dire dans cette société corrompue, dans cette condition humaine hostile et à l'intérieur d'un univers trompeur ? Réponse : s'en détacher et y vivre comme n'étant pas de lui. L'idéal recommandé à tous les chrétiens est la fuite du monde, la *fuga mundi*, voie choisie par les moines et les religieux qui ont cherché Dieu dans le désert ou en ville derrière une clôture canonique. Anachorètes, ermites, reclus, stylites, cénobites, moines, cloîtrés, religieux : tous ont accompli la sainte fugue qui caractérise la voie supérieure réservée à une élite. Condamnés à vivre dans la société, les laïcs n'en doivent pas moins vivre en retrait du monde. On les invite instamment à imiter la vie des moines ou des religieux qui, eux, vivent un mode de vie plus parfait et donc souhaitable pour tous. Le mariage est vu comme un état inférieur et dangereux dont la seule visée est de reproduire l'espèce humaine,

5. J. Delumeau, *Le péché et la peur*, p. 18.

d'accroître le nombre des catholiques et d'éteindre la concupiscence. Le summum de la perfection, c'est le célibat consacré et la virginité. Les prédicateurs et la littérature populaire ne tarissent pas d'éloge pour la virginité. Faute de virginité, va pour la chasteté parfaite ou pour la continence absolue ; et si cela est encore impossible, va pour la réduction maximale de l'activité sexuelle tellement vilipendée. Cette méfiance obsessionnelle à l'égard de la sexualité va aboutir à la plus ridicule pudibonderie.

L'attitude qui définit le rapport au monde, c'est le *contemptus mundi*, c'est-à-dire le mépris du monde, la dévaluation de l'existence terrestre et la méfiance envers la nature cosmique. La théorie du *contemptus mundi*, déjà mise au point dans l'antiquité chrétienne, se retrouve au cœur de la spiritualité populaire. Comment ce mépris du monde se traduit-il concrètement ?

Par rapport à la société, il se traduit certes par la renonciation à Satan et à ses pompes, ainsi qu'à toute espèce de péchés, en particulier la luxure, l'ivrognerie et l'usure, mais surtout par l'éloignement de tout ce qui peut induire au péché : le théâtre, l'opéra, les carnavals, les cabarets, les bals, les chansons profanes, les jeux de hasard, les clinquants de la mode. Refus du divertissement, du plaisir et du rire. « Jésus n'a jamais ri, disait-on à la suite de Bossuet, mais il a pleuré souvent ». Jésus lui-même n'a-t-il pas déclaré : « Malheureux vous qui riez maintenant ; bienheureux vous qui pleurez maintenant » (Lc 6 ; 21,25). Quand je regarde les photos d'ancêtres, je suis toujours navré de voir la sévérité et la gravité de leurs visages.

Quant au rapport avec la nature, le *contemptus mundi* prendra la forme d'une méfiance à l'égard de la beauté et de la puissance séductrice des réalités terrestres. La consigne est stricte : faire un usage circonspect des sens, car c'est par eux et à travers eux que l'on entre en contact avec la nature. Baisser les yeux et les détourner des beautés aguichantes du corps, surtout du corps féminin ; fermer l'oreille aux chants séducteurs de la nature ; s'abstenir de toute possession inutile et être économe dans l'usage des biens. Quant au toucher, éviter les tissus soyeux, les objets de luxe et le confort des lits moelleux, en un mot, tout ce qui peut allumer les désirs voluptueux. Quant au goût, jeûner aux temps prescrits, ne pas consommer de viande le vendredi, faire un usage modéré ou s'abstenir entièrement d'alcool. Le mouvement des Lacordaire et des Jeanne-d'Arc, issu de l'esprit de la prohibition, promouvait un idéal de sobriété dans toutes les paroisses. Maîtrise de tous les sens par la mortification, la retenue ou l'abstention. Somme toute, austérité, rudesse et rigorisme : toute une armure pour se prémunir contre les mirages séducteurs des réalités terrestres et pour affronter les duretés de la vie concrète.

Pour ce qui est des conditions lamentables de la vie humaine, le *contemptus mundi* s'exprime dans une interminable lamentation sur l'existence et il se traduit concrètement dans une résignation qui frôle parfois le fatalisme ou la démission. Les malheurs de la vie sont compris comme des châtiments divins, dus à nos péchés et ou comme des épreuves destinées à nous corriger, à nous réveiller et à nous convertir. Il faut bien mériter son salut et gagner son ciel. Tout est vanité. La seule valeur de la vie terrestre c'est son caractère méritoire. Et le méritoire découle du difficile. Aussi doit-on toujours choisir le difficile.

L'expression ultime du *contemptus mundi* vu sous l'angle de la dévaluation de l'existence humaine, c'est la préparation à la mort, à sa propre mort. La mort est un thème envahissant de la spiritualité populaire. Importance de la méditation sur la mort, des préparations à la bonne mort, du viatique, des formules invocatrices, des « pensez-y bien » tous azimuts. Une immense littérature, accompagnée d'une prédication soutenue, est consacrée à la mort, au trépas, à l'agonie, au cercueil, au cadavre et aux prières pour les morts. Une sainte terreur, quelque peu teintée de macabre, ne peut être que bénéfique pour la vie spirituelle ! Dans son *Éducation des filles*, Fénelon écrivait : « Accoutumez l'imagination des enfants à entendre parler de la mort; à voir sans se troubler un drap mortuaire, un tombeau ouvert, des malades même qui expirent et des femmes déjà mortes[6]. » Méditer sur la mort pour l'apprivoiser. S'y préparer activement pour se détacher des biens terrestres. Dans la spiritualité populaire, crânes et tibias se portent bien. Y a-t-il activité plus cathartique que de visualiser les vers mangeurs de chair humaine ou de contempler, la nuit, un crâne éclairé de l'intérieur par une flamme vacillante ?

6. Cité par Jean Delumeau, *Le péché et la peur*, p. 392; voir tout le chapitre consacré à cette question p. 389-415.

Spiritualité dévotionnelle

La spiritualité populaire des temps modernes (XVIIe-XXe siècles) a été charriée par un raz-de-marée de dévotions. Spiritualité hyper-pieuse où culte, adoration, vénération, prière, dévotions et cantiques occupent une place de choix à côté des bondieuseries et des cagoteries de tous ces rongeurs de balustrades. Sermons de mission, prêches hebdomadaires, littérature spirituelle s'évertuent inlassablement à susciter la piété, à tourner l'âme vers les êtres célestes et à susciter l'enthousiasme religieux. La spiritualité devient une affaire de cœur, de sentiment et de confiance, plus que d'intelligence; elle se tient loin des requêtes de la science et de la raison critique, loin de la philosophie et des lettres profanes. Imperturbable, elle file sa route comme si Galilée, les Encyclopédistes, la Révolution Française, l'Aufklärung et les maîtres du soupçon (Marx, Nietzsche et Freud) n'avaient jamais existé. Elle préfère le registre du cœur à celui de la raison, car elle anticipe les effets pervers de la pensée critique sur les croyances. La ferveur vaut mieux que la lumière. La consigne « Ne cherche pas à comprendre » laisse entendre que la piété est supérieure à la connaissance et que les requêtes de l'intelligence doivent s'incliner devant les exigences de la dévotion.

D'où une spiritualité lourdement lestée de merveilleux. Merveilleux rendu possible, d'une part, par la pauvreté d'une théologie réduite à un thomisme sclérosé imposé d'autorité et, d'autre part, par la condescendance des instances ecclésiastiques toujours aussi promptes à encourager l'édifiant qu'à étouffer tout relent d'hérésie. Donc… place au merveilleux aux mille visages : le miraculeux, le surnaturel, le prodigieux, le thaumaturgique, le légendaire, l'insolite, l'occulte, le magique, le parapsychologique et même le diabolique. Courses aux miracles; pèlerinages à des sanctuaires et à des grottes aux pouvoirs guérisseurs; circulation des récits étranges et d'histoires époustouflantes; chasse aux reliques et aux médailles, aux talismans et aux amulettes; place aux pratiques magiques et superstitieuses. Et les fameuses indulgences qui libèrent des peines dues aux péchés !

À partir du XIXe siècle, cette spiritualité influencée par le romantisme, fait une large place à la sentimentalité et aux manifestations pieuses. Goût excessif pour les dévotions particulières et engouement maladif pour les révélations privées et les apparitions du

Christ, de la Vierge et des âmes du purgatoire[7]. Ce mélange de vrai et de faux, de vraisemblable et d'incroyable, de légendaire et d'historique entretient une atmosphère de crédulité et nourrit les atavismes pervers de la conscience religieuse. Le mythe remplace l'histoire; l'émerveillement, le sens critique; l'édifiant, le théologique; l'émotion, la raison. Dérivé frelaté du sentiment religieux qui a glissé de la liturgie à l'enthousiasme pieux. Les dévotions prennent la place du culte officiel qui avait lui-même sombré dans un rubricisme desséchant et dans un ritualisme hiératique sans lien avec la vie concrète des fidèles. D'autant que tout se passait devant, autour d'un autel où les prêtres marmonnaient des prières dans une langue depuis longtemps oubliée.

La religiosité populaire s'est cristallisée autour de quatre pôles majeurs : l'Eucharistie, Marie, les saints et, au XIXe siècle, le pape.

Culte eucharistique

Contre la conception symbolique de l'eucharistique défendue par les Réformateurs, le concile de Trente a réaffirmé avec force le réalisme de l'eucharistie, la présence réelle et la transsubstantiation. Ce qui a entraîné une double conséquence : une certaine chosification du pain eucharistique devenu corps du Christ et une dissociation des saintes espèces du « sacrifice de la messe ». Toute l'attention se trouve concentrée sur la « chose » visible. Cette focalisation sur l'hostie a substitué le statisme de la vision contemplative au dynamisme de l'action eucharistique. La messe n'est plus qu'un rituel pointilleux et vide que chacun remplit des dévotions de son cru. Moment choisi pour faire ses prières.

Multiples visages du culte eucharistique : Salut du Saint-Sacrement, Heures Saintes, Quarante Heures, Adorations perpétuelles, Processions de la Fête-Dieu, Congrès Eucharistiques, Visites au Saint-Sacrement. Le tout dynamisé par de nombreuses associations et congrégations vouées à l'adoration et au service du Saint Sacrement, à la promotion de la sainte communion et à la réparation des sacrilèges envers l'Hostie. Tout à la gloire de Jésus hostie. Un cantique très populaire chantait l'amour du divin prisonnier :

---

7. Il suffit de lire les 1340 pages des *Voix prophétiques, ou signes, apparitions et prédictions modernes* de l'abbé J.M. Curicque, Paris, 1872, pour se faire une idée des excès dans ce domaine.

Loué soit à tout moment
Jésus au Saint Sacrement
Jésus veut par un miracle
Près de nous la nuit, le jour
Habiter au tabernacle
Prisonnier de son amour

La piété eucharistique a rejailli sur le prêtre dont la dignité se trouve exaltée grâce à son pouvoir sur le corps du Christ. Il s'en est suivi un véritable culte du prêtre qu'on devait vénérer puisque ses doigts oints touchaient l'hostie.

À travers l'hostie se profilait l'image du Crucifié, jamais du ressuscité ; un crucifié qui, à l'occasion, saignait dans l'ostensoir. Le culte eucharistique débouche sur la dévotion au Christ humilié, flagellé et pendu par amour pour nous. Dévotion à la passion et à la croix. Chemins de croix dans les églises et croix du chemin dans les campagnes. Dévotion aux cinq plaies du Seigneur et aux différentes parties de son corps : ses mains et ses pieds transpercés, son côté ouvert, sa tête couronnée et surtout son cœur brûlant d'amour.

Depuis les révélations à Marguerite-Marie Alacoque à qui le Christ apparut avec, dit-elle, « ses cinq blessures brillant comme cinq soleils, et son cœur en feu dans sa poitrine ouverte », la dévotion au Sacré-Cœur de Jésus, si fort prisée des autorités ecclésiastiques, a connu une popularité grandissante qui atteignit au Québec des succès inégalés avec les croisades du Père Lelièvre dans les années 1940 et 1950.

Partout l'on chantait :

Ô Jésus ! O Jésus, doux et humble de cœur
Rendez mon cœur semblable au vôtre.
Prenez mon cœur il sera vôtre
Brûlez mon cœur …

Le désir d'expiation dont j'ai parlé plus haut prend sa trouve la plus mystique dans ce désir de communion au cœur brûlant de Jésus.

Le culte marial

Montée en flèche de la dévotion mariale excitée par une mariologie parfois suspecte, par le dénigrement de la sexualité et par l'éloge dithyrambique de la virginité. Voilà que l'humble femme de Nazareth, mère de Jésus, devient la Vierge absolue, la Mère de Dieu, l'Immaculée Conception, la Médiatrice, la Corédemptrice, la Reine du ciel. Les litanies se pourfendent d'imagination pour orner Marie des attributs les plus glorieux. Les manuels de prières et les livres de cantiques proposent les plus nobles élévations du cœur. Voilà que Marie, femme discrète et effacée, se met à apparaître partout : des dizaines d'apparitions dont les plus célèbres sont Lourdes, Fatima, La Salette. Voilà que cette femme qui gardait « tout dans son cœur » se met à parler, parler, à faire toutes sortes de révélations et à lancer partout des appels à… la pénitence, évidemment. D'où un culte marial dynamique et inventif qui s'épanouit en mille dévotions, exercices, mouvements, confréries, congrégations. Le bleu marial est à l'honneur. On vénère Marie sous tous les vocables : de Notre-Dame des sept allégresses à Notre-Dame des sept douleurs en passant par Notre-Dame du Rosaire, Notre-Dame de Bonsecours, Notre-Dame du Cap, etc.

Culte des saints

La dévotion à Marie rejaillit sur le reste de la parenté. La Sainte Famille a été l'objet d'une dulie particulière. Puis ce fut saint Joseph dont le culte traditionnel, revivifié par le frère André, a connu sa plus illustre expression dans l'Oratoire du Mont-Royal. Et que dire de sainte Anne dont le culte, importé par les marins bretons et implanté au poste de traite de Tadoussac, a donné son nom à de nombreuses villes ou villages québécois : Sainte-Anne de Bellevue, Sainte-Anne de la Pocatière, Sainte-Anne-des-Monts et surtout Sainte-Anne de Beaupré qui attire toujours des multitudes de pèlerins venus de partout, même du plus profond des réserves amérindiennes où la bonne sainte Anne est encore vénérée. Saint-Joachim, lui, a suscité moins de ferveur.

À côté de la sainte parenté de Jésus, quelques saints ont connu une notoriété certaine, en particulier saint Antoine de Padoue et plus récemment la Petite Thérèse dont les statues, toujours accompagnées de celle du patron de la paroisse, se trouvaient dans la plupart des églises. Saint Jude patron des causes désespérées et saint Christophe, protecteur des voyageurs, n'ont pas été oubliés.

Culte au pape

Au XIXᵉ siècle apparaît un culte inédit, nouveau genre, sous l'influence prépondérante de l'ultramontanisme en France et au Québec. L'ultramontanisme est ce mouvement doctrinal et sociopolitique qui promeut, contre vents et marées, l'autorité absolue du pape, la centralisation romaine et l'infaillibilité du Saint Père. Sonnant le glas du gallicanisme, qui réclamait une certaine autonomie pour l'Église française, l'ultramontanisme a favorisé, au dire de Newman, l'éclosion d'un « pouvoir arbitraire, d'un autoritarisme et d'une volonté de puissance tyrannique de la part du Saint Siège qui ont été un grand scandale[8] ». Instrument de la centralisation romaine depuis le début du XIXᵉ siècle, l'ultramontanisme a glissé dans les exagérations doctrinales les plus suspectes, confondant infaillibilité papale avec inspiration ou impeccabilité — dilatant ainsi l'infaillibilité au point de l'étendre à toute affirmation pontificale portant sur des questions théologiques, morales, voire socioreligieuses. On est allé jusqu'à affirmer que « toutes les paroles de Pie IX forment une déclaration *ex cathedra* ininterrompue[9] ».

C'est dans ce contexte que naît le culte au pape qui atteindra son apogée avec la déclaration conciliaire de l'infaillibilité pontificale (1870) et les malheurs sociopolitiques de la papauté, surtout la chute des États pontificaux aux mains de Garibaldi et l'entrée des troupes italiennes à Rome (1870). Le pape prend alors figure de victime immolée sur l'autel du libéralisme et du laïcisme.

Le culte au pape substitue aux souffrances du Christ les heurts et malheurs de la papauté. Le Chemin de croix de Jésus se transforme en Chemin de croix du Pape avec ses quatorze stations[10]. Canon Jenkins, scandalisé, s'en plaint à Newman : « Puisque même le Chemin de croix s'est à présent changé en Chemin de croix de Pie IX, à quoi ne peut-on pas s'attendre ? De Rome nous n'entendrons rien d'autre que le mot flatteur adressé à Hérode : c'est la voix d'un Dieu, et non pas d'un homme[11]. »

De surcroît, on accole au pape le nom au dessus de tout nom : « Vice-Dieu de l'humanité », « seul Dieu parmi nous ». On lui

8. Lettre à Mrs Froude, oct. 1870, W. G. Ward, *The Life of John Henry Cardinal Newman*, Londres, 1912, vol. 1, p. 560 et 566 ; vol. 2, p. 380, 309.

9. W. G. Ward, *Essays on the Church Doctrinal Authority*, Londres, 1880, p. 510.

10. Abbé D'Ezerville, *Crux de Cruce : chemin de la croix de Pie IX et avec Pie IX*, Paris, 1875.

11. Lettre à Newman, 5 fév. 1876, archives de l'Oratoire de Birmingham.

applique certains titres que l'Écriture réserve exclusivement au Christ : « Pontife saint, innocent, sans souillure, séparé des pécheurs et exalté au plus haut des cieux ». On lui chante des hymnes réservés soit à Dieu le Père, comme l'hymne de none « *Rerum Pius tenax vigor* », soit au Saint-Esprit : « Père des pauvres, dispensateur de tout bien, lumière du cœur, envoie du ciel un rayon de ta lumière ». Point n'est étonnant qu'on ait pu qualifier ce culte de « papolâtrie » (Newman) ou d'« idolâtrie de la papauté » (Mgr Landriot)[12]. Et le Pape de ne point protester contre cette latrie inconvenante qui n'a rien d'une lubie d'illuminé. Il s'agit au contraire d'un courant spirituel massif qui va peser lourd sur l'âme québécoise. À preuve, l'influence de l'ultramontanisme dans la création du diocèse de Montréal — influence visible dans les pierres de la Basilique Marie-Reine du Monde qui est la réplique exacte, à échelle réduite, de la Basilique Saint-Pierre de Rome. À preuve l'enrôlement volontaire de nombreux québécois dans les troupes pontificales pour défendre le pouvoir temporel du pape. À preuve le drapeau pontifical flottant dans toutes les nefs paroissiales. À preuve encore les nombreuses gardes paroissiales, formées de Zouaves pontificaux, dont le chant de ralliement exprime avec vigueur la vénération des catholiques québécois pour le pape :

Nous sommes la phalange
Des francs défenseurs de la foi ;
Le pape est notre Archange
Aimons toujours sa sainte loi.

Malgré ses limites évidentes, la dévotion a introduit dans la spiritualité populaire une dimension chaleureuse et réconfortante qui a permis d'en supporter les rigueurs. La dévotion a apporté confiance, soulagement, abandon et apaisement. Les fidèles ont trouvé refuge dans le Sacré-Cœur de Jésus, dans le sein de la Vierge Marie ou dans les bras de leurs saints préférés. Certes leurs dévotions étaient souvent entachées de superstition, de bondieuseries et de croyances magiques ; mais ces scories ne les dépouillaient pas de leur efficacité consolatrice. Ce n'est pas la pureté théologique qui

12. Voir sur ce sujet R. AUBERT, *Le pontificat de Pie IX*, Paris, 1952, p. 280-320. Voir aussi mon livre *Les abus de l'Église d'après Newman*, Montréal/Paris, Desclée/Bellarmin, 1971, p. 82-90.

rend la foi capable de transporter les montagnes, mais la profondeur de la confiance dans l'amour.

Remarques finales

1. La spiritualité qui a nourri le peuple catholique aux temps modernes jusqu'au concile Vatican II est marquée au coin de la peur : peur de Dieu, peur du diable et de l'enfer, peur du péché et de la souillure, peur de la ville corrompue, peur de soi comme être corporel et sexué, peur de la modernité rationnelle et libérale, peur du succès séculier et de la jouissance charnelle. Peur attisée par des sermons fulminants qui s'accompagnaient souvent de mises en scène saisissantes.

2. La peur s'accompagne de la culpabilité. Certes, toute culpabilité n'est pas morbide, au contraire. Appartenant à la conscience morale, la culpabilité apparaît comme un appel à la correction de tout mouvement interne ou de tout agir jugés en désaccord avec l'idéal de soi ou avec la loi divine. Mais la culpabilité dont est grevée la spiritualité populaire tient du pathologique : ce qui va provoquer les pires dérives dans le dolorisme et le scrupule, dans la mutilation psychologique et même physique, et dans la hantise phobique de la faute et de l'impureté[13].

3. C'est une spiritualité de chrétienté très catholique romaine, prisonnière d'un univers mental totalement coupé de la culture laïque, des apports scientifiques et des questionnements philosophiques, et foncièrement hostile à toutes formes non catholiques de christianisme et à toutes expressions religieuses non chrétiennes. D'où un anti-protestantisme qui a abouti à un oubli planifié de la Bible qui hélas ! n'a trouvé aucune place dans la vie religieuse et spirituelle du peuple. D'où un zèle missionnaire extraordinaire pour la conversion des croyants des autres religions, ces païens voués à la perdition éternelle.

4. C'est une spiritualité pessimiste qui insiste sur l'ombre, la souffrance et la mort. Prise de conscience dramatique de l'universalité du péché et de la misère humaine entraînant une *via negativa*

13. Voir encore une fois les travaux de Jean Delumeau sur la religion populaire en France du VIe au XIXe siècle. Louis Rousseau, de l'UQAM, a montré que ces études sont valables pour le Québec de la même époque, dans *La prédication à Montréal de 1800 à 1830, Approche religiologique*, Montréal, Fides, 1976.

dominée par l'expiation, l'ascèse et le *contemptus mundi*, et qui trouve consolation et espérance dans la dévotion et le culte. Cette religiosité constitue en quelque sorte une *via positiva* qui empêche la spiritualité populaire de glisser dans le désespoir ou l'automutilation. Le recours au Sacré-Cœur, la référence à l'Hostie, le culte à Marie, aux saints et au pape est un appel au secours jaillissant d'une confiance absolue qui n'a que faire des requêtes de l'intelligence critique.

5. Le livre spirituel qui exerça l'influence de loin la plus considérable sur la spiritualité populaire fut l'*Imitation de Jésus-Christ*. Composé au XVe siècle, le livre de l'*Imitation* est inspiré par la *Devotio moderna*, mouvement spirituel venu des Pays-Bas qui donna naissance aux Frères et Sœurs de la Vie communautaire. Attribué à Thomas A. Kempis, le porte-parole le plus célèbre de la *Devotio moderna*, l'*Imitation* est un manuel de vie spirituelle destiné aux religieux. Mais il devint si fameux que son rayonnement s'étendit non seulement au clergé séculier, mais à des cercles toujours plus larges de laïcs. Tout au long des temps modernes jusqu'au concile Vatican II, son audience se maintient et sa cote d'amour ne cesse de grimper. C'est le livre coup de cœur des spirituels : le *best-seller* de la littérature religieuse des temps modernes. Énorme succès même avant l'imprimerie : plus de 700 manuscrits retrouvés. On a recensé 85 éditions incunables et 200 éditions au cours du XVIe siècle seulement. Au début du XXe siècle on ne compte pas moins de 60 traductions en français. Et la seule traduction française de Louis-Isaac Le Maître de Saci, au XVIIe siècle, a connu près de 200 éditions.

Jean Delumeau écrit : « C'est probablement avec l'*Imitation de Jésus-Christ* que le discours religieux sur le mépris du monde atteignit pour la première fois le grand public[14]. » Sur la base d'une stricte séparation du surnaturel et du naturel, l'*Imitation* propose une spiritualité caractérisée par la mésestime des réalités terrestres, par le *contemptus mundi*, par l'individualisme et par le mépris pour la connaissance humaine allant jusqu'à un anti-intellectualisme qui s'affiche clairement. Autant d'éléments qui ne correspondent guère à la culture contemporaine et à la sensibilité actuelle. Des malins se sont plus à qualifier l'*Imitation de Jésus-Christ* de limitation de Jésus-Christ.

6. La spiritualité populaire traditionnelle s'est quelque peu ressourcée à la liturgie et à la Bible depuis le concile Vatican II. Ce qui

---

14. Jean DELUMEAU, *Le péché et la peur*, p. 31.

ne l'a pas empêchée de tomber en disgrâce et en désuétude auprès de la majorité de la population devenue allergique à un modèle spirituel qui répond à des besoins qui ne sont plus les siens et qui s'arriment mal aux requêtes de la conscience contemporaine. C'est une spiritualité qui tient un discours devenu étranger, propose des pratiques inappropriées et véhicule une vision du monde obsolète. On l'a quittée comme un serpent abandonne sa vieille peau — sans regret et avec soulagement.

Certes une minorité non négligeable de catholiques, surtout parmi les aînés, continue à se nourrir de la spiritualité populaire. Non seulement maintiennent-ils les pratiques et les exercices traditionnels, mais encore ils y ont ajouté des éléments inédits comme les révélations de Vassula et de Maria Valtorta, et les nouvelles apparitions de la Vierge, surtout celles de Medjugorge.

II- Vers une spiritualité laïque

La spiritualité populaire traditionnelle était adaptée à une population peu ou pas instruite qui dépendait totalement du clergé et de « ceux qui savent » pour sa vie religieuse et spirituelle, comme d'ailleurs pour sa vie sociale. Cette spiritualité qui est finalement le résidu frelaté et dilué du modèle spirituel monastique s'est répandue dans le petit peuple principalement sinon exclusivement par le canal de la prédication. L'élite spirituelle des fidèles se regroupe en associations autour d'un presbytère, d'un monastère ou d'une communauté religieuse. Il y a d'abord les associations « prieuses » qui ont pour objectif d'exprimer et de promouvoir une dévotion particulière. Il y a encore les associations « apostoliques » qui se consacrent à un apostolat ou à un service à la société. Il y a enfin les associations regroupées autour d'un ordre religieux, d'un monastère ou d'une congrégation, comme les tiers ordres, les confréries, les affiliations et les patronages, qui visent généralement à s'abreuver plus directement à sa spiritualité et sa mission.

Toutes ces associations qui regroupaient avant le dernier concile des centaines de milliers de catholiques québécois, étaient toutes moulées dans des catégories canoniques et régies par les autorités ecclésiastiques. Elles ont toutes péché par excès d'organisation et de structures : ce qui a fini par étouffer la spiritualité qui les animaient. Trop engagés par les chefs religieux dans des actions visant à défendre les intérêts de l'Église plutôt qu'à promouvoir « la recherche solidaire d'un nouveau type d'humanité », elles ont passé « le plus souvent à côté du vrai problème » et raté le rendez-vous de l'histoire. D'où leur déclin spectaculaire au moment de la révolution tranquille[15].

La spiritualité populaire a toujours été sous la gouverne cléricale qui veillait au grain. L'histoire des béguines, des *illuminati* de toutes boutures et des mouvements de pauvreté au Moyen Âge, a appris au pouvoir ecclésiastique à se méfier de tout surgissement spirituel en milieu laïc.

La laïcisation de la vie spirituelle est un processus par lequel on passe de la spiritualité populaire, produite par les moines et le clergé et encadrée par une autorité magistérielle, à une spiritualité fabriquée par et pour des laïcs et se développant à distance et parfois en tension ou en opposition avec le pouvoir ecclésiastique qui voyait d'un œil inquiet ce passage à la laïcité de la spiritualité populaire. Cette prise en main par les laïcs de leur propre cheminement spirituel ne pouvait qu'être suspect. L'affirmation de l'autonomie plaît rarement au pouvoir qui a toujours tendance à tout contrôler. La liberté de l'Esprit n'est pas sans déjouer tous les plans quinquennaux de la hiérarchie. L'autorité cléricale a résisté à cette émancipation qui amenuise son emprise sur le peuple. Elle continue toujours à maintenir la bipolarité clercs-laïcs et à lier l'idéal spirituel à la profession des vœux religieux.

Les instituts séculiers

Mais rien n'arrête la vie et l'esprit. Aussi voit-on naître dans la première moitié du XXe siècle des associations préconisant un modèle de spiritualité unissant l'état laïque et la profession des vœux. Les autorités romaines ne voulant rien entendre exigent le retrait, en 1939, du fameux mémoire de A. Gemelli *Les associations de laïcs consacrés à Dieu dans le monde* qui proposait des éléments de réflexion en vue d'un éventuel statut canonique. Ce n'est que dix ans plus tard, en réponse aux demandes répétées des associations de laïcs consacrés, que Pie XII reconnaît les instituts séculiers et en définit la nature et le cadre juridique. Les instituts séculiers restent

15. *L'Église du Québec : un héritage, un projet*, Rapport de la Commission d'étude sur les laïcs dans l'Église, dit Rapport Dumont, Montréal, Fides, 1971, p. 221. Voir les pages 217-223.

attachés aux modèles canoniques traditionnelles de la vie consacrée, tout en voulant répondre aux aspirations de la laïcité. La vie spirituelle y reste toujours liée à la consécration par vœux ou par promesses. Et le mode de présence au monde est encore marqué par la profession du célibat. Les instituts séculiers sont en réalité de timides adaptations du modèle classique de vie religieuse ; ils n'apportent rien de radicalement nouveau, sinon une plus grande proximité avec le monde. D'autant que la plupart d'entre eux ont été fondés par des religieux ou des prêtres. Ce qu'il faut retenir des instituts séculiers, c'est qu'ils voulaient au départ faciliter le passage d'une forme de vie spirituelle consacrée et coupée du monde, à un modèle séculier mieux inscrit dans l'espace public.

Mais le passage a avorté ; on n'est pas allé jusqu'au bout du processus de laïcisation de la vie spirituelle ; on n'a pas tiré toutes les conséquences des théologies du laïcat, du travail et des réalités terrestres. On est resté prisonnier de la vieille mentalité qui liait vie consacrée et vie spirituelle. Qu'elle soit opérée par les vœux, par une promesse ou par un mandat de l'autorité, toute consécration se présente comme une réponse à un appel ou à une vocation spécifique et implique en conséquence une séparation, une mise à part.

Prisonniers des schèmes traditionnels de vie spirituelle consacrée, les instituts dits séculiers continuent à isoler leurs membres du reste du peuple chrétien en leur disant qu'ils ont une vocation spéciale, qu'ils constituent une élite spirituelle et une phalange de témoins, en un mot qu'ils sont le fer de lance du Royaume de Dieu dans le monde. Véritable « ferment du laïcat », les instituts séculiers sont, au dire de Paul VI, « une forme de consécration nouvelle et originale, suggérée par l'Esprit saint pour être vécue au milieu des réalités temporelles et pour insérer la force des conseils de l'Évangile, c'est-à-dire des valeurs divines et éternelles, au milieu des valeurs humaines et temporelles[16] ». Les membres des instituts sont séparés du monde ordinaire par la profession des conseils évangéliques et par l'engagement au célibat. Consacrés et laïcs, appelés à vivre leur consécration dans le monde, ils peuvent ressembler à des êtres hybrides : ni simples laïcs, ni religieux consacrés. « Votre sécularité est une sécularité consacrée », disait Paul VI. Cette sécula-

16. « Adresse de Paul VI aux responsables généraux des Instituts séculiers », cité par Solange Lefebvre, *Sécularité et instituts séculiers*, Montréal, Éd. Paulines, 1989, p. 51.

rité consacrée allait soulever une vive polémique. Les questions disputées portent autant sur la laïcité des membres des instituts et sur la nature de leur consécration spéciale, « nouvelle et originale » (Paul VI), que sur la conception de la sécularité et sur l'articulation mal définie entre sécularité et consécration. Branchez-vous, disait-on. Êtes-vous des laïcs ou des religieux ? Dans le monde ou hors du monde ? Des chrétiens spéciaux ou des baptisés ordinaires ? Ou bien on accentue la portée de la consécration, et alors on range les instituts du côté des communautés religieuses traditionnelles et on en fait un état de perfection. Ou bien on insiste sur la sécularité, et alors on les classe parmi les associations pieuses ou les groupes d'action catholique[17]. Même sous forme d'association catholique, le principe spirituel à l'œuvre dans les instituts reste canoniquement inféodé au système ecclésiastique et demeure sous la gouverne de l'autorité cléricale qui non seulement dicte les règles, mais définit les orientations et commande les pratiques. Ainsi le magistère perpétue une géographie séparatiste à l'intérieur de l'Église et à l'égard du monde, et il crée une nouvelle catégorie juridique de mise à part dans l'Église. Les instituts séculiers n'ont pas accompli le passage de la spiritualité consacrée à la spiritualité laïque. Représentent-ils une phase transitoire vers un nouveau modèle spirituel ? Une chose est sûre : la spiritualité laïque ne sortira pas d'eux. La plupart des instituts séculiers sont moribonds et la laïcisation de la spiritualité va se réaliser par un autre canal. Comme quoi l'Esprit n'est pas à court d'imagination.

La spiritualité laïque

Je pense ici au courant spirituel qui a timidement émergé à la fin du XIXe siècle, dans lequel je découvre le premier germe d'une spiritualité laïque, fabriquée par des laïcs, pour les laïcs. Non plus une spiritualité conçue par des moines et gérée par des autorités cléricales. Mais une spiritualité autonome, propre au laïc, découlant de la pleine conscience des ressources spirituelles inhérentes au baptême et de la conviction des possibilités spirituelles contenues dans la nature des choses, dans les conditions réelles de l'existence, dans l'état de vie séculier et dans les activités terrestres. Une spiritualité

17. Pour une bonne présentation de ce vif débat, voir Solange Lefebvre, *op. cit.* p. 39-82.

habilitant à vivre au cœur du monde sans repli résigné, dans un accueil non mitigé de la positivité de toute réalité intramondaine malgré ses ambiguïtés inhérentes.

Parmi les lointains ancêtres d'une spiritualité laïque, mentionnons l'écrivain français Frédéric Ozanam (1813-1853), le juriste italien Contardo Ferrini (1859-1902), le banquier allemand Jérôme Jaegen (1841-1919) et la parisienne Élisabeth Lesieur (1866-1914). Tous fournissent autant d'exemples d'une authentique vie spirituelle, non seulement dans leur vie professionnelle mais aussi au sein d'une vie sociale active et éventuellement d'un mariage heureux. Cette première génération de témoins d'une spiritualité laïque sera suivie en France, entre autres, par Simone Weil, Lanza del Vasto, Madeleine Delbrêl, Emmanuel Mounier, Marcel Légaut; au Canada, par Catherine De Hueck, Jean Vanier et Fernand Dumont, la peintre Louise Carrier et la militante Laurette Lepage-Boulet[18]. Chez ces spirituels se dessinent les grands traits d'une spiritualité laïque originale en rupture autant avec la spiritualité populaire traditionnelle qu'avec la spiritualité classique de l'élite consacrée, et en autonomie par rapport à la structure canonique et à l'autorité magistérielle de l'Église.

La spiritualité laïque a pu voir le jour grâce aux nouvelles théologies du laïcat, de la mission et des réalités terrestres. Elle s'est développée sur la place publique loin des couvents et des presbytères. Elle pénètre petit à petit toutes les couches du peuple chrétien. Elle se démocratise et prend mille formes individuelles ou communautaire. Hier, la spiritualité descendait d'en haut; aujourd'hui, elle monte d'en bas, du peuple chrétien lui-même. Des laïcs sont devenus des maîtres spirituels. Étonnant retour de l'histoire. Le principe spirituel se trouve à l'étroit dans les couvents et les presbytères. Ce sont souvent les religieux et les prêtres qui, à leur tour, puisent à même la spiritualité laïque pour ressourcer leurs vies spirituelles.

La spiritualité laïque se présente sous différentes formes encore mal définies. Il y a d'abord le modèle charismatique, dérivé du pentecôtisme protestant. Issu d'un « réveil » qui s'est produit presque simultanément aux États-Unis et aux Pays de Galles au début du XXe siècle, le pentecôtisme affirme que le baptême dans l'Esprit est au cœur du christianisme. (Ac 1,5; 2,4; 10,44-47; Lc 24,42). C'est une

18. Fernand DUMONT, *La foi partagée*, p. 171-178.

expérience intérieure qui se produit généralement grâce à l'imposition des mains au cours d'une prière collective. Les signes qu'on l'a reçu sont principalement le parler en langues, le zèle missionnaire, la joie du cœur, la ferveur spirituelle et éventuellement le miracle, la transe et le sommeil dans l'Esprit. La spiritualité charismatique est une spiritualité chaude, enthousiaste, naturellement soupçonneuse des structures ecclésiastiques, étant donné l'antagonisme réputé entre le charisme et l'institution. Elle induit un mode de vie pentecostal attentif à la moindre mouvance de l'Esprit. L'idéal consiste à vivre en état d'éveil perpétuel.

La réappropriation de la Bible et de l'Esprit, la démocratisation du spirituel et la laïcisation du leadership dans le renouveau charismatique n'ont pas manqué d'inquiéter les autorités ecclésiastiques qui ont vu à assurer un encadrement clérical, sinon à opérer un transfert de leadership des mains des laïcs à celles du clergé.

Par ailleurs, la spiritualité de type évangélique s'inspire en partie de l'évangélisme anglican. Elle est moins préoccupée de doctrine que d'expérience. Croire c'est faire confiance. Ce qu'il faut, c'est accepter Jésus dans son cœur et dans sa vie. Ce type de spiritualité évangélique a connu un certain succès surtout auprès des jeunes dans les Carrefours Jeunesse, les Cafés chrétiens, et les divers mouvements pour Jésus.

Un autre modèle de spiritualité évangélique a vu le jour, dérivé celui-là de la redécouverte du Jésus des Évangiles. Ici il s'agit de s'aboucher directement avec l'aventure historique de Jésus, de le reconnaître comme maître, de se recentrer sur Dieu et sur soi par l'entremise de l'homme de Nazareth. La référence au Jésus historique plutôt qu'au Christ dogmatique est le pivot central de ce modèle spirituel. Le point de départ de la démarche est moins la foi au Christ de l'Église que l'intérêt pour Jésus de Nazareth, pour sa vie, sa lutte et sa destinée. La foi christologique n'est pas niée pour autant, mais elle est mise entre parenthèses. Il s'agit davantage de découvrir qui est Jésus pour soi que de confesser la divinité et la Seigneurie du Christ. Il s'agit de faire une démarche ascendante, de partir d'en bas, c'est-à-dire de l'aventure historique de Jésus et de découvrir Jésus comme voie. Ce modèle est représenté par beaucoup de mouvements se réclamant de Jésus, par des groupes de partage autour des Évangiles et par nombre d'individus qui, se sentant à l'étroit dans le Christ du magistère, optent pour un Jésus en amont du christianisme, pour le Jésus d'avant l'Église. Le caractère exemplaire de Jésus de Nazareth inscrit dans le temps une incidence de pérennité. Au contact avec son expérience historique, chacun peut faire l'apprentissage de la vie spirituelle. Il y a une imitation du Christ qui n'est ni une copie passive ni une limitation outrageante de Jésus, mais le lieu d'une interprétation et d'un appel à advenir spirituellement.

La spiritualité laïque contemporaine connaît aussi une expression plus contemplative centrée sur le divin en soi. Cette démarche s'inspire entre autres de la tradition orthodoxe avec son apophatisme et sa méditation hésychaste, et des religions orientales avec leurs multiples techniques : postures physiques, concentration, visualisation, méditation. Ce type de spiritualité ne craint pas d'avoir recours à certaines thérapies et aux acquis de la psychologie humaniste et transpersonnelle. Il s'intéresse à la subjectivité, au Dieu immanent, à la découverte de soi, à la réalisation divine et à la transformation de la conscience. Il renoue volontiers avec la grande tradition mystique orthodoxe et catholique : les pères grecs, François d'Assise, Jean de la Croix, Thérèse d'Avila, Ignace de Loyola. Il porte aussi une attention particulière à certains courants spirituels négligés parce que soupçonnés d'hérésie par l'autorité magistérielle : Maître Eckhart, Hildegarde de Bingen, Julienne de Norwich, Hadewich d'Anvers, Mechtilde de Magdebourg et Marguerite Porète.

La spiritualité laïque contemporaine connaît un autre visage : celui de la solidarité et de l'engagement sociopolitique. Soucieux de la portée sociale du christianisme, conscients de la dimension structurelle du péché, stimulés par les philosophies de l'espérance et par les théologies de la libération, nombre de laïcs ont développé un modèle spirituel construit autour de l'action caritative ou de l'intervention transformatrice. À cet enseigne, les demeures sont nombreuses, et nombreuses les nuances : militance, solidarité avec les petits, option pour les pauvres, défense des droits humains, lutte écologique, non-violence, développement, aide au tiers-monde. À la base de toute spiritualité chrétienne engagée, il y a, d'une part, la conviction que le Règne annoncé par Jésus vise prioritairement les maganés de l'existence ; et, d'autre part, la reconnaissance de l'unité du genre humain et de la dignité inviolable de la personne. Il s'agit de faire advenir l'*humanum* en chacun et dans la société toute entière. Faire de chacun un humain intégral et de la planète une demeure accueillante.

Un dernier modèle de spiritualité laïque dans l'Église : la spiritualité féministe. Quelle que soit sa forme, militante, radicale, progressiste, réformiste ou rangée, la spiritualité féministe veut redéfinir en termes tout nouveaux le rapport homme-femme dans la société et dans l'Église. Depuis quelques décennies, une spiritualité féministe émergente cherche à se dire à travers les discours et les pratiques de nombreux groupes de chrétiennes dont les plus connus sont *Femmes et ministères*, *L'autre Parole* et *Le Groupe Féminisme et interspiritualités*. Cette spiritualité s'articule autour de deux pôles majeurs : la revendication et l'utopie.

La revendication comporte, d'une part, une critique de toutes structures, paroles et politiques discriminatoires qui perpétuent des modèles de domination masculine et infériorisent les femmes ; et, d'autre part, une révision du discours sur la nature et la fonction de la femme, et une pratique de libération et de refus à l'endroit de tout ce qui porte atteinte à la dignité de la femme comme partenaire égale de l'homme.

L'utopie se réfère à un modèle féminin que l'on souhaite voir se réaliser. La spiritualité féministe vise à faire advenir la femme comme sujet autonome ayant le droit et le pouvoir de se déterminer librement et de se définir elle-même en se libérant de tout stéréotype imposé par la culture masculine dominante. S'inventer, se donner naissance en laissant libre cours aux dynamismes émergents et aux énergies vitales primordiales. Cela passe prioritairement par la réappropriation du corps. Cette réappropriation consiste, selon Monique Dumais, « dans le rejet des déterminations anatomiques et de la fétichisation du corps des femmes que les hommes leur ont fait subir, » et elle « entraîne une reconnaissance des différentes parties du corps et de leur fonctionnement, le développement de relations positives avec le corps, et une émergence de toutes les sources d'énergie[19] ». Née des femmes, élaborée par les femmes pour les femmes et aussi… pour les hommes, même

19. Monique Dumais, « D'une morale imposée à une éthique auto-déterminée », dans le collectif Monique Dumais et Marie-Andrée Roy (dir.), *Souffles de femmes*, Montréal, Éd. Paulines, 1989, p. 126.

les clercs, la spiritualité féministe échappe radicalement au contrôle du système ecclésiastique dont elle met finalement en cause les bases anthropologiques et théologiques traditionnelles : ce qui est de nature à déstabiliser les structures fondamentales de l'Église.

La spiritualité laïque se réfère à la grande tradition chrétienne mais elle ne se limite pas à l'espace catholique. Elle se veut ouverte aux autres formes chrétiennes et aux grandes religions du monde. Elle sait aussi s'enrichir des apports de la psychologie, de la philosophie et même des sciences physiques. Ouverte volontiers à l'œcuménisme et au dialogue interreligieux, elle reste finalement une spiritualité chrétienne et trouve dans le christianisme son pôle intégrateur.

Pour clore ces réflexions, rappelons les caractéristiques spécifiques des spiritualités laïques rencontrées actuellement dans l'espace catholique québécois. Premièrement, elles trouvent dans l'Église catholique leur lieu d'inscription et dans la tradition chrétienne leur pôle intégrateur ; deuxièmement, elles se dégagent de l'encadrement juridique et du contrôle des autorités ecclésiastiques ; troisièmement, élaborée par les simples fidèles sur l'arrière-fond de la fâcheuse dichotomie clercs-laïcs, elles se vivent en tension, sinon en opposition avec le monde des clercs et des religieux consacrés.

III- La spiritualité séculière

Avec la spiritualité séculière, le principe spirituel sort du giron religieux institutionnel et se soustrait à l'influence directe et au contrôle d'une religion établie[20]. Le passage à une spiritualité séculière s'opère quand se dissolvent l'appartenance religieuse et la référence privilégiée à une tradition religieuse spécifique. Est séculière toute spiritualité qui, ne trouvant plus dans un cadre religieux son lieu d'inscription et son axe de focalisation, échappe aux limites d'une confession de foi et à la gouverne d'un pouvoir religieux. Séculier est opposé à religieux, plus précisément à religieux institutionnel. La spiritualité séculière s'inscrit dans la sécularité des structures sociales, épistémologiques et anthropologiques, mais

20. Dans cet essai le mot « laïc » est utilisé en contraste ou en opposition avec le mot « clerc », avec lequel il forme un couple typé à l'intérieur de l'Église. Les français emploient volontiers « laïc » en contraste avec « religieux », avec lequel il forme aussi un couple. Leur laïcité équivaut à ce que je désigne par « sécularité » ; leur « spiritualité laïque » correspond globalement à la « spiritualité séculière » dont je parle ici.

elle n'est de soi ni antireligieuse, ni athée, ni anti-théiste, même si elle peut prendre des livrées anti-cléricales. La sécularité désigne l'autonomie d'une personne et d'une société qui, cessant de se comprendre en référence aux symboles et aux systèmes religieux, se définissent à partir de leur nature propre, dans le respect des lois « internes » qui les régissent.

Deux causes ont favorisé l'émergence de la spiritualité séculière en Occident : le discrédit jeté sur le système chrétien et la sécularisation de la société. Le discrédit conduit graduellement à la désaffectation, à l'abandon passif ou au rejet agressif. Par ailleurs la sécularisation aboutit à la dissociation radicale du spirituel et du religieux institutionnel.

Discrédit

C'est un euphémisme d'affirmer que la cote de l'Église a baissé. Son prestige moral en a pris un coup ces dernières décennies. Il suffit que le pape ou un évêque ouvre la bouche pour qu'on ferme l'oreille. Ce discrédit qui s'est aggravé depuis l'encyclique *Humanæ Vitæ* de Paul VI dans les années 1960, peut s'expliquer de bien des manières. Les abus et les déboires de l'Église d'hier, son usage de la violence physique et psychologique, ses mécanismes de culpabilisation, son option pour les riches et les puissants, son cléricalisme autarcique, son immobilisme, son refus d'inculturation, son attachement à des structures obsolètes, sa langue de bois et ses positions morales, notamment sur la planification familiale, le divorce et la sexualité : autant de facteurs qui, conjugués ou pris isolément, contribuent au discrédit du système catholique romain. Les gens d'ici ont des griefs non réglés contre l'Église. À tort ou à raison, ils ont l'impression ou la certitude d'avoir été lésés et dupés, et ils ne peuvent plus se fier à des gens qui savent et qui se posent comme infaillibles. Non, ils ne veulent plus confier leur âme à ces gardiens soupçonneux de la liberté, ni leur champ spirituel à ces jardiniers suspects. Leur méfiance ne découle pas nécessairement de l'inconscience ou de la frivolité ; elle est généralement le fruit d'une déception et d'une blessure. Elle apparaît souvent comme l'envers d'une authentique passion pour l'humain et d'une vraie recherche spirituelle qui entend se déployer dans une aire d'autonomie et de liberté, loin de tout système qui prétend posséder les réponses et qui ne ménage rien pour les imposer.

La sécularisation

La religion, avons-nous dit, se veut totalisante, c'est-à-dire qu'elle entend couvrir et régler toutes sphères de la vie humaine, privée et publique. Toute religion instituée se déploie de manière à ne laisser inoccupée aucune zone d'humanité, aucun secteur de vie. Tout, de l'hygiène au culte en passant par l'éthique, le spirituel et le sociopolitique, relève du religieux institutionnel. Les religions ont été des éducatrices d'humanité. Elles ont montré aux gens incultes et analphabètes comment procréer, quoi manger, quand se laver, comment organiser les rapports sociaux, comment vivre et mourir. Elles ont considéré toutes ces activités humaines, *sub specie Dei*, c'est-à-dire en tant qu'elles prennent leur source en Dieu et qu'elles sont mystérieusement orientées vers Dieu. Si bien que les interdits concernant l'hygiène, la sexualité et la nourriture, tout autant que les prescriptions réglant les rapports sociaux et la vie personnelle, sont arrimés à un vouloir divin qui leur donne une autorité sans égale.

Mais voilà que par l'enclenchement du processus de sécularisation, les différents secteurs de la vie se dégagent graduellement de l'emprise des religions et des symboles surnaturels, et se déploient de façon autonome selon leurs lois propres. La sécularisation opère une transformation historique et culturelle radicale qui commande une nouvelle vision du monde et implique un réaménagement des mentalités et des façons de vivre. Le monde possède une signification propre et une cohérence intrinsèque. L'être humain prend conscience de son rôle créateur dans ce monde où les choses tirent leur sens de leur insertion dans l'histoire et dans le monde. À l'autorité de droit divin se substitue celle des chartes et des lois humaines. Ainsi se trouvent reconnues la valeur et la dignité des choses en elles-mêmes, de par leur nature même. Qu'il suffise pour notre propos d'évoquer ici quelques jalons de la sécularisation dans le judéo-christianisme.

Les domaines de l'hygiène, de la diététique et de la santé ont occupé une place de choix dans le judaïsme, avec ses milliers de prescriptions, d'interdits et de rites de purification. Sur l'arrière fond du schéma dualiste pur-impur, le judaïsme a identifié la sainteté à la pureté. C'est au nom même de la sainteté de Dieu que le juif doit se soumettre aux diktats de pureté. « Tu seras saint, comme je suis saint », telle est la façon dont le Lévitique formule la loi de sainteté. L'arsenal juif de prescriptions et d'interdits n'a pas passé le test du christianisme. Même la circoncision, ordonnée par Yahvé lui-même comme signe de son alliance, a été délaissée par les chrétiens. L'abandon du schème pur-impur a entraîné l'abolition de tout ce qu'il impliquait.

Ensuite le domaine sociopolitique s'est dégagé graduellement, mais non sans peine, de l'emprise de la religion. Les rapports du politique et du religieux chrétien ont connu trois grands moments : l'Église dans l'État (Antiquité) ; l'État dans l'Église (Moyen Âge) ; l'Église et l'État (Modernité). Il aura fallu cinq siècles pour que les États puissent se dégager de l'emprise omnipuissante de l'Église catholique et que Rome reconnaisse à contrecœur leur droit à l'autodétermination. Cette lente et pénible laïcisation du domaine sociopolitique est allée de pair avec la sécularisation de la science, de la philosophie et enfin de l'éthique : ce qui ne s'est pas accompli non plus sans anathème de la part des autorités ecclésiastiques. L'humanisme séculier ne reconnaît d'autorité à l'Église que dans le domaine spécifiquement religieux, auquel le spirituel appartenait, pensait-on, essentiellement et obligatoirement.

Mais voilà qu'au cours des dernières décennies le spirituel a subi, lui aussi, les effets de la sécularisation ; il s'est détaché de son lieu d'inscription traditionnel et a gagné son autonomie. Nous assistons aujourd'hui à un phénomène culturel inédit : la dissociation privée et publique du religieux et du spirituel. Le principe spirituel sort du temple ; il se libère de l'encadrement et de la mainmise du religieux institutionnel. Dom Le Saux disait avec humour : « L'Église catholique se glorifie de posséder l'Esprit. Sans doute mais en cage[21]. » Voilà que le principe spirituel déploie ses ailes et prend le grand large. Sous son impulsion prend forme un nouveau modèle spirituel : la spiritualité séculière. Cette spiritualité n'est pas confessionnelle ; elle ne s'inscrit pas à l'intérieur d'une foi ou d'un système de croyance particulière. Ni religieuse ; elle ne s'inscrit pas non plus dans le cadre d'une religion instituée, nouvelle ou ancienne. Elle n'est pas pour autant nécessairement agnostique, athée ou non théiste, bien qu'elle puisse prendre l'une ou l'autre de ces formes. Une spiritualité est dite

21. Marie-Madeleine Davy, *Henri Le Saux*, p. 115.

séculière quand elle trouve son fondement non plus en Dieu ou dans une religion, mais dans l'être humain lui-même et quand elle s'inscrit dans les grands schèmes de l'humanisme séculier.

La spiritualité séculière est pluraliste. Elle fait flèche de tout bois et incorpore dans un discours encore balbutiant tous les éléments pertinents, où qu'ils se trouvent : dans les religions, dans les sciences, dans la psychologie et dans la philosophie. Aucun credo, aucune frontière, aucune autorité extérieure ne peut la museler. À quelle enseigne la spiritualité séculière peut-elle donc loger ?

Lieux d'inscription

Les discours gnostiques et psychologiques peuvent lui servir de lieux d'inscription, tout autant que les discours scientifiques, sociopolitiques et philosophiques. Les modèles de spiritualité inscrits dans ces discours sont généralement portés par des groupes, des associations ou des réseaux qui en assument la diffusion dans le monde.

Le discours gnostique et ésotérique sert de matrice principale à une spiritualité séculière qui occupe une large place dans l'espace publique. La voie gnostique et ésotérique se situe au-delà de toutes formes religieuses instituées; elles cherchent la voie de réalisation dans la connaissance de soi comme fragment divin. J'ai exposé cette voie spirituelle dans *Le cortège des fous de Dieu*[22]. Que ce soit George Ivanovitch Gurdjieff avec ses Cercles, Madame Blavatsky avec sa Société théosophique, Rudolf Steiner avec sa Société anthroposophique, Mikhaël Aivanhov avec sa Fraternité Blanche Universelle et Spencer Lewis avec son Ordre Rosicrucien, tous ces auteurs, de concert avec une foule de théosophes illuminés, tels le Comte de Cagliastro, L. Claude de Saint-Germain, Swedenborg et Jacob Böhme, ont inscrit leur spiritualité dans un logos gnostique et ésotérique qui considère l'univers comme un être pourvu d'une âme vivante et qui pose une relation d'universelle sympathie entre tous les vivants.

Parallèlement, le discours psychologique s'avère un lieu d'inscription très important de la spiritualité séculière. La psychologie humaniste et transpersonnelle a offert la matrice à un modèle spirituel cherchant l'accomplissement de soi dans l'expansion de la

22. R. Bergeron, *Le cortège des fous de Dieu*, p. 241-290.

conscience, dans des expériences sommets et dans la découverte de pouvoirs paranormaux. Grâce aux diverses thérapies transpersonnelles, il s'agit, en transgressant l'ego et le moi, de développer intégralement son potentiel humain, d'accéder à des niveaux supérieurs de conscience et à la dimension transcendante de l'être humain. Ici la recherche spirituelle est greffée essentiellement sur « des démarches psychologiques poussées à leurs limites et visant les sommets de la croissance de l'être humain : l'accès au Transcendant et l'actualisation de la nature divine de chacun[23] ». Les grands noms de cette école qui pousse ses racines lointaines chez Karl Jung, sont Abraham Maslow, Carl Rodgers, William Schutz, Roberto Assagioli, Ken Wilber et Arthur Deikman et dans une ligne un peu différente Thomas Moore et Erich Fromm.

La convergence des mouvements spirituels gnostiques et transpersonnels a débouché dans les années 1980 sur le mouvement du Nouvel Âge qui a formé un immense réseau de personnes et d'associations, indépendantes les unes des autres, dont la mecque est Esalem Institute, à Big Sun en Californie. Le Nouvel Âge est caractérisé par la conviction que l'humanité est à un tournant majeur de son évolution, à l'aube de l'ère astrologique du Verseau qui sera un âge d'harmonie et de conscience planétaire, marqué au coin d'une nouvelle spiritualité construite autour de la réalisation du Soi divin par le déploiement de son potentiel et par la transformation psychique. Cette réalisation spirituelle s'accomplit sous la loi de la réincarnation et s'inscrit dans le processus général de l'évolution qui est à la base de la démarche spirituelle[24].

Le troisième lien où s'inscrit la spiritualité séculière est le discours sociopolitique, celui-ci présente de nombreuses facettes selon les domaines de l'espace publique qu'il veut analyser. Les sciences sociales et économiques servent de support à la spiritualité qui cherche à s'exprimer dans les mouvements communautaires, dans les organismes humanitaires, dans les groupes de défense des droits humains et dans les mouvements de lutte pour la justice. D'*Amnistie internationale* à *Enfants-Soleil* et à *Médecins sans frontières*, ils

---

23. Pierre Pelletier, *Les thérapies transpersonnelles*, Montréal, Fides, 1996, p. 15. Ce livre fait une excellente présentation de la spiritualité transpersonnelle.

24. Sur la spiritualité du Nouvel Âge voir ; Richard Bergeron, Alain Bouchard et Pierre Pelletier, *Le Nouvel Âge en question*, Montréal, Éd. Paulines, 1992, surtout p. 61-90.

sont multiples et extrêmement variés les organismes de charité, de solidarité et de militance dans lesquels une foule de personnes coulent leur spiritualité. Tous ces groupes s'inscrivent dans des valeurs humanistes, et se réfèrent aux droits individuels et collectifs pour fonder leur théorie spirituelle et leur action caritative et sociopolitique. Ils peuvent se référer autant à l'exemple de mère Teresa, de Gandhi, de Martin Luther King, de l'abbé Pierre que du socialisme de Karl Marx, de la pensée politique de Charles Taylor et de Noam Chomsky, ou de la critique subversive propagée dans la littérature dite « alternative ».

Autre lieu important où la spiritualité séculière vient s'inscrire : le discours scientifique. Le rapprochement entre le spirituel et les sciences, surtout la biologie et la physique, indique que plusieurs savants ont fait le pas. Ayant dépassé la perspective mécaniste et positiviste, ils ont pu reconnaître des liens entre la spiritualité et la science et ont fait une place plus importante à la subjectivité et partant à ce qui échappe à la mesure et dépasse la matière. C'est ainsi que les Fritjof Capra, les Ilya Prigogine, les Rupert Sheldrake, les Karl Pribram et les Charles Tart — tous physiciens ou biologistes — tentent de trouver dans la structure neuropsychologique les assises de la spiritualité. On a parlé dernièrement de cerveau mystique. Par ailleurs des astrophysiciens, tels Hubert Reeves et Albert Jacquard, tentent de situer l'évolution spirituelle dans le grand processus du devenir cosmique. Sans oublier le très célèbre généticien David Suzuki, qui réintroduit la dimension spirituelle dans sa réflexion sur la place de l'être humain dans l'univers[25]. Tous ces savants, et bien d'autres encore, pensent qu'il est possible de surmonter l'antagonisme traditionnel entre la science et la religion et de rester dans le champ de la science pour développer sa spiritualité.

Enfin la spiritualité séculière actuelle trouve aussi son lien d'inscription dans la philosophie avec laquelle elle a d'ailleurs toujours eu de grandes affinités. Beaucoup de philosophes, dépassant la dimension abstraite et conceptuelle de la philosophie reviennent à la conception ancienne de la philosophe qui avait comme horizon le changement personnel et la transformation de soi. La philosophie

25. David Suzuki télédifuse l'émission « The Nature of Things » depuis plus de quarante ans dans plus de soixante pays à travers le monde. Il a publié, entre autres, *L'équilibre sacré*, Montréal, Fides, 2001.

comme mode de vie prend le relais de la philosophie comme discipline académique. C'est pour venir au secours des individus désolés et en manque de sens que s'est développé un nouveau genre de philosophie populaire pratique. Qu'il s'agisse de Pierre Hadot (*La philosophie comme manière de vivre*), de Roger-Pol Droit (*101 expériences de philosophie quotidienne*), de Michel Onfray (*Anti-manuel de Philosophie*), de Jean-Michel Bernier (*Réflexions sur la sagesse*), d'Alain de Botton (*Les consolations de la philosophie*), de Luc Ferry (*L'homme-Dieu ou le sens de la Vie)* et d'André Comte-Sponville (*Petit traité des grandes vertus*), tous ces philosophes tentent de répondre aux questions « Comment dois-je vivre ? » et « Que m'est-il permis d'espérer ? », dans cette absence de certitude et dans cette déconstruction du sens. Plus précisément, certains, comme Luc Ferry et André Comte-Sponville, cherchent à élaborer une spiritualité séculière arrimée à la modernité. Tel est l'objectif déclaré de leur dialogue publié chez Laffont dans *La Sagesse des modernes*, en 1998. Au Québec, Jacques Dufresne avec *Agora* et Jacques Perron avec sa Compagnie des Philosophes, représentent cette tendance philosophique.

La spiritualité séculière prend plusieurs formes selon son lieu d'inscription. Chaque lieu d'inscription favorise le développement de l'un ou l'autre des trois grands modèles spirituels. L'inscription scientifique favorise la spiritualité cosmique : l'inscription sociale et politique la spiritualité prophétique ; et l'inscription philosophique, gnostique et psychologique, la spiritualité mystique. Encore qu'il faudrait nuancer et compléter ce qui vient d'être dit.

Finalement, la spiritualité séculière est volontiers théiste ou déiste au sens où elle entend s'aboucher, au-delà des religions instituées, avec un Dieu inconnu ou à un divin immanent conçu comme énergie cosmique ou comme fragment de mon être. La spiritualité du Nouvel Âge est de ce type. Placide Gaboury a développé chez nous un modèle théiste de spiritualité en se réclamant d'un *philosophia perennis* ou d'une tradition primordiale antérieure à toute forme religieuse historique. Les spiritualités qui s'inspirent du transpersonnel et du potentiel humain sont de cette enseigne.

La spiritualité séculière prendra ainsi une forme non théiste à l'instar du bouddhisme qui tait la question de Dieu et pose la vacuité absolue sans nier explicitement la divinité ; ou une forme résolument agnostique, comme chez Albert Jacquard qui déclare explicitement : « Je ne suis pas croyant… je ne suis nullement “athée”. Je suis, comme beaucoup, agnostique, c’est-à-dire conscient de mon incapacité de dire quoi que ce soit de ce qu’il est convenu de désigner par le mot Dieu[26]. » Quant à Hubert Reeves, il serait prêt à admettre que la poussée évolutive inscrite dans la nature corresponde à un projet. « De qui, de quoi, pour qui, pourquoi ? Je n’en sais rien. Je m’arrêterai là, conscient du fait que peut-être déjà, en énonçant un mot, je suis allé trop loin […][27]. » Dans ses *Intimes convictions*, il semble faire le saut dans le théisme : « Je tourne encore en rond au sujet de la vie après la mort… Mais j’ai la Foi profonde (comme la foi du charbonnier) que la Réalité, la Vie, l’Univers, quelque part, ont un sens. Je persiste à le croire face aux horreurs vues quotidiennement à la télé… Je ne peux croire en écoutant Mozart que l’être humain ne soit que le fruit d’un ensemble de hasards et que sa destinée ne veuille rien dire nulle part. J’ai l’idée depuis très longtemps que, si je suis intelligent, il y a quelque chose d’au moins aussi intelligent que moi, et vraisemblablement beaucoup plus. Je dis “Quelque chose” plutôt que “Quelqu’un” pour ne l’enfermer dans aucun concept, aucun credo[28]. »

À la limite la spiritualité séculière prend une forme expressément athée. Les spiritualités de Luc Ferry et d’André Comte-Sponville sont des spiritualités sans Dieu. C’est ici que la sécularisation de la spiritualité parvient à son expression ultime qu’on n’aurait jamais crue possible. Aucune contradiction entre athéisme et spiritualité. Voici comment André Comte-Sponville articule le lien entre les deux : « Le fait de ne pas croire en Dieu ne dispense pas d’être un être humain. Être un être humain, c’est vivre avec la pensée, s’interroger sur le sens de notre vie, sur notre rapport au temps, à la mort, à autrui. Un athée qui voudrait se dispenser de toute vie spirituelle devrait finalement s’amputer d’une partie majeure d’une vie simplement humaine. Vivre sans Dieu, cela ne veut pas dire vivre sans esprit. Il va de soi que les croyants doivent vivre leur spiritualité à l’intérieur de la foi ; mais il reste à ceux qui n’ont aucune foi à

26. Albert Jacquard, *Petite philosophie à l’usage des non-philosophes*, Paris, Calmann-Lévy, 1997, p. 172.

27. Hubert Reeves, *L’espace prend la forme de mon regard*, Paris, Seuil, 1999, p. 70, paru pour la première fois en 1995 au Québec aux Éditions l’Essentiel.

28. Hubert Reeves, *Intimes convictions*, Montréal, Stanké, 1997, p. 54 et 56.

s'inventer une spiritualité sans dieux. C'est pourquoi, pour ma part, j'ai toujours accordé de l'importance aux traditions de sagesse antique, car j'y ai trouvé l'attestation qu'une spiritualité sans dieu était possible, j'y ai trouvé le chemin qui m'a permis, en tant que philosophe, d'inventer une sagesse pour notre temps. Et c'est là que la philosophie a un rôle important à jouer car elle est, par définition, une aventure spirituelle qui, en vingt-cinq siècles, a déployé des trésors innombrables dont beaucoup sont justement des philosophies sans dieu. Et de ce point de vue, la philosophie propose plusieurs chemins à ceux qui veulent vivre cette aventure spirituelle qu'est la vie humaine, indépendamment de quelque religion que ce soit[29]. »

Quelles qu'en soient leurs formes, les spiritualités séculières sont toujours ancrée dans la subjectivité de l'*homo spiritualis.* Loin des cadres prédéterminés et des structures qui décrivent des chemins tout tracés d'avance, l'*homo spiritualis* séculier marche comme un itinérant. Pas de routes balisées, pas de sentiers battus. Sa quête est marche, voyage, itinérance. La voie spirituelle séculière est itinéraire plus que chemin, invention plus que suite. Le spirituel séculier est appelé à servir son maître intérieur, c'est-à-dire son flair ou instinct spirituel et à se méfier de ceux qui ont la réponse[30].

29. André COMTE-SPONVILLE, Interview dans *Page des librairies*, avril-mai 1998, p. 43-44, cité par Jean VERNETTE, *Nouvelles spiritualités et nouvelles sagesses*, Paris, Bayard, 1999, p. 133.

30. Sur le discernement des gourous, voir Pierre PELLETIER, *Le nectar et le poison*, Montréal, Médiaspaul, 1999. Sur la spiritualité séculière, voir Jean VERNETTE, *Nouvelles spiritualités et nouvelles sagesses*.

QUATRIÈME PARTIE

Pour une spiritualité d'avenir

Dans cette dernière partie, je ne prétends pas poser au prophète ni jeter un regard futuriste sur ce que sera la spiritualité demain. Mon but est de dégager les grands traits d'une spiritualité porteuse de promesses d'avenir, compte tenu de l'histoire, de la culture, des avancés de la science et des conditions socioreligieuses qui prévalent aujourd'hui. Je ne débats pas ici de l'avenir de la spiritualité, mais d'une spiritualité d'avenir. S'il peut sembler un peu théorique, mon discours ne relève en rien de l'utopie ou de la fantaisie. Au contraire, il entend s'arrimer solidement à la réalité culturelle et sociopolitique actuelle. Un regard attentif sur la société laisse percevoir dans l'espace public occidental des signes d'une ébullition spirituelle annonciatrice d'un nouveau modèle de spiritualité conforme aux requêtes de l'homme séculier, conscient de sa propre subjectivité, soupçonneux des religions objectives et des Églises établies, critique face aux apories de la modernité et ouvert aux différentes cultures.

De nouveaux surgeons spirituels germent un peu partout dans les fissures de la modernité et dans les béances creusées par la technologie et la raison instrumentale. Un nouveau modèle de spiritualité s'impose en réponse aux requêtes de la culture séculière et de la nouvelle sensibilité. Cette spiritualité d'avenir fleurira sur la place publique, sans allégeance obligée à un système religieux particulier. Elle se présentera davantage sous des formes ponctuelles ou dans des réseaux alternatifs en marge de la philosophie dominante, des idées reçues et des structures établies. Elle prendra place aux côtés des réveils pentecôtistes et évangéliques, des spiritualités intégristes, messianiques et fondamentalistes, et des mouvements de piété populaire. Autant de modèles spirituels qui persisteront dans le futur, mais qui ne sont pas porteurs d'avenir pour l'humanité. Ce sont généralement des spiritualités de restauration qui revivifient le passé et soumettent l'âme contemporaine au gabarit de textes écrits pour d'autres temps et sous d'autres cieux. Même si elles connaissent du succès à court terme, ces tentatives de restauration sont finalement vouées à l'échec, car elles sont un jour ou l'autre rattrapées par les requêtes du savoir et les impératifs de la culture.

La spiritualité d'avenir ne sera peut-être jamais l'apanage des masses. Spiritualité de pointe, elle agira comme tête chercheuse. Les croisades, les embrigadements, les processions et les grands rassemblements ne sont plus de nature à combler les vides spirituels, à réveiller les consciences somnolentes et à apaiser les soifs de l'âme contemporaine. La crise est trop profonde pour qu'un *pep talk*, un discours « motivateur » ou un cri de ralliement puisse agir efficacement. Que faut-il ? Rien de moins que redonner à l'être humain son âme profonde, le remettre en contact avec son centre, le rendre capable d'écouter la mélodie du réel et lui faire retrouver son unité avec la nature, avec les autres et finalement avec soi-même, et plus profondément avec son Dieu. N'a d'avenir qu'une spiritualité apte à réaliser cette métamorphose.

Cette dernière partie s'emploie à brosser à grands traits l'esquisse de cette spiritualité d'avenir que je voudrais faire mienne.

CHAPITRE 10

Une spiritualité d'enracinement et de résistance

J'ai posé plus haut, au chapitre deux, les fondements anthropologiques de la spiritualité. J'ai montré que la vie spirituelle s'enracine dans la nature même de l'être humain vu dans sa triple dimension cosmique, relationnelle et individuelle. L'homme trine est, dans son essence, un sujet spirituel, un *homo spiritualis.* L'anthropologie philosophique, qui développe le concept de nature humaine, est indispensable pour fonder théoriquement la vie spirituelle. Mais ce concept de nature est insuffisant parce qu'abstrait. Il doit être complété par celui de culture, car la nature humaine n'existe qu'enculturée, qu'inscrite dans une culture. L'*homo spiritualis* n'existe pas en soi à l'état de pure nature, mais uniquement dans la spatio-temporalité, à un point bien précis de l'histoire et de l'évolution. L'anthropologie culturelle, qui étudie l'être humain dans son rapport à l'environnement social, est appelée à servir d'assise concrète à la spiritualité. Toute spiritualité vraie et porteuse d'avenir se doit d'intégrer les acquis culturels. L'*homo spiritualis* grec devait édifier la spiritualité sur la culture grecque; le médiéval, sur la culture médiévale. De même l'*homo spiritualis* moderne n'a d'autre choix que d'asseoir la sienne sur la culture moderne. Un modèle inédit de spiritualité est appelé à voir le jour; un modèle capable d'intégrer les acquis de la culture contemporaine et de s'aboucher avec les conditions socio-historiques et culturelles, tout en dénonçant les apories et les déséquilibres de la modernité et en en refusant les règles du jeu falsifiées. Spiritualité d'enracinement et de résistance.

La société, avec sa culture et son art de vivre, est un phénomène dialectique : elle est la création de l'homme et l'homme est sa créature. L'individu produit la société et il est produit par elle. Tout en étant antérieure à la personne singulière, la société est la conséquence du savoir, de la conscience et de l'activité des individus. C'est au sein de la société que l'individu devient personne ; c'est en réaction aux processus sociaux qu'il trouve et fabrique son identité. Tout changement de société entraîne donc infailliblement une transformation de l'individu et de sa conscience. Cela a des conséquences considérables sur la démarche spirituelle et sur l'édification de la spiritualité. La modernité a induit un nouveau modèle d'humanité. L'homme contemporain est autant *homo spiritualis* que l'homme d'antan. Mais sa nouvelle détermination socioculturelle commande un nouveau type de spiritualité. Les anciennes spiritualités, correspondant à un paradigme socioculturel dépassé, sont invalidées ou falsifiées : elles ne sont plus aptes à encadrer la démarche spirituelle de l'homme moderne, hyper-moderne ou post-moderne. Aussi sont-elles tombées en désuétude. Tous les efforts de réinterprétation, de réaménagement, d'adaptation et de mise à jour se sont avérés incapables de les revalider et de leur octroyer une nouvelle crédibilité. Il est donc urgent de se convertir à un nouveau modèle spirituel bien arrimé à la nouvelle configuration anthropologique et culturelle, et capable d'intégrer les acquis de la modernité.

Je me contenterai de développer trois coordonnées importantes pour notre propos. Au cours des derniers siècles, l'homme occidental a fait trois découvertes qui seront déterminantes pour la définition de sa vie spirituelle : il a pris conscience de la réalité du monde, de la centralité du sujet humain et de l'autonomie de la société. Cette triple prise de conscience est de nature à modifier de fond en comble ses rapports au cosmos, aux autres et à soi-même autour desquels s'articule toute vie spirituelle authentique. Le rapport au divin s'en trouvera profondément affecté.

I- L'enracinement

La réalité du monde.

Ce monde-ci est *réel*. Cette affirmation, qui relève pour nous de l'évidence, représente une difficile conquête de la pensée occidentale, de la pensée humaine tout court. L'orient affirme depuis toujours le caractère illusoire du monde. Quant à l'Occident chrétien, il a reposé tout au long du premier millénaire sur la conception platonicienne et plotinienne du monde, selon laquelle seules existent les idées éternelles, le monde matériel n'étant qu'une ombre évanescente. Toutes les spiritualités chrétiennes jusqu'à la scolastique, au XIIIe siècle, ont été construites sur l'irréalité du monde. D'où les tendances docètes, contemplatives, ascétiques, spiritualistes et surnaturalistes de ces spiritualités.

Il aura fallu le grand débarquement en Europe de la philosophie d'Aristote, grâce surtout aux œuvres du philosophe musulman Averroès, pour que l'occident chrétien découvre la densité ontologique du monde. En opposition aux essences éternelles de Platon, Aristote a posé la réalité de l'univers. La pensée aristotélicienne a exercé une influence considérable sur la formation et le développement de la scolastique, surtout thomiste, et par là, sur toute la pensée occidentale. Nouvelle conception du monde, nouvelle théologie et nouvelle spiritualité. Renouveau théologique avec la scolastique; renouveau spirituel avec les ordres mendiants.

Or, s'il est vrai que, sous l'influence de la pensée réaliste d'Aristote et de la scolastique, le christianisme a accédé à l'idée de nature et à la découverte de la densité ontologique du monde, il n'en demeure pas moins que ce réalisme théorique s'est pratiquement estompé dans la conscience chrétienne grâce à l'insistance unilatérale sur l'idée de création. En conséquence le réalisme aristotélicien et thomiste n'a pas réussi à modifier pour de bon le rapport au monde, qui est demeuré contemplatif. La perspective créationnelle a continué à dominer et à oblitérer la réalité naturelle. En percevant les biens éternels comme étant la réalité par excellence, le Moyen Âge a eu, lui aussi, tendance à méconnaître la valeur du fini et du temporel. Le monde créé n'était plus que signe du créateur; les choses d'en-bas, que reflet des réalités d'en-haut; et le temps, que simple préparation. Le caractère symbolique de la création était éprouvé avec une telle intensité qu'on avait du mal à en reconnaître la réalité et la signification propre. Reflet et miroir du créateur, le cosmos était vu comme un tremplin servant à prendre son élan vers la transcendance.

Grâce à l'avènement des sciences, la modernité a redécouvert l'authentique réalité du monde matériel et de l'être fini, sa vérité profonde, sa structure intrinsèque ouverte à la nouveauté, et ses potentialités incalculables pour l'action humaine. Le monde est posé comme une donnée immédiatement offerte sans halo enchanteur et sans court-circuit religieux. Il est là avec son épaisseur, sa rigueur, sa valeur et sa vérité. Le réalisme du monde fini et l'objectivité stricte de ses lois s'imposent dorénavant à la conscience. Cette reconnaissance de la réalité du monde et de l'autonomie de son fonctionnement n'implique pas, de soi, la négation des idées de création et de providence et n'élimine pas, de soi, le caractère épiphanique ni la fonction révélationnelle du cosmos. On peut affirmer la densité ontologique et l'autonomie du monde et de son fonctionnement d'une manière neutre, tout en continuant de poser sa qualité symbolique. Ce que le chrétien est appelé à refuser, c'est la prétention du cosmos à l'indépendance absolue. La qualité symbolique de l'univers découle de sa réalité; l'autonomie du cosmos prend ultimement appui sur l'acte créateur. La loyauté et la justice à l'endroit du réel et de sa structure interne doivent présider autant à la connaissance de l'univers qu'à l'action dans le monde.

La reconnaissance de la réalité autonome du monde détermine un nouveau rapport au cosmos, de type technologique celui-là. Délesté de son caractère sacré et soustrait à la gouverne immédiate de Dieu et à l'influence d'entités célestes ou de génies hostiles, l'univers remis à lui-même déploie son logos immanent, grâce à un processus évolutif géré par les seules lois intrinsèques de la matière. Ce monde désenchanté et profane apparaît comme une gigantesque mécanique dont on peut connaître et maîtriser les lois et les fonctionnements, comme un immense réservoir d'énergies infiniment renouvelables et comme une carrière inépuisable d'où les êtres humains tirent les matériaux avec lesquels ils construisent leur propre monde. La planète est une chose à transformer. En développant des instruments appropriés, la technologie induit une capacité de production presque illimitée. Repoussant aux oubliettes la société de subsistance qui l'a précédé, un nouveau modèle social voit le jour, caractérisé par la production et la consommation, et par l'abondance des biens matériels et culturels. La nouvelle spiritualité est appelée à s'édifier sur cette reconnaissance de la réalité du monde.

L'émergence du sujet

On ne peut nier que l'idée de personne libre soit un héritage du christianisme. La liberté vient du judaïsme; la personnalité, de l'hellénisme. Mais l'émergence du sujet autonome et pensant face au monde objectif est le fruit de la rationalité moderne. L'enjeu de cette rationalité est d'affirmer l'autonomie de la raison et de libérer l'intelligence et la conscience des résidus de crédulité et de superstition, ainsi que de tous les atavismes liés à la magie et à la religion. Le réel échappe ainsi à la jauge des croyances et de la naïveté précritique pour se soumettre à la froide normativité de la science et de la raison philosophique.

En instaurant un fossé entre le sujet connaissant et l'objet connu, entre la conscience individuelle et l'univers objectif, la rationalité fonctionnelle a favorisé l'émergence, en face du cosmos, du sujet humain. Libéré des liens organiques qui l'assujettissaient au processus cosmique, l'être humain, devenu capable de se fixer des buts à sa guise et d'organiser le monde selon ses besoins et ses désirs, se pose en quelque sorte comme centre de gravité et point de focalisation des ressources de l'univers. Le cosmos pour l'homme. On passe de l'héliocentrisme à l'anthropocentrisme, de l'ethnie à l'individu, de la collectivité au sujet. Émergé des brumes cosmiques, le sujet se dresse avec sa conscience autonome, sa dignité immanente, ses composantes physiques et psychologiques, ses droits fondamentaux et ses valeurs démocratiques, entre autres, l'égalité de tous les êtres humains au-delà des différences de race, de religion, de culture. Mais par-dessus tout, la solidarité historique de tous les terriens engagés dans la même aventure et responsables *in solido* de l'avenir de l'humanité.

Le sujet individuel pourvu de droits naît au XVIIe siècle. Tout commence pour ainsi dire avec le « *cogito, ergo sum* » de Descartes. « Il ne s'agit pas là de la conclusion d'un raisonnement, écrit Walter Kasper, mais de l'évidence donnée immédiatement dans l'acte de penser : "Je suis une chose qui pense." » Ce point de départ, dans l'*ego cogito*, du sujet qui se comprend comme sujet, devient par la suite pour toute l'époque moderne, le point d'Archimède; la subjectivité devient la forme et l'attitude de la pensée moderne. Kant a appelé cela la révolution copernicienne[1]. »

Le romantisme du XIXe siècle viendra compléter l'émergence philosophique de la subjectivité autonome en conférant de nouveaux droits relatifs, ceux-là, au psychisme humain, comme le droit de s'occuper de ses sentiments, de ses humeurs et de ses états intérieurs, en un mot le droit de prendre soin de son âme[2]. Le romantisme va ouvrir les voies à l'avènement des sciences du sujet, comme la psychanalyse et la psychologie, qui ne tarderont pas à révéler les profondeurs inconscientes et la structure énigmatique de la psyché humaine.

L'individu n'est pas un atome mû par les forces aveugles du vitalisme et le l'égoïsme. Il est appelé à user de sa raison et de sa liberté pour faire des choix justes. Si l'autonomie, l'esprit d'entreprise et le sens des responsabilités sont devenus des qualités essentielles de l'homme moderne, il n'en demeure pas moins qu'elles sont éprouvées comme des fardeaux de plus en plus lourds pour le sujet autonome confronté à lui-même et seul face aux libertés qui se dressent, aux normes qui s'estompent et aux hiérarchies qui s'écroulent. L'individu, dans sa subjectivité, est renvoyé à lui-même dans tous ses choix fondamentaux. Aucune autorité ne peut se substituer à sa conscience pour lui montrer la route à suivre sans risque. « Il en résulte, écrit Roland Chagnon, que la condition normale de la conscience moderne, c'est celle de la responsabilité et de la liberté, avec leurs avatars, c'est-à-dire l'anxiété et l'angoisse[3]. » Cette vision anthropologique centrée sur la subjectivité autonome est un acquis de la modernité, auquel doit s'arrimer toute spiritualité qui se veut porteuse d'avenir pour l'humain individuel et collectif[4].

La sécularité socioculturelle

La modernité a ébranlé le régime de la chrétienté et son paradigme sociopolitique. Le processus de laïcisation a mis fin à l'hégémonie de

1. Walter KASPER, *Le Dieu des chrétiens*, Paris, Cerf, 1982, p. 34-35.

2. J'emploie l'expression au sens du titre du livre de Thomas MOORE, *Le soin de l'âme*, Paris, Éd. J'ai lu, 1994.

3. Roland CHAGNON, « La clientèle-cible et ses motivations », dans *Medium* 28-29 (1987) p. 20.

4. Sur la genèse du sujet dans la modernité, voir l'importante étude de Charles TAYLOR, *Les sources du moi. La formation de l'identité moderne*, Montréal, Boréal, 1998.

la religion. Tous les secteurs de la société et de la culture se sont affranchis graduellement de l'autorité et de l'influence des institutions et des symboles religieux dominants. Chaque domaine a conquis son autonomie, développé son idéologie et inventé ses propres règles de fonctionnement. Dorénavant la vie publique échappe au contrôle religieux. On ne reconnaît plus à la religion sa pertinence dans la définition et la gérance des institutions sociales.

La société devient séculière, la culture également. Elles s'organisent, l'une et l'autre, sans référence au divin, au religieux, au sacré ou au transcendant. Résolument profanes, elles proposent une manière de vivre sur un horizon terrestre en dehors de toute référence supramondaine. Conséquences graves : effondrement de toutes les légitimations religieuses de l'ordre socio-politique, perte de la pertinence sociale de la religion, effritement de la crédibilité des institutions et des symboles religieux. D'où grave crise d'identité collective et individuelle.

La sécularisation ne touche pas que les structures objectives de la société, elle atteint l'âme et la conscience individuelles qui deviennent séculières à leur tour. L'homme moderne cherche à se comprendre selon les seules exigences de la raison autonome en faisant appel à la philosophie et aux sciences humaines. La conscience séculière n'est pas forcément athée, agnostique ou anticléricale, mais elle est spontanément soupçonneuse de toute institution qui, au nom d'un savoir infaillible ou d'une révélation d'en-haut, se pose en instance autorisée pour dire les valeurs, interpréter le réel et imposer un chemin tracé d'avance et valable pour tous indistinctement.

Conséquences pour la spiritualité

Les nouvelles représentations cosmologiques et anthropologiques auront des conséquences très graves pour la question de Dieu et pour celle de l'homme dans son rapport à Dieu. Partant elles ne manqueront pas de faire sentir leur influence sur la théologie et la spiritualité qui ne peuvent se contenter de répéter les vieux schèmes en les fardant d'une touche de modernité.

Les spiritualités traditionnelles incapables de résister aux critiques des maîtres du soupçon et de s'aboucher avec les acquis de la modernité, sont fortement ébranlées, sinon totalement falsifiées. Paul Ricœur écrit : « Ne peuvent survivre que des spiritualités qui rendent compte de la responsabilité de l'homme, qui donnent valeur à l'existence temporelle, au monde technique et, d'une façon générale, à l'histoire. Devront mourir les spiritualités d'évasion, les spiritualités dualistes [...]. En général, je pense que les formes de spiritualité qui ne peuvent rendre compte de la dimension historique de l'homme devront succomber sous la pression de la civilisation technique[5]. » C'est dire que toute spiritualité qui se veut porteuse d'avenir doit trouver son fondement concret dans l'anthropologie culturelle et prendre racine dans les acquis de la modernité, c'est-à-dire la réalité du monde, l'autonomie du sujet individuel et la sécularité de la société de la culture.

Est grosse de promesses toute spiritualité qui trouve son fondement dans la densité ontologique de l'univers et qui reconnaît la validité du rapport technique au monde et la possibilité d'une action transformatrice. À l'inverse doit être critiquée, sinon disqualifiée toute spiritualité qui nie le réalisme de l'univers et le réduit à l'état d'ombre, d'apparence ou d'illusion ; ou qui, ne regardant le cosmos que comme créature de Dieu, n'y trouve de valeur et de sens que comme symbole, reflet et signe des mondes célestes, ou encore qui, pour contrer la puissance séductrice de la matière et des réalités terrestres, propose une relation au monde dominé par un *contemptus mundi* générateur de renoncements extrêmes, même pathologiques.

Est grosse de promesses d'avenir, toute spiritualité qui se fonde sur une vision anthropocentrique de l'univers et qui reconnaît la centralité du sujet individuel avec sa dignité, sa liberté, ses droits et sa responsabilité historique. À l'inverse doit être dénoncée ou invalidée toute spiritualité qui, trouvant son point de départ dans le péché, la culpabilité et la corruption de la nature humaine, propose comme chemin spirituel le mépris de soi et la recherche de l'opprobre ; ou encore qui, victime d'une vision dualiste, considère le corps et la sexualité comme des réalités suspectes, voire franchement mauvaises ; ou qui se fonde et s'édifie sur un donné objectif, extérieur au sujet : un magistère, un dogme, une écriture sainte, un système de lois ou une institution religieuse.

Enfin est grosse de promesses d'avenir, toute spiritualité qui repose sur une vision séculière de la société et qui, prenant son point

5. Paul Ricœur, « Tâches de l'éducation » dans *Esprit* (juillet-août 1965), p. 92.

d'appui dans la conscience individuelle et séculière, trouve dans les nourritures terrestres offertes par l'art, la philosophie, la science et les religions, les ingrédients essentiels à la croissance de l'*homo spiritualis*. À l'opposé, se trouve falsifiée toute spiritualité qui considère la société comme une *massa damnata*, un lieu de perdition ou de tentation digne de notre mépris et indigne de nos fréquentations, et un domaine hostile à l'élévation spirituelle et propice à la négation de Dieu; ou encore qui accuse la rationalité instrumentale de fermer la conscience à l'invisible, au symbolique et au surnaturel et qui qualifie de corrompue et d'imbécile la raison autonome insoumise à la religion: ou enfin qui, niant la possibilité de toute la connaissance naturelle de Dieu, et partant de toute théologie naturelle, trouve son point de départ ou son fondement dans une révélation divine extérieure.

La spiritualité à venir est une *via positiva* qui vise à intégrer les acquis de la modernité et à transformer l'homme concret à l'intérieur de sa situation culturelle. Toute dissociation entre la culture et la spiritualité introduit un dualisme qui finit par anémier la vie spirituelle. Le fossé qui s'est progressivement creusé entre la spiritualité et la culture est peut-être le drame le plus grave de notre temps. Dans le respect son caractère historique, la spiritualité est appelée à s'exprimer dans les catégories en usage dans l'ici-maintenant. « Chaque époque, écrit R. Bultmann, chaque civilisation, chaque culture doit nécessairement dire la chose décisive dans des catégories de pensée qui sont les siennes[6]. » Il faut donc repenser la spiritualité et lui faire prendre un bain d'immersion culturelle.

L'inculturation de la spiritualité représente une tâche fort difficile puisqu'elle exige la déconstruction des modèles anciens et l'utilisation de catégories encore mal domestiquées. Va-t-on assister à la disparition, au délaissement ou au contraire au regain des anciennes spiritualités chrétiennes? Une chose est sûre. Aucune spiritualité ne peut survivre ou refleurir si elle ne consent pas à s'exhumer de sarcophage de catégories socioreligieuses devenues obsolètes. La spiritualité d'avenir est vraie *via positiva*, capable d'intégrer les acquis de la culture moderne et de s'insérer vraiment dans le tissu humain pour le dynamiser et le transformer.

6. Cité par Jean Bacon, *Les cultures à la rescousse de la foi*, Montréal, Médiaspaul, 2001, p. 39.

Mais, dira-t-on, cette vision utopique pêche par un optimisme aussi naïf que pernicieux ; il ne suffit quand même pas qu'une spiritualité soit greffée sur les acquis de la culture pour être porteuse d'avenir. Si elle se contente de s'ajuster à la culture, elle sera ou vassalisée par elle ou réduite à n'être qu'une spiritualité de la modernité, alors qu'elle doit être une spiritualité dans et pour la modernité. Une spiritualité d'enracinement et non d'évasion. Il ne s'agit pas de « spiritualiser » la culture contemporaine en le recouvrant d'une patine appropriée, comme le font aujourd'hui tant d'approches soi-disant spirituelles d'épanouissement psychosomatique. Il s'agit de se donner une spiritualité inculturée qui permette de vivre une vie spirituelle authentique dans le monde séculier.

II- La résistance

Il est urgent de compléter notre première affirmation par une seconde tout aussi importante : il ne suffit pas que la spiritualité se branche sur les acquis de la culture, encore faut-il qu'elle en dénonce les déséquilibres et les abus. Continuité dans la rupture ; enracinement dans la résistance. Oui aux acquis de la modernité, non à ses dérapages et aux règles falsifiées du jeu social.

Les dérives de la modernité

On l'a dit, la modernité est malade ; elle connaît de graves dérives qui affectent sa nature même. Aussi parle-t-on volontiers d'hyper-modernité pour signifier qu'une modernité montée en graines produit des effets pervers, et de post-modernité pour souligner l'idée qu'un nouveau paradigme aux contours encore vagues est en train de prendre la relève. Les déséquilibres et les apories dont nous souffrons sont provoqués par l'hypertrophie ou par l'absolutisation de certains principes ou éléments constitutifs de la modernité. Les corruptions de la modernité sont moins la conséquence de l'introduction de principes pervers en son sein que le produit de la mise en œuvre exclusiviste de certains principes constitutifs qui devraient normalement fonctionner *in solido*, ou encore de l'utilisation dévoyée de valeurs destinées naturellement à servir le bien commun. La corruption d'un vivant est produite par le jeu des mêmes lois qui en ont assuré la croissance. Les individus et les sociétés se détruisent finalement du dedans, par l'action des lois et des principes mêmes qui les ont fait grandir ; ce qui n'invalide en rien ces lois ou principes. La corruption d'un être n'en détruit pas la bonté originelle, pas plus que l'effet pervers ou l'utilisation déréglée d'un principe bon n'en altère la nature. Ainsi donc les apories et les pathologies actuelles n'invalident ni les principes ni les avancées de la modernité. Illustrons ce point en regard des trois acquis déjà mentionnés.

Le réalisme de la conception du monde a induit un rapport technologique à l'univers ; rapport qui a permis de connaître et de maîtriser les lois cosmiques et, grâce à des instruments appropriés, de transformer le monde et d'atteindre à un niveau de productivité sans pareil. Or, que se passe-t-il quand le principe technoscientifique s'emballe et fonctionne d'une façon exclusiviste ou dévoyée ? On frôle la catastrophe. Le réalisme engendre un matérialisme philosophique et pratique qui désenchante le monde, insensibilise l'esprit aux réalités invisibles et évacue l'idée de création. Le rapport technique favorise le développement d'une rationalité instrumentale et d'une attitude objectivante sans saillie contemplative. La capacité de production, excitée par les intérêts économiques, aboutit à une exploitation abusive des ressources qui menace l'équilibre écologique. C'est la surproduction de biens de consommation. Le sujet finit par accorder aux valeurs matérielles la première place et au consumérisme une vertu béatifiante.

Par ailleurs la centralité du sujet — deuxième acquis de la modernité — a permis de poser la liberté et la dignité de l'être humain, et d'affirmer ses droits fondamentaux et sa responsabilité historique. Or, la liberté prend inévitablement la pente glissante du libertinage, se traduit en rejet de toute loi objective et sert de prétexte honorable aux projets les plus égoïstes. La défense de ses droits personnels aboutit à l'oubli de ses obligations et à la négation au moins implicite des droits d'autrui. La conscience individuelle devient l'unique référence pour la pensée et pour l'action, faisant fi de l'apport des autres et de la sagesse des traditions. L'affirmation de la subjectivité engendre un individualisme d'autant plus effréné que le sujet lui-même désespère d'exister dans ce monde marqué au coin de l'objectivation et de la rationalité marchande. Le méga-système socio-économique et étatique réduit l'individu à l'état de numéro matricule. Oui, le sujet désespère vraiment d'exister, d'autant que sa vie est aplatie et unidimensionnelle. De son côté, la culture exaspère la subjectivité de l'individu qui doit devenir « quelqu'un » à tout prix. Les tendances narcissiques excitent la soif d'exister et de s'épanouir dans la liberté.

Quant à la sécularité de la culture et de la société, — troisième acquis de la modernité — on doit reconnaître qu'elle a favorisé l'émergence d'une autonomie qui a permis aux sociétés de fonctionner selon leurs lois spécifiques et leurs valeurs propres. Or, l'autonomie a conduit à l'idée l'indépendance qui évacue toute ouverture au mystère et toute dépendance par rapport au divin. La sécularité dégénère imperceptiblement en sécularisme; le sécularisme en anticléricalisme ou en agnosticisme, pour aboutir à la négation de Dieu et à la fermeture à toute transcendance. Par ailleurs le pluralisme, compagnon obligé de la sécularité, ne tarde pas à engendrer l'indifférence, le relativisme ou le syncrétisme. L'effritement du cadre doctrinal et éthique imposé par la religion provoque une situation d'anomie qui est source d'insécurité, d'angoisse et même de troubles psychiques variés.

Toute spiritualité doit identifier ces glissements malheureux et ces perversions souvent déguisées qui n'invalident pourtant pas les acquis de la modernité. Au niveau cosmique, la spiritualité doit dire oui à la réalité du monde, et non au matérialisme politique; oui au rapport technique, et non au rejet du contemplatif; oui aux biens matériels, et non au consumérisme; oui à la maîtrise du monde, et non à l'exploitation abusive. Au niveau individuel, oui à la subjectivité, et non au subjectivisme et à l'égoïsme; oui à l'émancipation et à la liberté, et non à l'anomie et au libertinage; oui à la dignité de la personne, et non au narcissisme et à l'hypertrophie de l'ego; oui au droit individuel, et non l'utilisation de la violence pour les promouvoir et les défendre; oui à la responsabilité historique et non à la volonté de puissance. Enfin au plan culturel et social, oui à la sécularité, et non au sécularisme antireligieux; oui au pluralisme, et non à l'intolérance; oui à la relativité et non au laisser-aller; oui à l'autonomie des réalités socioculturelles, et non à la fermeture à la transcendance.

Falsification des règles du jeu

La nouvelle spiritualité dit oui aux acquis de la modernité et non à ses déséquilibres et ses dérives. Un NON catégorique aux règles falsifiées du jeu social, c'est-à-dire aux façons de faire et de vivre proposées et imposées par la philosophie ambiante et les stéréotypes culturels, par la publicité et la mode, par les convenances sociopolitiques et les impératifs implacables du principe économique. Or, cet art de vivre est aliénant pour les individus et dévastateur pour la société ; il fragmente la personne en mille miettes et déchire le tissu familial et social. Pseudo-sagesse grégaire et modèle social standard à partir desquels les déviants sont qualifiés de rebelles, de marginaux, d'antisociaux, d'utopistes, de rêveurs et d'idéalistes. La nouvelle spiritualité est appelée à se substituer à cet art de vivre pathogène. Les règles du jeu social sont falsifiées et il revient à la spiritualité de les contester et d'offrir un nouvel art de vivre.

Sur la grille de l'anthropologie ternaire, voyons comment se déploie ce jeu social. L'individu se réalise en établissant de justes rapports avec le monde, les autres et soi-même. Tout art de vivre comme toute vie spirituelle, se construit autour de ces trois rapports fondamentaux et établit des règles de fonctionnement qui maintiennent les rapports en tensions dynamiques. Qu'en est-il de l'art de vivre ambiant qui s'impose à nous comme l'air du temps ? Pour faire bref, contentons-nous de proposer un schéma qui regroupe les principaux éléments de réponse autour des trois rapports. Grâce à des mots-clés, nous identifions la règle qui gère chaque rapport ; puis nous cernons l'utopie qui justifie la règle et enfin nous signalons le cul-de-sac dans lequel l'entreprise débouche immanquablement.

I - Dimension cosmique (le physique)

1- Rapport à la nature

RÈGLE : Maîtrise et domination ; exploitation maximale des ressources et production optimale de biens.

UTOPIE : Recul de la misère ; croissance ; progrès indéfini de l'humanité.

IMPASSE : Problèmes écologiques menaçant l'équilibre et la survie même de la planète.

2- Rapport au corps

RÈGLE : Gratification narcissique par la recherche du bien-être, du confort, des aises, de la beauté, de la facilité ; par les cures de jouvence et le surinvestissement dans la santé.
UTOPIE : Sentiment de plénitude ; réalisation de soi ; vie longue, heureuse et sans rides.
IMPASSE : Étouffement de l'âme ; fixation à des stéréotypes corporels désespérants parce que finalement irréalisables.

3- Rapport aux biens

RÈGLE : Consommation illimitée ; exaspération des désirs et de besoins, vrais ou faux, grâce au jeu de la publicité.
UTOPIE : Valorisation par l'avoir ; reconnaissance sociale ; bonheur par la possession.
IMPASSE : Matérialisme pratique ; consumérisme ; suffocation sous le poids des objets ; endettement.

4- Rapport à l'argent

RÈGLE : Sujétion individuelle et sociale au principe économique ; adoration du veau d'or auquel tout est sacrifié ; confiance absolue.
UTOPIE : Pouvoir, réussite, privilège, prestige, jouissance, liberté et sécurité.
IMPASSE : Servitude, stress, peur de perdre. Travail effréné. Surmenage. Mal-être profond. Perte des valeurs. Sommeil existentiel.

II - Dimension relationnelle (le social)

1- Rapport aux autres

RÈGLE : Compétition, concurrence, lutte pour occuper la place, conquête, leadership, volonté de puissance.
UTOPIE : Réussite, standing, accomplissement de soi ; valorisation, sentiment d'importance ; gratification et reconnaissance.
IMPASSE : Violence, isolement et rupture des solidarités. Bris du tissu social. Régime de méfiance.

2- Rapport aux institutions sociopolitiques

RÈGLE : « Aplaventrisme », accommodement, adaptation ; partisannerie, exploitation du système. Se laver les mains, tirer son épingle du jeu, contourner les lois. Jouer d'influence, faire du lobbying.

UTOPIE : Succès, réputation. Ascension dans l'échelle sociale. Bonne réputation. Sécurité assurée par le respect de l'ordre social. Prestance sociale découlant de la rectitude sociopolitique.

IMPASSE : Servilité. Affaiblissement et corruption du régime sociopolitique. Perte des valeurs démocratiques. Injustices sociales et oubli des sans-le-sou.

III- Dimension individuelle (le personnel)

1- Rapport à soi

RÈGLE : Performance, excellence, compétence et efficacité.

UTOPIE : Réalisation de soi ; affirmation de soi ; reconnaissance sociale. Succès dans la vie, épanouissement, bonheur.

IMPASSE : Égotisme, hypertrophie de l'ego. Ou au contraire, échec, dépression, sentiment d'infériorité, perte d'estime de soi, dévalorisation.

L'art de vivre proposé et imposé par la culture ambiante ne peut aboutir en fin de course qu'à la destruction de l'écosystème, à l'effritement de la société et à la perte du sujet. Ce qui était destiné à la réalisation de la personne débouche dans son aliénation. L'art de vivre devient un art de mourir à petit feu.

Effets sur la spiritualité

Il est urgent que naisse une spiritualité qui vienne se substituer aux règles falsifiées du jeu social. Toute spiritualité authentique s'inscrit en faux contre cette façon de vivre aliénante et oppose une résistance sans équivoque à cette sagesse délétère. C'est au nom du sujet libre et des valeurs humaine qu'elle lance son cri d'alarme dans le ciel apparemment serin de la philosophie ambiante. Refusant d'entrer dans la danse, l'*homo spiritualis* se met lui-même « hors jeu » ;

il se sent étranger à la société qui le lui rend bien en le taxant d'être bizarre et d'étrange. Résister pour exister.

Même si elle se veut un *via positiva*, c'est-à-dire un processus qui intègre les acquis de la culture moderne, la spiritualité de l'avenir se doit d'être aussi un *via negativa*, c'est-à-dire un processus de résistance face aux règles falsifiées du jeu social. Ce qui ne peut s'accomplir sans une maîtrise de ses appétits et de ses instituts captatifs, sans une mise en ordre de ses désirs et de ses besoins, sans un contrôle de ses plaisirs et de ses divertissements, et sans une réduction de sa consommation de gadgets, de médicaments et de potions magiques de tous genres. Aucune vie spirituelle ne peut progresser sans effort, sans discipline, sans lâcher prise, sans renonciation à ses représentations intérieures et, lâchons le mot, sans mort à soi-même.

C'est précisément là que le bât blesse et que passe la ligne de partage entre les spiritualités authentiques porteuses d'avenir et les pseudo-spiritualités de l'épanouissement. Il n'y a pas d'épanouissement sans évanouissement de l'ego dominateur et prétentieux ; pas de ravissement sans dépassement. C'est là aussi que se départagent les vrais spirituels des simulateurs qui parent leur ego narcissique d'un drapé édifiant et qui recherchent une lumière sans ombre ; en un mot qui veulent jouir des biens spirituels sans renoncer aux règles falsifiées du jeu social.

Trop de spiritualités nouvel-âgistes en restent à une affirmation égotique du potentiel psychologique et à une recherche d'harmonie ou d'expériences extrasensorielles ! Ces spiritualités à bon marché veulent des résultats rapides et sans douleur. Ce sont des ersatz pour personnes pressées, oublieuses de deux grandes vérités : d'une part, que la spiritualité, étant de l'ordre de la vie et de la croissance, est toujours le fruit d'un processus lent et imperceptible, et, d'autre part, que l'évolution spirituelle ne se fait pas à l'instar de la croissance d'un arbre, car elle exige reprise et arrachement, et elle n'est jamais assurée ! On ne peut accéder à la lumière sans prendre en compte de l'obscurité. Toute spiritualité incapable d'inscrire l'ombre, le vide et la souffrance dans son programme ne peut que conduire au pays de l'illusion.

Refuser de faire face au négatif en soi et dans le monde, c'est empêcher le positif de s'exprimer. Refuser les renoncements qu'exige le refus d'un art de vivre délétère, s'enliser dans les compromis d'une pseudo-paix ou assurer ses arrières, en un mot éviter les souffrances et les blessures, c'est être victime d'un leurre pernicieux. Nicolas Berdiaeff écrit quelque part que « toute métaphysique optimiste est plate et superficielle ».

La grande imposture des spiritualités optimistes, c'est de laisser croire que la voie spirituelle n'est couverte que de roses. Il ne suffit pas de dire « je suis Dieu », « je suis un spirituel » pour l'être vraiment. Une expérience d'illumination ne fait pas un illuminé. Il ne suffit pas d'un rituel, d'un discours ou d'un mot magique pour être changé. On croit volontiers que la répétition d'un mot ou d'un geste fait advenir la réalité désirée. Je ne nie pas la performance relative de la parole humaine. Je me contente de dénoncer la propension à identifier les mots avec la réalité et à croire qu'on est un être nouveau parce qu'on a adopté un nouveau vocabulaire ou qu'on tient un nouveau discours. Un des pièges des spiritualités dites positives, c'est de prétendre que le pouvoir mental peut transformer la conscience, matérialiser les désirs et détruire les obstacles. L'erreur commence lorsqu'on demande à une parole et à une technique de donner ce qu'elles ne peuvent produire, à savoir la liberté intérieure, la pureté du cœur et la perfection de l'amour. Autant de bienfaits qui ne sont récoltés qu'au terme d'une démarche spirituelle soutenue. Dans le vie spirituelle, il n'y a pas de raccourci, ni de voyage à rabais.

CHAPITRE 11

Les grands axes d'une spiritualité d'avenir

Pour qu'une spiritualité soit porteuse d'avenir, il n'est pas suffisant qu'elle s'inscrive dans la culture moderne et qu'elle résiste aux règles falsifiées du jeu social, il lui faut encore se développer selon trois axes qui caractérisent, selon moi, le nouveau paradigme spirituel et en influencent profondément la configuration, à savoir la subjectivité, la globalité et le dialogue[1].

I- La subjectivité

Dans l'entreprise spirituelle, le sujet se met en quête de sa propre humanité; il amorce un cheminement qui vise son accession au statut de personne. Toute spiritualité d'avenir est appelée à proposer un chemin d'humanité. Elle concerne donc l'individu dans sa subjectivité. Et cela, d'une manière d'autant plus urgente que la modernité est caractérisée par l'émergence du sujet. Le point de vue de la subjectivité pose le sujet au début, au milieu et au terme de la démarche spirituelle. En spiritualité, ni la fonction ni l'état de vie, si nobles soient-ils, ne doivent primer sur le sujet. On ne peut donc pas parler en rigueur de termes de spiritualité fonctionnelle : spiritualité du prêtre,

1. Ce chapitre reprend certaines idées esquissées dans mon article « Pour une spiritualité du troisième millénaire », dans *Religiologiques* 20 (1999), p. 231-246.

du médecin, du professeur. Ce qui existe, c'est la spiritualité du sujet qui est prêtre, professeur, médecin. L'*homo spiritualis* est antérieur à toute fonction. Celle-ci ne doit jamais définir la spiritualité. Quand le sujet est négligé, la fonction elle-même est mal remplie. La spiritualité sacerdotale est fausse si le sujet qui est prêtre n'est pas un spirituel. On n'est pas spirituel parce qu'on est prêtre ou théologien ; on l'est par nature.

Le sujet au départ et au terme

Le point de vue de la subjectivité implique que le « je » est le terrain où s'accomplit le cheminement spirituel. Le point d'appui de la démarche spirituelle, ce n'est pas l'homme en général ni l'existence humaine abstraite, mais le sujet particulier dans sa situation concrète avec ses angoisses, ses amours, ses limites, ses peurs et ses pannes. Faire taire toutes voix extérieures. Se méfier des impératifs de ceux qui savent. Ne pas partir de discours patentés, de principes moraux, de textes, si sacrés soient-ils, ou de déclarations magistérielles. Encore moins de sa fonction ou de sa profession. Jamais de son image sociale, de son personnage public ou des « il faut » stéréotypés.

Mais partir de sa situation subjective, du dedans de soi, de sa vérité à soi. Suivre son instinct spirituel, son feu intérieur, son souffle intime, son gourou interne ou, en termes chrétiens, le Christ ou l'Esprit en soi, qui est principe de connaissance, d'amour et de discernement.

Est spirituel celui qui se détermine librement du dedans, qui va vers son centre et qui, dans ce même mouvement vers l'intérieur, accomplit une juste sortie vers les autres et vers le monde.

Le point de vue de la subjectivité implique encore que le sujet est au terme de l'œuvre spirituelle. Se réaliser soi-même, comme sujet personnel, social et corporel, dans son originalité propre et selon la spécificité de ses dispositions innées et de ses conditions existentielles. Accomplir l'humain intégral en soi selon la forme bien à soi. Voilà la visée de la spiritualité.

Il ne s'agit donc pas d'une recherche de bonheur ou de consolation; ni d'une quête de Dieu ou d'un salut éternel; ni d'une poursuite de la moralité, mais bien d'une quête d'humanité par le jeu de la liberté, dans le dépassement de soi. Ce n'est ni pour Dieu, ni pour l'Église, ni pour la société, ni pour le cosmos que j'entreprends la démarche spirituelle, mais pour moi-même. Mais devenant spirituel, je plais à Dieu, je transforme la société et j'agis sur le cosmos. J'entre dans la voie spirituelle pour accomplir mon humanité intégrale dans sa triple dimension personnelle, sociale et cosmique.

Le critère de vérité.

En conséquence le point de vue de la subjectivité exige que l'on pose l'*humanum* comme critère et norme de vérité de toute spiritualité. Si la visée de la spiritualité est de faire advenir l'humain en soi et dans le monde, et si la subjectivité est le point d'appui de l'œuvre spirituelle, il s'en suit que l'*humanum* est appelé à devenir le critère ultime. L'*humanum*, qu'est-ce à dire ?

Certes il est malaisé de définir ce qui est humain. Les conceptions anthropologiques sont si étroitement liées aux cultures ! Toutefois en se réclamant des requêtes communes de l'humanité, il paraît possible de dégager un certain consensus sur ce qui constitue l'*humanum*. Des progrès considérables ont été réalisés sur ce point depuis un demi-siècle. J'en prends à témoin la Déclaration universelle des droits de l'homme (1948) et les chartes des droits de la personne dans divers pays, dont le Canada, ainsi que la Déclaration de la conférence des religions pour la paix, tenue à Kyoto en 1978[2].

L'humanité confiée à toute la famille humaine est le critère éthique général qui vaut pour toutes les spiritualités. Une spiritualité ne peut plus prétendre à la vérité en se réclamant de Dieu ou de quelque dogme religieux ; elle doit plutôt être jugée d'après la forme et le degré d'humanité auxquels elle permet de parvenir, d'après sa capacité de faire accéder l'être humain au statut de personne et de promouvoir tout ce qui protège et favorise l'intégrité psychique et physique de la personne, ainsi que la justice et la paix sociale. Le critère peut se formuler de la manière suivante : dans la mesure où une spiritualité, dans ses enseignements et ses pratiques, sert et promeut l'humain individuel et social, dans cette même mesure elle est

2. Extrait de la déclaration : « Nous avons découvert que nous avons en commun : 1) une conviction de l'unité fondamentale de la famille humaine, de l'égalité et de la dignité de tous les hommes ; 2) un sentiment de l'inviolabilité de l'individu et de la conscience ; 3) un sentiment de la valeur de la communauté humaine ; 4) la croyance que l'amour, la compassion, le désintéressement et la force de l'esprit et de la vérité intérieure sont finalement plus forts que la haine, l'inimitié et l'égoïsme ; 5) un sentiment de notre devoir de nous tenir aux côtés des pauvres et des opprimés, contre les riches et les oppresseurs ; 6) une profonde espérance de la victoire de la bonne volonté. »

vraie et bonne. Hélas! aucune spiritualité n'est exempte de dépravations. Une spiritualité déréglée ou gérée par des maîtres véreux devient destructrice d'*humanum*[3].

L'affirmation moderne de la subjectivité n'est pas la proclamation de l'omnipuissance de l'ego, ni le triomphe de l'individualisme; elle n'implique pas un rejet de l'hétéronomie, ni l'évacuation des instances objectives, comme la tradition, la loi morale, la révélation, le corpus doctrinal ou l'appareil rituel. La subjectivité commande un nouvel aménagement des relations du sujet avec les données objectives. Le rapport au monde extérieur n'est plus hétéronome puisque les instances objectives sont reliées à lui d'une manière toute spécifique, davantage construites par sa conscience que données du dehors. Ainsi le sujet peut accepter sa dépendance des données extérieures, car celles-ci sont devenues siennes en quelque façon.

Pour se protéger du subjectivisme fantaisiste, l'*homo spiritualis* doit soumettre sa démarche à certaines conditions dont la première, d'ordre existentiel, est résumée en un seul mot par saint Benoît, le père spirituel de l'Occident chrétien : *Ausculta*. Écoute cette parole cachée au fond de toi et qui s'élève de ton histoire, de tes désirs, de tes émotions, de tes sensations, voire de tes péchés. Écoute le bruissement qui monte de tes profondeurs. Cesse d'écouter les autres, les livres, les autorités. L'écoute de soi suppose silence, solitude, désappropriation et pureté du cœur. C'est un exercice difficile en ces temps où nous sommes si dissipés par la course aux informations, si perturbés par mille agitations et si écrasés sous le poids des objets.

À l'écoute, il faut joindre une autre condition : mettre le *logos* intérieur en relation avec le *logos* qui s'exprime dans l'univers et dans l'histoire humaine. *Logos* dans la nature et les cultures. *Logos* dans les philosophies et les religions. Il est urgent de mettre le *logos* inscrit dans mon être en relation avec ses multiples manifestations dans le monde. Les différentes paroles, sapientielle, spirituelle et religieuse qui se disent en-dehors de moi peuvent servir de rempart contre la tentation de prendre mes idées pour des inspirations divines ou d'interpréter la voie intérieure dans le sens de mes caprices. Le verbe intérieur n'est que le balbutiement d'une immense parole qui prend forme dans le monde. Il faut qu'il y ait syntonie et dia-

3. Dans son petit livre *Pour trouver sa voie spirituelle*, Jean-Claude Breton fait appel, à sa manière, à l'anthropologie pour évaluer la qualité des spiritualités, Montréal, Fides, 1992.

logue entre ces *logoi* extérieurs et le *logos* qui se dit en moi, pour que mon magistère subjectif trouve sa juste expression[4].

L'approche subjective de la spiritualité appelle un référent objectif si elle ne veut pas s'enliser dans un individualisme fantaisiste où la subjectivité devient une prison sans fenêtre, où la pensée s'épuise à tourner sur elle-même et où l'individu risque d'identifier le contenu de son imaginaire à la réalité objective. Ce n'est que dans le dialogue avec les savoirs séculiers, mais surtout avec les grandes traditions spirituelles et religieuses que l'*homo spiritualis* est habilité à exercer son magistère subjectif avec compétence et autorité. Une subjectivité têtue qui refuserait d'examiner d'un œil critique ses propres limites pourrait mener à des abus aussi déplorables qu'une objectivité hégémonique qui ignore l'émotion et la compassion au nom de l'intelligence critique.

II- La globalité

La nouvelle spiritualité ne peut qu'aller dans la direction d'une conscience globale, unifiée et intégrative. Il lui faut surmonter les antinomies et les oppositions dont est tissée notre vie moderne, au profit d'une manière de penser et de vivre plus soucieuse de globalité et d'unité. La mondialisation, les moyens de communication, les voyages, les migrations humaines et la circulation des idées font de notre planète un village global ou une vaste paroisse. S'éveille une conscience nouvelle de la responsabilité de chacun dans l'avenir de l'humanité. Cette conscience planétaire donne un sens nouveau à la vocation historique de l'homme. Elle est un dynamisme qui sert de moteur aux groupes écologiques travaillant à un nouvel équilibre cosmique, aux mouvements sociopolitiques œuvrant à la transformation de la société et enfin aux groupes thérapeutiques qui favorisent la réalisation de soi et la créativité humaine. Cette conscience de partager le même destin remet en lumière l'unité du genre humain, l'unité de l'homme avec le cosmos et l'unité de la personne elle-même. La conscience planétaire ne peut émerger que si tous les dualismes se dissolvent. La nouvelle spiritualité ne peut ignorer ce qu'il y a de valable dans l'holisme dont le concept a été propulsé au rang de premier principe dans la spiritualité du Nouvel Âge. À l'encontre de la frag-

4. Sur cette question, voir mon article « Le dogme et le magistère subjectif », dans *Prêtre et Pasteur* 104 (avril 2001), p. 210-215.

mentation croissante de tous les secteurs du réel et du durcissement des polarités constitutives de la vie, le mot-clé, c'est l'unité. Unité au-delà de tous les dualismes et de tous les schismes porteurs de germes discriminatoires. Union, au-delà de la différence, entre le sujet et l'objet (épistémologie), entre l'être humain et la nature (cosmologie), entre l'esprit/l'âme et le corps (anthropologie).

1- Du point de vue épistémologique, la spiritualité d'avenir est appelée à dépasser le rapport sujet-objet dans l'acte de connaître. La modernité, on l'a vu, repose sur une épistémologie caractérisée par les principes de causalité, de contradiction et du tiers-exclu, par la dissociation du sujet connaissant et de l'objet connu et par la fragmentation du réel qui aboutit à la multiplicité des savoirs et des spécialités. En objectivant le monde, la rationalité moderne incline l'esprit à se fermer à tout ce qui échappe à la saisie de la raison et de la science, c'est-à-dire au mystère et au divin; ayant brisé en mille miettes les mythologies unissant l'homme à l'univers, elle est en train d'étouffer la dimension autre de l'être humain et de porter atteinte à la qualité proprement religieuse et spirituelle de l'existence humaine.

La nouvelle spiritualité s'inscrit en faux contre cette conception objective du monde finalement aliénante pour l'être humain dans sa subjectivité. Elle voit l'univers comme un grand tout organique dont toutes les parties sont interreliées. La recherche d'harmonie cosmique suppose un mode de connaissance qui procède par la communion du sujet connaissant avec l'objet connu. Ce qui finit par dissoudre les antithèses foi/raison, mythe/concept, science/conscience, mort/vie qui aboutissent toutes à des dualismes mortifères. Le principe de contradiction est relayé par le principe de complémentarité qui, lui, cherche les correspondances, fait des rapprochements, découvre des similitudes et dépiste des harmonies. Les idées de complémentarité et de correspondance permettent de déceler des médiations de toutes sortes (images, symboles, mandalas) et de les utiliser à des fins spirituelles. La spiritualité de demain réhabilite les symboles et les mythes, car ils expriment « les pouvoirs spirituels de l'être humain » et jettent « un pont entre la conscience restreinte de l'homme et le *mysterium tremendum et fascinans* de l'univers[5] ». Étant des lieux primaires de révélations, les symboles

5. Joseph Campbell, *Puissance du mythe*, Paris, J'ai lu, 1991, p. 84 et 70.

et les mythes deviennent des instruments privilégiés pour dire l'expérience spirituelle.

Cette réhabilitation du mythe dans la spiritualité ne doit pas se faire au mépris de la raison moderne dont l'avènement a joué un rôle déterminant dans la promotion humaine et constitue un acquis précieux pour la connaissance. Le monde objectif de la science n'est pas falsifié par la spiritualité. À la différence de nombreux nouveaux mouvements spirituels et religieux qui sont tentés de dresser une réquisitoire contre la science et la modernité, et finalement de se replier dans des ghettos, la spiritualité d'avenir ne dénigre pas la rationalité moderne; mais elle dénonce ses prétentions hégémoniques, son positivisme étroit et sa fermeture au transcendant[6].

2- Quant à la cosmologie, la nouvelle spiritualité devra surmonter l'opposition séculaire entre l'homme et la nature, opposition qui a eu l'heur de libérer l'homme des terreurs et des peurs magiques, mais qui est en train de compromettre l'avenir de l'humanité et l'équilibre écologique. Le temps est venu de guérir les blessures de l'homme coupé de l'univers et de calmer les gémissements d'une nature exploitée par des usurpateurs; mais cela ne peut se réaliser que grâce à la grande réconciliation de l'humain et du cosmique. Le temps est venu d'entonner à nouveau le Cantique des créatures de François d'Assise et de dire la Messe sur le monde avec Teilhard.

La connaissance technique et la maîtrise de l'univers ont désenchanté la nature et rendu caduque l'idée d'un univers géré par les dieux. Nous nous orientons vers une spiritualité qui redécouvre la bénédiction originelle et s'abouche avec la nature. Cette spiritualité va développer une symbolique de communion. Il faut à tout prix surmonter l'antagonisme de l'homme avec la nature et découvrir l'unité dynamique entre les deux.

Cet ancrage dans la nature se différencie du néo-chamanisme qui n'est finalement qu'un retour à une vision du monde dominée par des énergies que l'on peut capter et orienter au moyen de rituels magiques. Il n'a rien à voir non plus avec le retour à la terre du *gentleman farmer* en mal de moutons, ni avec la nostalgie bucolique du retraité qui s'immerge dans la nature. Loin de mépriser les acquis

6. Voir Richard BERGERON, *Vivre au risque des nouvelles religions*, p. 113-128.

des Lumières, la nouvelle spiritualité entend refléter la connaissance moderne de l'univers et de ses lois et établir un nouveau rapport avec le cosmos, sans tricher avec les découvertes et les hypothèses scientifiques. C'est dans cet esprit que se fera le renouvellement du rapport au monde : passer de la domination à l'harmonie, de l'exploitation au respect, de la destruction à la communion, d'une conception mécaniste de l'univers à une vision organique. Sans tomber dans le culte nouvel-âgiste de Gaïa, on peut sérieusement postuler que la nature est le lieu autochtone de l'expérience du divin et qu'elle « chante la gloire de Dieu ». En somme, la spiritualité à venir sera capable de « réintégrer l'homme dans la nature, dans le cadre d'une réinterprétation globale du monde, au lieu de l'opposer à elle comme son maître ou comme le sommet indispensable de la vie[7] ».

3- Quant à l'anthropologie, la vision dualiste de l'être humain, si largement dominante en Occident, a fini par jeter le discrédit sur le corps et la sexualité. L'âme seule, dotée d'immortalité, était concernée par la spiritualité. Le corps, mauvais, était source de péché. Aussi fallait-il s'en méfier et la discipliner par le silice, le jeûne et l'ascèse. Inutile d'insister sur ce qui a provoqué tant de culpabilité ! La perte de l'harmonie corporelle qui s'en est suivie est sûrement une des plus graves maladies de notre civilisation.

D'où l'immense effort déployé actuellement pour réhabiliter le corps et la sexualité. De larges courants d'approche corporelle se sont développés. Massages, postures, exercices, danses, expressions corporelles ont produit leurs effets thérapeutiques. Dans certains milieux, l'investissement excessif dans le corps a généré un narcissisme malsain, un souci maladif de la santé et du bien-être, et une insistance indue sur les droits du corps.

La spiritualité à venir postule que le corps, foncièrement bon dans toutes ses fonctions, est lieu et organe du spirituel. Il est donc concerné par la spiritualité. Cette affirmation suppose le dépassement du dualisme anthropologique, au profit d'une vision de l'être humain qui insiste sur son unité organique. Le corps est l'âme sous sa forme spatio-temporelle ; c'est le moi spirituel physiquement épiphanié ; c'est l'esprit dans sa manifestation cosmique. Redécou-

7. Eugen Drewernann, *Fonctionnaires de Dieu*, Paris, Albin Michel, 1993, p. 634.

vrir son corps, c'est commencer une patiente éducation qui refait l'unité de la personne. « Le corps, écrit Sandro Spinsanti, est tellement lié à notre "moi" qu'il fait partie de son identité même et participe à son caractère d'incommunicabilité. Les phénoménologues (Merleau-Ponty en particulier) ont montré que nous avons le sentiment, non pas seulement d'"avoir" un corps, mais bien d'"être" un corps[8]. » Comme nous l'avons dit, il faut passer du corps que l'on a, au corps que l'on est (Karlfried Graf Dürckheim) ; du corps vécu sous le mode avoir, au corps vécu sous le mode être (Eric Fromm).

La spiritualité d'avenir prendra le relais des mouvements contemporains les plus vivants et les plus inventifs qui cherchent à promouvoir une relation au corps qui soit différente de celles imposées par un dualisme répressif ou par un laxisme érotique. Sandro Spinsanti continue : « Une fois dépassée la revendication brutale, cette redécouverte de la dimension corporelle ne veut pas s'opposer à l'esprit et à ses valeurs, mais bien s'y intégrer. La référence au corps ne se présente plus alors comme une régression ou comme un pur retour à l'expérience corporelle infantile mais comme la découverte d'une autre dimension, où l'expérience de l'esprit et celle du corps s'impliquent réciproquement[9]. »

Le corps, avec ses activités, ses pulsions et ses sensations, est donc partie prenante de l'expérience spirituelle. Le progrès de la vie intérieure passe par une meilleure expérience du corps dont il faut libérer le mystère total. Même si elle procède de l'intérieur, la démarche spirituelle va du corps à l'âme, du sensible au transcendant[10]. L'itinéraire spirituel passe par les cinq sens qui sont autant de portes d'entrée dans le centre de l'être. Le sage de la Forêt noire, Karl Graf Dürckheim, répète avec insistance que « les qualités sensorielles, voir, entendre, goûter, sentir, palper sont plus proches du divin que les pensées[11] ». Aussi la nouvelle spiritualité part-elle humblement des sensations, auxquelles elle porte grande attention avant de passer au niveau des émotions et des pensées.

8. Sandro Spinsanti, art. « Corps », dans *Dictionnaire de la vie spirituelle*, Paris, Cerf, 1987, p. 206.

9. *Ibid.*, p. 209.

10. Voir les importantes analyses de Pierre Legendre sur le « corps-à-l'âme » dans son livre *La passion d'être un autre*, Paris, Seuil, 1978.

11. Karlfried Graf Dürckheim, *Le centre de l'être*, Paris, Albin Michel, 1992, p. 112.

Il existe bien des techniques corporelles qui ne visent pas d'abord le bien-être physique et psychique, mais qui sont en lien très étroit avec l'actualisation de soi et l'accès au spirituel, au transpersonnel, au transcendant ou au divin. Ces techniques, généralement d'inspiration orientale, se veulent des voies d'accès au Centre. De toutes ces techniques corporelles, la méditation est la plus importante. Elle opère chez le méditant une transformation dans le corps et par le corps, et elle l'introduit dans le saint des saints. L'assise silencieuse, l'immobilité corporelle, les yeux ouverts ou fermés, le corps dans une juste tension entre la crispation et la dissolution. Le méditant prend le chemin du corps pour aller vers l'esprit. Le progrès spirituel passe par le travail patient et minutieux où le corps seul semble être engagé.

III- En dialogue

Les spiritualités traditionnelles se sont toujours inscrites dans des cultures façonnées et contrôlées par les religions et les symboles religieux. Le processus de sécularisation a mis fin à ce régime. La culture et la société occidentale sont passées de l'homogénéité du modèle de chrétienté au pluralisme du modèle séculier. Pluralisme culturel, religieux et spirituel. Certes la pluralité des religions et des cultures a toujours existé. Mais cette pluralité était territoriale, géographiquement circonscrite : l'hindouisme aux Indes, le shintoïsme au Japon, l'islam au Moyen-Orient, l'anglicanisme dans le monde anglo-saxon, le catholicisme dans l'Europe latine. Aujourd'hui la pluralité n'est plus liée à une aire géographique ; elle est intra-culturelle. Les religions, les philosophies et les spiritualités se côtoient journellement dans le même espace public. Loin de former des monades isolées, elles n'existent qu'en tension dynamique dont l'équilibre peut facilement être rompu par le jeu des intolérances, des incompréhensions et des hostilités néfastes à leur épanouissement réciproque.

Le pluralisme est bien autre chose que la simple multiplicité ; il apparaît quand la pluralité coexiste dans une certaine tolérance, sinon dans l'harmonie ou la sympathie. Le pluralisme suppose l'inter-influence. C'est l'élément de coexistence pacifique et de tolérance qui distingue le pluralisme de la simple multitude des croyances, des pratiques ou des philosophies. Aussi longtemps que les groupes différents sont en conflit ou s'ignorent, c'est le règne de la pluralité brute. Chacun reste enfermé dans son isolement et souhaite, sans se l'avouer nécessairement, la mort, la neutralisation ou la conversion de l'autre. Le pluralisme suppose un certain consensus entre les diverses entités et la reconnaissance du droit de chacune à exister socialement.

Au cœur du pluralisme, il y a le dialogue. Sans entrer dans les discussions concernant la nature et la pratique du dialogue, contentons-nous de dire qu'il n'est pas seulement un échange d'idées et de croyances ; il se situe au niveau de la vie, de l'expérience, de la foi fondamentale. Il n'est pas seulement un inter-dialogue, c'est-à-dire un échange de moi à l'autre dans la reconnaissance de sa différence. Il est aussi un intra-dialogue qui s'accomplit à l'intérieur de moi-même. C'est dans mon esprit et dans ma manière de connaître et de vivre que je dois être dialogal.

S'inscrivant dans une culture séculière et pluraliste, la spiritualité d'avenir ne peut être que dialogale. Non seulement doit-elle reconnaître l'existence de spiritualités autres et se mettre en contact avec elles ; mais elle est appelée à accueillir des données étrangères dans sa démarche et à les assimiler dans une synthèse subjective originale. Le dialogue appartient à l'essence même du modèle spirituel en gestation. Dialogue avec les religions et les spiritualités, certes, mais aussi avec la culture en général et plus spécialement avec la science, la psychologie et la philosophie.

Il n'est pas possible de développer ici ces trois derniers points. Je dirai seulement que la spiritualité de demain devra prendre en compte les requêtes de certains scientifiques qui pensent qu'il est possible de surmonter l'antagonisme traditionnel entre la science et la religion et qu'on peut rester dans le champ de la science pour développer l'expérience spirituelle. Ce dialogue entre la science et la spiritualité suppose que l'on change de paradigmes : autant celui de la science positiviste qui réduit la réalité au mesurable, que celui de la religion établie qui doit passer du point de vue théocratique à une perspective anthropologique.

La nouvelle spiritualité sera aussi en dialogue avec la psychologie. Beaucoup de psychologues recherchent un nouveau paradigme qui inscrive la spiritualité dans la psychologie. Ils réclament que la spiritualité prenne au sérieux la psychologie et la psychanalyse et qu'elle s'arrime aux structures psychosomatiques de l'être humain. Quant à la philosophie, son apport est indispensable pour fonder la spiritualité sur des assises anthropologiques éprouvées.

Finalement la spiritualité de demain devra tenir compte du pluralisme religieux, qui est une donnée incontournable de la culture. Les différentes traditions religieuses sont appelées à cohabiter dans un même aire socioculturelle. La démarche spirituelle ne peut plus se faire en vase clos. Doivent être refusés l'exclusivisme qui implique une rejet et l'inclusivisme qui est une domination masquée. Dans l'approche dite pluraliste, les traditions religieuses sont envisagées comme des entités complètes et autonomes qui sont appelées à développer entre elles un rapport de réciprocité.

La spiritualité ne peut être que de structure dialogale. Aucune spiritualité n'a d'avenir si elle refuse de se comprendre sur un horizon pluraliste et d'intégrer dans sa pratique des données (rituels, exercices, techniques) rencontrées ailleurs. Une spiritualité en dialogue est libérée des peurs et des stéréotypes qui empêchent de rencontrer l'autre avec sympathie et d'être ouvert à l'imprévu et à la nouveauté que l'inconnu représente. Elle est une odyssée qui conduit le spirituel à l'étranger et le ramène chez lui. On va chez l'autre pour revenir chez soi, enrichi d'une nouvelle vision qui permet de se comprendre autrement. Le *crossing over* et le *coming back* (John S. Dunne) sont les deux temps d'une spiritualité en dialogue.

La spiritualité de demain sera amenée à poursuivre le dialogue Est-Ouest, amorcé depuis le XIXe siècle, surtout par les romantiques, les ésotéristes et les théosophes. Certes, on est loin aujourd'hui de la vision romantique d'un Orient imaginaire, merveilleux et syncrétiste, berceau de l'humanité où se blottit la religion primordiale. L'Orient est certes un lieu géographique où des traditions millénaires ont diffusé une sagesse fondée sur l'expérience de la nondualité, mais c'est surtout une donnée archétypale. D'un point de vue existentiel, l'Orient archétypal désigne une expérience spirituelle révélatrice et déroutante. D'un point de vue métaphysique, il est synonyme du divin en soi. D'un point de vue anthropologique, il est la partie négligée de notre personnalité. Alors que l'Occident représente le pôle masculin, la raison discursive, l'action efficace et la transcendance, l'Orient est du côté du féminin, de l'intuition, du symbole, du corps et de l'immanence. L'Est et l'Ouest sont donc des concepts relatifs. L'anthropologie révèle que chaque être humain est appelé à découvrir en soi les éléments de l'Orient et de l'Occident. On dit de Thomas Merton que ce n'est pas en Asie qu'il a rencontré l'Est, mais dans sa cellule monastique. Le temps est venu d'éveiller l'Orient en nous, c'est-à-dire tous les aspects de notre personnalité atrophiés par la civilisation occidentale.

Le contact avec l'Orient physique et avec les traditions spirituelles et religieuses orientales sont de nature à éveiller notre Orient intérieur. Il s'agit pour la nouvelle spiritualité d'incorporer les valeurs de la sagesse orientale et de repenser la relation de l'homme avec son mystère, à la lumière de la pensée orientale. L'Occident religieux et spirituel doit apprendre, au contact avec l'Orient, le sens de l'intériorité, de l'unité et de la non-violence. L'Est et l'Ouest sont appelés à converger dans notre cœur ; leur rencontre passe en chacun de nous. La spiritualité future devra se désenliser de l'anthropomorphisme judéo-chrétien et du cadre intellectuel grec. Se déchristianiser, pour s'inculturer. Se purger des relents de chrétienté et d'impérialisme occidental pour recevoir ce que Henri Le Saux appelle la « grâce de l'Inde » qui est « essentiellement une grâce d'intériorisation[12] ». Parmi les grands témoins de cette rencontre en soi de l'Orient et de l'Occident, on peut nommer Henri Le Saux, Thomas Merton, Raimon Panikkar, Bede Griffith, Enomiya Lassalle, William Johnston, Pierre-François de Bethune, Karlfried Graf Dürckheim, Arnauld Desjardins[13].

---

12. Cité par Marie-Madeleine Davy, *Henri Le Saux.*

13. Sur la rencontre de l'Orient et de l'Occident, voir la thèse doctorale de Fabrice Blée, *Le dialogue interreligieux monastique. L'expérience nord-américaine. Histoire et analyse*, Montréal, Université de Montréal, 1999.

CHAPITRE 12

Et Dieu et Jésus dans tout ça?

Parvenu au terme de la route, je retrouve la question de Dieu et de Jésus. Il n'est point surprenant qu'il en soit ainsi puisque la perspective anthropologique n'est pas formée sur elle-même, puisque l'homme est illimité dans ses limites. Toute démarche spirituelle qui se traduit en recherche d'humanité ne peut que déboucher sur la question, la seule : l'*homo* est-il un être ouvert? Le « je » n'appelle-t-il pas un « tu »? La démarche vers soi-même ne traduit-elle pas une vague soif de Dieu? Le combat pour la liberté n'est-il pas ultimement la lutte avec l'Ange? L'accomplissement de l'humain n'est-il pas le moule dans lequel se coule le Fils de l'homme?

I- Dieu l'En-deça

Je crois personnellement que les réalités visibles ont une portée symbolique et sacramentelle et que l'existence humaine est la mère-porteuse d'une réalité mystérieuse plus grande qu'elle-même. Une Présence créatrice bienveillante est à l'œuvre au cœur des dynamismes les plus naturels. Ma vie, mes actions et mes relations ont une profondeur insoupçonnée et une radicalité absolue. Je suis plus grand que ce que la raison et la science peuvent sonder. Mon être ultime échappe à toute mesure quantifiable. Un mystère cherche à s'exprimer en moi et par moi. Profondeur de l'histoire, transcendance de l'existence quotidienne, mystère fascinant qui dépasse toute saisie sensible ou rationnelle, conscience d'être habité par…

À ce propos Karl Rahner écrit : « De façon thématique l'homme fait l'expérience de Dieu et l'accepte comme condition de possibilité de certaines attitudes humaines fondamentales : là où l'homme garde l'espérance, bien que la situation soit désespérée ; là où une expérience joyeuse est vécue comme promesse de joie illimitée ; là où l'homme aime avec une fidélité et un abandon inconditionnel, bien que la fragilité des partenaires ne puisse aucunement garantir un amour radicalement inconditionnel ; là où l'obligation éthique est vécue comme responsabilité radicale, bien qu'apparemment elle mène à la ruine ; là où l'homme expérimente et accueille le caractère définitif de la vérité[1]. »

Ces attitudes humaines fondamentales dont parle Rahner révèle que la nature humaine est divine dans son fondement, c'est-à-dire dans sa source qui est Dieu. Dieu est fondement et source (fons) de mon être ; il est mon être ultime dans sa source[2]. Il n'est pas suffisant de dire que Dieu est en moi ; Dieu n'est pas un cela, un quelque chose, un quelqu'un, un « autre », un être à côté des autres, une étincelle logée quelque part dans mon cœur. Dieu ne peut pas être compris comme un fragment de mon essence ou comme une partie du psychisme humain. Toute conception de ce genre poserait une dualité qui donnerait dans le dualisme : Dieu serait encore extérieur, tout en étant au-dedans de moi. Dieu n'est pas non plus une parcelle de moi-même ; il ne s'identifie pas à mon essence. Le défi est de penser l'altérité sans dualisme et l'unité sans monisme. Le vrai Dieu est à chercher quelque part entre le Dieu extérieur du dogme et des magistères institués et le Dieu immanent de la gnose. Le Dieu extérieur des dogmes et des religions établies est toujours aliénant pour l'homme et finit par se tourner contre lui ; le Dieu intérieur de la gnose se tourne lui aussi contre l'être humain parce qu'il en nie l'humanité authentique, identifiant l'âme au divin. Pour ne pas se dissoudre en Dieu comme le grain de sel dans la mer, l'humain doit s'affranchir de toute divinité mangeuse de chair humaine.

1. Karl Rahner, « Kirkliche und ausserkirkliche Religiösität », *Stimmen der Zeit*, 98 (1973), p. 9.

2. Je développe ici des idées ébauchées dans la première partie du chapitre 7.

Dieu n'est ni extérieur, habitant dans les doctrines, les Églises, les lois et les rituels; ni intérieur, se diluant dans l'humain. La solution juste se trouve, me semble-t-il, dans une position médiane, une *via media* entre, d'une part, l'extériorité du Dieu du magistère fondée sur l'histoire et, de l'autre, l'intériorité intemporelle du divin de la gnose. La voie est à chercher entre la disjonction absolue du divin et de l'humain et leur conjonction totale. Il faut dépasser autant les catégories du « dedans » et du « dehors » que celle du « haut » et du « bas ». Dieu n'est ni en haut ni en bas, ni au-dehors, ni au-dedans, ni au delà, ni en-deçà. Il y a une profondeur dans l'homme qui échappe à tout. Et le fond, c'est le mystère. L'ineffabilité de Dieu fait éclater toute image du divin. Aucune catégorie ou image ne peut le dire. L'idolâtrie consiste précisément à « s'arrêter » aux formes sous lesquelles on connaît et honore Dieu. D'où l'urgence de s'affranchir de tout concept de Dieu fabriqué par les humains. On ne peut pas penser Dieu. Le vide, le *nada*, le rien, le non-être est peut-être l'image (anti-image) la plus évocatrice de son mystère.

Si Dieu est le fond de mon être, le chemin vers moi-même s'identifie à la route vers lui. Aller vers Dieu, c'est toucher à la source de mon être. Aucune rencontre de Dieu n'est possible sans m'être rencontré moi-même au préalable. « Si tu es loin de toi, écrit Augustin, comment peux-tu t'approcher de Dieu[3] ? » S'habiter, se tenir en soi-même. On ne rencontre pas Dieu indépendamment de soi. L'expérience de soi dans sa propre profondeur est le cœur et le point de départ de la vie spirituelle. Dieu se situe dans l'écart entre moi et moi-même et la spiritualité est nécessairement un itinéraire, un chemin long et difficile vers le centre de soi-même, un cheminement qui va de soi à soi[4]. Le mouvement vers le cœur de moi-même est le signe et l'expression tangible de ma tension vers Dieu. Que cela soit conscient ou non, reconnu ou non, ne change rien à la réalité. La démarche spirituelle peut tout aussi bien être qualifiée de divinisation, comme le font les Pères grecs, que de réalisation de soi, d'hominisation ou d'humanisation, comme je le fais moi-même. Nous prenons la route spirituelle pour accomplir notre propre humanité et, ce faisant, nous nous réalisons comme fils de

3. Job tr. 23, 10 *Bibliothèque Augustinienne*, 72, p. 325.

4. Jean-Claude Petit, « … et Dieu? "Un son de fin silence" », *Théologiques*, 6/2 (1998), p. 99-109.

Dieu, puisque nous « sommes de Dieu, en qui nous avons la vie, le mouvement et l'être » (Ac 17, 28-29).

Or, notre être étant de nature relationnelle exprime son identité dans le rapport aux autres. En conséquence la spiritualité, qui est une démarche vers soi, est en même temps une sortie de soi vers autrui, dans l'amour et la compassion. Cette relation aux autres est, elle aussi, habitée par un mystère ineffable et ne trouve sa radicalité que dans le divin. Tout amour vrai, qu'il soit éros, amitié ou agapè, est pénétré d'un divin levain. C'est en lui que l'amour de Dieu s'exprime et prend corps dans l'histoire. Puisque « Dieu est amour » (1 Jn 4, 8), tout amour tient de lui et tend vers lui. Aussi est-il la demeure de Dieu : « Qui demeure dans l'amour demeure en Dieu et Dieu demeure en lui » (1 Jn 4, 16). L'amour est le lieu de la connaissance divine et de la nouvelle naissance : « Puisque l'amour vient de Dieu, quiconque aime est né de Dieu et parvient à la connaissance de Dieu. Qui n'aime pas n'a pas découvert Dieu » (1 Jn 4, 7-8).

Cela se vérifie plus spécifiquement dans la tradition chrétienne où la rencontre de l'autre, surtout du malheureux et du pauvres, revêt une valeur sacramentelle, l'autre étant vu comme le signe visible, voire l'incarnation de Dieu. Le Verbe incarné se cache sous les haillons du misérable. C'est lui, le Christ, que les apôtres découvrent dans leur réunion post-pascale ; c'est lui qui accompagne les disciples d'Emmaüs ; c'est encore lui qui se révèle à François d'Assise sous les traits du lépreux et à Vincent de Paul dans les chaînes des galériens. C'est encore lui qu'on visite en prison ou à l'hôpital et à qui on donne à boire et à manger. « C'est à moi que vous l'avez fait » (Mt 24). C'est encore lui qu'on insulte et qu'on persécute en méprisant les pauvres ; et c'est toujours à lui qu'on refuse le verre d'eau ou la main qui réconforte.

Ce merveilleux échange s'accomplit indépendamment du savoir et du vouloir de celui qui entre en relation avec autrui. À son insu se joue là sa rencontre avec Dieu. Cela est aussi vrai pour l'athée et le communiste que pour le chrétien. Ce n'est pas la foi qui confère une dimension profonde à notre rapport aux autres ; la foi nous permet de la découvrir. Ainsi donc toute démarche spirituelle, en tant qu'elle établit un juste rapport à l'autre, est en elle-même une rencontre de l'Autre.

Faisons un pas de plus. Puisque l'être humain est essentiellement cosmique, la démarche vers soi implique nécessairement un nouveau rapport à l'univers. En tant que créature, le monde est le fruit d'un perpétuel jaillissement créateur. La notion de création, si chère aux trois religions abrahamiques, implique non seulement que le monde est donné à chaque instant mais qu'il correspond à une intention divine, et donc qu'il a un ordre et un sens, c'est-à-dire une direction et une finalité. On peut parler à juste titre du *liber naturæ* dans lequel sont tracées des lettres divines. *Vestigia Dei*: traces de Dieu. En tant qu'elle implique un rapport juste à la nature, la spiritualité est aussi un *Itinerarium creaturæ ad Deum*, selon le titre du traité de Bonaventure. Les créatures sont une échelle vers Dieu. La théologie catholique a toujours cherché dans la nature des chemins vers Dieu. Les cinq preuves traditionnelles de l'existence de Dieu ne veulent finalement que suggérer ceci : la théologie naturelle est possible et l'univers cosmique est le chemin naturel, antérieur à toute révélation explicite, pour accéder à la découverte de Dieu.

Somme toute, l'humain dans sa triple dimension est le chemin vers le divin. Toute démarche spirituelle qui se veut une quête du divin indépendante d'une recherche de sa propre humanité n'a pas d'avenir.

La spiritualité est, en son fond, antérieure aux confessions religieuses et aux appartenances institutionnelles ; elle est en-deça ou au-delà des traditions et des religions. Le dépassement des frontières religieuses n'implique, de soi, aucun mépris ou dévalorisation des religions établies ». « À un certain stade d'évolution, écrit Henri Le Saux, l'homme n'abandonne pas les religions. Celles-ci se détachent de lui[5]. » La spiritualité est le propre de l'humain, antérieurement ou au-delà de toute croyance. Elle convient bien à l'homme séculier qui a pris ses distances vis-à-vis des structures religieuses ou qui, par défaut de croire, reste rivé à l'agnosticisme ou à l'athéisme. L'homme séculier est appelé à retrouver en lui-même les sources de la spiritualité. Ce n'est pas en tant que chrétien, musulman ou hindou qu'un individu emprunte le chemin spirituel, mais en tant qu'être humain tendu vers son accomplissement

5. Cité par Marie-Madeleine Davy, *Henri Le Saux*, p. 237.

intégral. La spiritualité ne vise pas à faire de meilleurs chrétiens ou de meilleurs hindous, mais de meilleurs humains. Devenant spirituel, je deviens plus humain et meilleur chrétien, même si le système ecclésiastique peut éventuellement me dénoncer comme impie, au nom de la normalité.

Cette conception de la spiritualité ne prive personne de la possibilité de se réaliser comme *homo spiritualis*. La spiritualité n'est plus une chasse gardée ou un fief réservé à une élite de croyants avancés ; elle est offerte à tous, aussi bien aux non-pratiquants, aux athées et aux agnostiques, qu'aux croyants et aux religieux. Mais je persiste à penser que l'ouverture à Dieu offre à la spiritualité un horizon plus large et une inspiration dynamisante. Mais la foi ne s'impose pas. Beaucoup de gens, pétris de sécularité, ne peuvent tout simplement pas croire. Faute de religion, il leur reste la spiritualité qui est une demeure fort spacieuse pour l'individu qui veut advenir dans son humanité.

Qu'il soit croyant ou non, l'*homo spiritualis* de la sécularité aura tout avantage à puiser à même le riche patrimoine spirituel de l'humanité. Si elle doit s'arrimer aux acquis de la culture moderne, la spiritualité est appelée à puiser aux grandes traditions spirituelles et religieuses et à se mettre à l'écoute des maîtres qui ont marqué l'humanité au coin de leur influence. Il n'est besoin d'être bouddhiste ni chrétien pour se référer à la spiritualité bouddhiste ou chrétienne et pour se nourrir des enseignements de Gautama ou de Jésus de Nazareth. Quelles richesses ne peut-on pas puiser dans ce patrimoine spirituel de l'humanité ? L'ancrage dans une grande tradition spirituelle mille fois éprouvée offre une protection efficace contre les dérives possibles de l'ébullition psycho-spirituelle contemporaine et contre les illusions inhérentes à toute démarche spirituelle. Entée sur le passé et greffée sur le présent, la nouvelle spiritualité sera en tension entre les appels de la tradition et les exigences d'ouverture à la culture actuelle. Ainsi elle pourra éviter de basculer dans la reprise conservatrice et intégriste d'un modèle passé, ou à l'inverse dans l'adoption naïve d'une spiritualité à la mode. Non à une restauration coupée du présent ; non à une innovation qui guillotine le passé. Ne peut être porteuse d'avenir que la spiritualité qui aime le présent sans mépris du passé, et le passé sans méfiance du présent.

II- Maître Jésus

Qu'advient-il de Jésus de Nazareth dans cette vision de la spiritualité? Ma réponse est claire: pour l'humanité toute entière, principalement pour l'Occident, Jésus est un incontournable. Certes on peut l'ignorer par stratégie ou par dépit, taire son nom par ignorance et ne « rien vouloir savoir de lui », comme on dit. Ou encore le dénoncer avec colère et lui en vouloir à mort. Qu'à cela ne tienne! Jésus reste un incontournable, tout autant d'ailleurs que l'héritage sociospirituel et religieux qu'il a laissé derrière lui. La référence à Jésus a façonné en grande partie la culture occidentale et fabriqué un modèle d'humanité qui a ses lettres de noblesse. Jésus est incontournable précisément parce qu'il est dans nos gènes psychoculturels, parce que nous sommes ses descendants spirituels. Et on ne peut renier impunément son ancêtre. Aucune spiritualité émergeant en Occident ne saurait feindre de l'ignorer.

On peut affirmer sans nuance que le « problème avec Jésus », c'est l'Église elle-même qui se réclame de lui et prétend véhiculer son message. Ce qui fait difficulté actuellement c'est le système chrétien et le Christ dogmatique qui en est une pièce maîtresse. Façonné à même des catégories philosophiques tombées en désuétude, le Christ dogmatique est devenu simplement incompréhensible; et parce que non compréhensible, il parait irraisonnable; et parce que non raisonnable, il semble relevé de l'irrationnel. Le mot Christ lui-même n'est plus compris de personne. Et que dire de tout ce discours ecclésiastique sur la divinité du Christ?

Que veut-on dire quand on parle de divinité du Christ. Cela signifie, dit-on, que Jésus est Dieu. Que veut dire: Jésus est Dieu? On répond en récitant le Credo: Il est né de Dieu, engendré, non pas créé, de même nature que le Père. Consubstantiel à Dieu, il est la seconde personne de la Trinité. Dieu fait chair: une personne divine en deux natures, divine et humaine, en deux intelligences, en deux volontés et en deux énergies. C'est l'union hypostatique. Avez-vous compris quelque chose? Non? Moi non plus. Personne ne sait plus trop ce que ces termes signifiaient dans la culture grecque, au moment où ils ont été utilisés en théologie. Et on continue de répéter ces formules hermétiques et, ce faisant, on pense croire à la divinité du Christ. M'est avis qu'on peut réciter tous les credo chrétiens et être un parfait hérétique.

Je pense que la foi est conditionnée par la compréhension. Le contenu de ma foi correspond à l'intelligence des mots ou des formules qui la disent. Si d'aventure je n'entends rien aux termes utilisés pour exprimer la divinité du Christ, qu'advient-il alors de ma confession de foi? Elle est intellectuellement vide. Ce disant, je n'entends pas limiter la foi à la raison; mais puisque la foi est aussi un acte de l'intelligence, elle suppose que son contenu soit raisonnable. Le raisonnable passe par la compréhension des termes utilisés. Il n'est pas suffisant de saisir l'intention profonde qui a présidé à la formulation des prononcés dogmatiques — bien que cela soit nécessaire. Il ne suffit pas non plus de proposer de nouvelles interprétations christologiques qui tiennent mieux compte de la culture actuelle — bien que cela aussi soit important. Ce qu'il faut, c'est une nouvelle formulation de la foi christologique qui réponde aux requêtes de l'intelligence contemporaine. Il n'est pas de mon propos d'exposer la mienne dans ces pages.

Je dirai simplement que la formulation dogmatique actuelle est une pierre d'achoppement pour bien des esprits, par ailleurs sympathiques à Jésus et à l'Église. Elle leur bloque l'accès à Jésus de Nazareth; elle met comme un écran entre Jésus et eux. Le Christ de la foi leur voile le Jésus de l'histoire. Et dire qu'on est prêt à perpétuer indéfiniment le scandale, sous prétexte qu'on ne peut tout simplement pas remplacer ni modifier des formules marquées du sceau de l'infaillibilité, même si elles sont devenues langue de bois[6].

Le Christ dogmatique est irrecevable, au dire de bien des gens, parce que rébarbatif aux catégories mentales contemporaines. Irrecevable également parce que trop moralisateur. Le Christ prêché par l'Église est l'instigateur d'une loi nouvelle, d'une morale plus raffinée et plus exigeante, réclamant l'obéissance inconditionnelle des fidèles. Pendant des siècles, les chrétiens se sont fait casser les oreilles par des prêches moralisatrices. On leur a imposé des fardeaux impossibles à porter; on les a assommés de prescriptions et d'interdits qui ne respectaient pas le jeu de la liberté et les exigences de la conscience morale. Il n'est pas de secteur, fut-il le plus intime, qui échappât au regard du Christ, grand inquisiteur et juge. Heu-

6. À la suite de Simone Weil, André Naud pense qu'il est urgent de procéder au « nettoyage philosophique de la religion catholique ». Voir *Les dogmes et le respect de l'intelligence*, Montréal, Fides, 2002, p. 95-116.

reusement que la Vierge Marie retenait le bras vengeur de son Fils ! Ce Christ sermonneur, rabat-joie, gêneur et trouble-fête, que j'aurais aimé ne l'avoir jamais connu ! C'est de lui que l'*homo spiritualis* contemporain détourne son visage. Un spectre aussi grimaçant ne peut trouver place dans la spiritualité.

Le Christ dogmatique et moralisateur est la propriété des clercs qui se sont tant chicanés à son sujet. Les controverses christologiques ont déchiré l'Église chrétienne jusqu'au VIIe siècle. Le nom du Christ a été dressé comme étendard par chacune des factions chrétiennes, en lutte les unes contre les autres. C'est toujours ainsi que se comportent les propriétaires. Il se déchirent pour dominer et s'emparer de tout. Se prétendant propriétaire exclusif de la seule image orthodoxe du Christ, chaque faction chrétienne a voulu l'imposer aux autres — ces vilains hérétiques —par la force des arguments, par les jeux de coulisse sinon par les armes. Tout esprit de possession mène à la division.

Le Christ dogmatique a domestiqué, limité, voire emprisonné Jésus de Nazareth qui échappe pourtant à toute définition. Son « qui suis-je ? » reste sans réponse, ou plutôt appelle de nombreuses réponses, selon les conditions sociales et les situations existentielles. Mais ces réponses restent toutes provisoires. Jésus lui-même n'a rejeté comme fausse aucune des réponses positives que ses contemporains ont données à son « qui suis-je ? ». Toute réponse subjective, si provisoire et limitée soit-elle, est pour l'individu la porte d'entrée dans le mystère de Jésus.

Après Garaudi, les contemporains réclament des chrétiens qu'ils se désapproprient du Christ et leur rendent Jésus. Jésus est à tous. Il appartient au patrimoine commun de l'humanité. Antérieur à toute tentative de formulation dogmatique, le Jésus historique est lui-même la norme du Christ de la foi. Il n'y a qu'un Jésus qui est juif, de religion juive ; mais il y a plusieurs christs ; aussi bien les christs blancs, noirs et amérindiens que les christs hindous, musulmans ou chrétiens. Le Christ c'est l'image positive et salutaire que chaque religion, chaque race et chaque individu se fait de Jésus de Nazareth. Et cette image est sculptée à même le matériau culturel et religieux de chaque individu et de chaque peuple. De toute évidence, Jésus doit trouver sa place dans la spiritualité à venir, même sous sa forme la plus séculière. L'*homo spiritualis* contemporain peut être incapable de se dire chrétien et de croire au Christ de l'Église; il ne peut pourtant pas élaborer sa spiritualité en faisant abstraction de l'incontournable Jésus. L'impossibilité de croire au Christ confessé par l'Église ne devrait empêcher personne d'avoir accès à la richesse insoupçonnée du grand spirituel de Nazareth, qualifié par ses contemporains de « rabbi » (Jn 1,38), de « rabbouni » (Mc 10,56), de « bon maître » (Mc 10,17) ou plus généralement de « maître » qui a le « secret de la vie éternelle » (Mc 10,17) et qui « enseigne les chemins de Dieu selon la vérité » (Mc 12,14).

Même le chrétien est invité à oublier les réponses christologiques, à mettre entre parenthèses (je ne dis pas : à nier) les grands titres attribués au Christ dogmatique : Dieu, Fils de Dieu, Seigneur, Christ, Fils de l'homme. Oublier un instant la réponse apprise pour découvrir la question qui l'a précédée.

Hélas ! la réponse a été apprise avant que la question n'ait été posée. Prendre le temps de laisser monter la question. Habiter la question aussi longtemps qu'il le faut. Avoir la patience de la question ; refuser de sauter à la réponse pour se rassurer. C'est la question qui dynamise et met en marche ; la réponse rassure et stoppe l'élan. D'ailleurs aucune réponse vraie ne vient jamais d'ailleurs que de soi, elle monte de soi en temps voulu quand la maturation est achevée. « Que dites-vous que je suis ? » La question de Jésus est posée à chacun en particulier et c'est à chacun d'y répondre personnellement. Ce que Jésus veut entendre, ce n'est pas la réponse officielle de la religion, mais celle qui monte du cœur de chacun. Toute réponse apprise qui ne sécrète pas de nouvelles questions risque d'obstruer la lumière de la vraie connaissance.

Oublier la réponse ecclésiastique officielle, mettre les grands titres christologiques entre parenthèses pour redécouvrir Jésus comme Maître spirituel et se constituer disciple en se glissant discrètement au milieu des douze qui l'entourent.

Être disciple, c'est faire de Jésus son contemporain et se faire soi-même contemporain de Jésus. Accompagner Jésus sur les routes, se mettre à l'écoute de sa parole, le découvrir dans sa qualité de Maître, c'est-à-dire reconnaître la vérité de son enseignement. Oublier ce que l'on sait du Christ et faire taire toutes les interprétations imposées au nom de la rectitude dogmatique. Redécouvrir Jésus comme maître pour que sa vie et son enseignement redeviennent une interpellation vitale et que son visage de feu, enfin dégagé de la vieille patine dogmatique, apparaisse dans sa vivacité éblouissante et sa force scandaleuse. Redécouvrir Jésus comme maître, c'est prendre l'attitude du disciple qui ne sait pas qui lui parle, mais qui est soucieux de découvrir la vérité de ses dires. Ce n'est pas l'autorité du maître qui confère la vérité à sa parole ; c'est la vérité de ses enseignements et de sa pratique qui confère l'autorité au maître. La reconnaissance de l'autorité d'un maître se fait toujours par consentement ; jamais par le droit et la force, ou pire par la séduction et l'argent. À mesure qu'on sonde la fécondité des paroles du Maître dans sa vie concrète et qu'on en vérifie la validité dans les situations limites, dans la même mesure on en reconnaît la vérité et l'autorité. En conséquence, on se trouve raisonnablement justifié de se constituer disciple et de se mettre à sa suite avec confiance, non pas en imitant et en calquant ce qu'il fait, mais en inventant sa vie à la lumière de ses enseignements et de sa pratique.

Cette confiance est fondée sur la reconnaissance que la voix de Jésus, Maître extérieur, correspond à la voix la plus authentique qui monte du tréfonds de moi. Le Maître extérieur sert à réveiller le Maître intérieur, le Christ en moi. Il me permet de discerner, dans la cacophonie publique et les balbutiements intérieurs, la voix (encore timide, au début) du Maître intérieur dont le magistère est appelé à s'affirmer de plus en plus distinctement. Jésus, le maître de Nazareth est le Maître du Christ intérieur qui devient mon seul Maître. « Vous n'avez qu'un seul Maître, déclare Jésus ; et c'est le Christ » (Mt 23,8). Je reçois son enseignement par la voie extérieure de sa parole dont l'Évangile est le signe, et par la voie intérieure de son Esprit.

Dom Henri Le Saux décrit bellement cette identification du Maître au disciple : « Trouver le Christ, c'est trouver soi. Tant que je contemplerai en moi un visage du Christ autre que mon visage, je n'aurai pas trouvé le Christ. Le Christ, en réalité, pour moi, c'est moi — mais moi naturellement “ressuscité”, en pleine possession de l'Esprit et en pleine possession par l'Esprit [...] Le Christ, c'est essentiellement l'éveil de l'homme à son origine *a Patre* : l'entrée de l'homme au plus profond de soi au-delà de son propre fond, de son propre soi[7]. »

7. *Ibid.*, p. 158 et p. 151.

Longtemps l'humanité de Jésus s'est estompée dans l'Église. Déjà aux premiers siècles sous l'influence de l'idéalisme grec, les tendances docètes et gnostiques ont contribué à affirmer la transcendance divine de Jésus au détriment de sa nature humaine. Puis tout au long du premier millénaire du christianisme, sous l'influence impériale, la figure du Christ *pantocrator* paré des insignes des empereurs romains a dominé l'imaginaire chrétien. Le Moyen Âge, avec François d'Assise surtout, a redécouvert l'humanité de Jésus, surtout sa condition pauvre et souffrante. S'est développée alors une image bipolaire de l'humble Jésus, centrée autour de sa mort sur la croix et de sa naissance dans une crèche. « Il est né pour mourir », disait-on. La naissance et la mort. L'entre-deux n'avait pas d'importance, car à la naissance s'était accomplie l'incarnation et sur la croix, la rédemption. Tout fut réalisé à ces deux moments. On n'avait que faire de l'entre-deux, de la vie de Jésus, puisqu'elle n'avait aucune portée salvifique déterminante. Aussi les traités de christologie étaient-ils presque entièrement muets sur l'aventure historique du Nazaréen.

Il a fallu attendre la deuxième moitié du XXe siècle pour que s'accomplisse dans l'Église catholique la redécouverte, non plus cette fois de l'humanité théorique de Jésus, mais du Jésus historique, conditionné spatio-temporellement. Jésus dans son temps; Jésus de son temps. L'intérêt s'est alors porté sur la trame concrète de son existence : son projet, ses dires, ses actions, sa lutte pour la justice, ses affrontements, ses tentations, sa relation à Dieu. L'image du prophète eschatologique proclamant l'imminence du Royaume s'est installée dans la conscience des chrétiens et a inspiré une spiritualité de type prophétique, marquée par la solidarité, l'option pour les pauvres et la lutte pour la justice. A été négligée une dimension importante de la vie historique de Jésus : sa vie intérieure. Jésus qui quitte sa famille et descend au Jourdain pour écouter Jean-Baptiste. Jésus qui se retire au désert pour être tenté. Jésus qui parle d'autorité. Jésus qui monte sur la montagne pour vivre la grande expérience du Thabor. Jésus qui se cache la nuit ou au petit matin pour prier. Jésus qui se dit seul à connaître vraiment le père. Jésus qui affronte l'angoisse à Gethsémani. Jésus qui fait l'expérience de l'abandon, de la nuit obscure et du nada. Voilà le Maître !

C'est cette figure de Jésus Maître qu'il faut redécouvrir. Un maître, c'est d'abord quelqu'un qui a vécu une expérience et qui parle de son fond. « On vous a dit ; eh bien ! moi je vous dis. » L'autorité du maître vient du témoignage personnel qu'il donne à la vérité qu'il enseigne. Jésus a frappé ses contemporains parce qu'il parlait de son propre fond, à la différence des scribes qui, eux, citaient les écritures autorisées.

La crédibilité de Jésus, d'où tire-t-elle son origine ? Elle ne peut pas venir d'une noble lignée d'ancêtres, car Jésus sort d'une femme sans statut social : autant dire qu'il ne vient de nulle part. Elle ne peut découler du prestige de sa ville ; car que peut-il sortir de bon de Nazareth ? Ni de son appartenance à la prestigieuse classe sacerdotale : il n'était pas de la bonne tribu. Ni de ses compétences théologiques : il n'avait pas fréquenté les écoles. Sa crédibilité vient de son propre fond, de sa propre non-signifiance sociopolitique, de sa proximité avec les petites gens, de son expérience de l'humble quotidienneté, de son regard sur les choses qui l'ont frappé d'étonnement et dans lesquelles il a aperçu une Présence étonnante et mystérieuse. Il s'est mis à l'école des petites gens et des choses ordinaires qui ont été son seul maître. Jamais d'aucun grand homme, sauf du Baptiste qu'il considérait comme le plus grand. On parle à son sujet des trente ans de vie obscure, recluse, cachée qui ont précédé sa prise de parole.

Pourtant Dieu sait si on a cherché ailleurs la crédibilité magistérielle de Jésus à Nazareth ! Les ésotéristes et les gnostiques contemporains, qui ont grand respect de Jésus comme Maître, ont joué d'imagination pour combler le silence des Évangélistes sur la vie cachée du Nazaréen. Selon la tradition gnostico-ésotérique, seul peut devenir maître celui qui a reçu l'initiation d'un autre Maître. L'image de Jésus grand Maître initié a été généralement ignorée des théologiens et des exégètes. Véhiculée par une immense littérature ésotérique, elle jouit d'une grande faveur populaire.

Jésus est vu par l'ésotérisme comme un des rares humains qui soient parvenus au sommet de la réalisation divine. À l'instar de Zoroastre, de Gautama, de Pythagore, d'Hermès et de Moïse, Jésus aurait atteint au plus haut degré de la conscience cosmique et divine. Il posséderait toute la sagesse, connaîtrait tous les principes et maîtriserait toutes les lois des mondes inférieurs et supérieurs. Aussi pouvait-il matérialiser le pain, changer l'eau en vin, guérir les malades, marcher sur les flots, apaiser les tempêtes et opérer des pêches miraculeuses.

D'où lui vient cette connaissance et cette maîtrise ? Comment Jésus les a-t-il acquises ? Non pas à la maison, ni à l'école, ni à la synagogue. Nulle part ailleurs que dans les cercles d'initiés. La littérature ésotérique aura l'imagination fertile pour combler la béance laissée ouverte par les Évangiles. On s'entend généralement pour dire qu'au cours des années qui vont de la naissance à son baptême, Jésus a fréquenté les plus grands maîtres et est passé à travers un long processus d'initiation.

Il est d'abord confié aux Esséniens avec lequel il vivra son enfance et sa jeunesse, fréquentant les grands maîtres et s'appropriant la tradition ésotérique des prophètes, les lois de la Kabbale (Suarez), les mystères des Égyptiens (Besant) et les enseignements de la Grande Fraternité blanche (S. Levis). En temps voulu, Jésus se met en route et parcourt le monde (Égypte, Perse, Grèce, Tibet, Inde) à la recherche des Grands Maîtres. Au cours de ses pérégrinations, il est soumis à plusieurs rites initiatiques qui marquent les étapes de son évolution spirituelle et de sa réalisation cosmique et divine. S'étant approprié toute l'antique sagesse des initiés, Jésus est prêt à être sacré Maître en recevant l'ultime illumination. Cela se passa, aux dires des Rosicruciens, dans la pyramide de Kheops. Jésus avait trente ans. La légitimité et l'autorité du Maître de Nazareth lui viendraient de ce long processus d'initiation.

Dans mon livre *La légende du Grand Initié*, j'ai réagi vivement à cette vision ésotérique de Jésus qui, à mon avis, repose plus sur la fantaisie et l'idéologie que sur l'étude historico-critique des sources disponibles[8]. Je prends, quant à moi, la contrepartie de cette conception imaginaire et j'affirme que le Maître de Nazareth n'avait aucune lettre de créance à exhiber. Il ne pouvait donner aucun signe de la crédibilité de ses paroles, sauf l'efficacité de sa parole elle-même qui produit la vie et fait accéder à la liberté. Il ne pouvait répondre à la question « Par quelle autorité fais-tu cela ? » que par une question concernant le baptême de Jean. De fait, le Maître de Nazareth était un non-érudit — pour ne pas dire un ignorant —, un simple arti-

8. Voir Richard Bergeron, *La légende du Grand Initié*, Montréal, Fides, 1991.

san sorti d'une humble bourgade. La seule justification qu'il pouvait donner, c'était de pointer vers ce que sa parole produit : des gens accèdent à la santé (les malades), d'autres à la libération (Marie-Madeleine), d'autres au pardon (la femme adultère), d'aucuns surmontent leur peur et s'ouvrent à la confiance (Nicodème), d'autres découvrent le goût du partage (Zachée), d'aucuns sont ébranlés dans leurs sécurités (les prêtres), d'autres sont indignés par sa convivialité avec les pêcheurs (les pharisiens). L'efficacité et la fécondité de la parole de Jésus sont la jauge de sa vérité. Maître Jésus a raison de pointer vers elle.

À la question de son autorité, Jésus répond en faisant référence au baptême de Jean. Si le baptême de Jean est de Dieu, cela signifie que l'autorité de Jésus est de Dieu, elle aussi. Pourquoi ? Parce que Jésus a été le disciple de Jean et qu'il a vécu sa grande expérience lors de son baptême dans le Jourdain. En quittant la Galilée de son enfance, Jésus se constitue disciple de Jean. Pendant un laps de temps dont la longueur nous est inconnue, il vivra avec Jean qu'il considère comme son maître. À travers l'enseignement du Baptiste, Jésus s'arrime à la tradition prophétique et apocalyptique d'Israël qui sera sa demeure spirituelle.

Jésus n'est pas le Maître d'une élite d'initiés. Il le déclare lui-même : « je n'ai rien dit en secret ». Il parle en public et s'adresse à tous sans discrimination et sans faire acception des personnes. Bien qu'il se sente appelé pour enseigner à Israël, il parle aussi aux païens de Tyr et de Sidon, aux citoyens de la Décapole et aux hérétiques de Samarie. Il n'est arrêté par aucune appartenance nationale et religieuse. Pas besoin d'être de religion juive pour écouter le Maître de Nazareth. Bien qu'il se sente envoyé pour adresser la parole aux pauvres, aux maganés et aux victimes des pouvoirs établis, il parle aussi aux pharisiens et aux théologiens, aux prêtres et aux lévites, aux riches et aux puissants, aux femmes et aux enfants. Personne n'est exclu. Il n'y a pas de conditions pour être disciple. Rien. Ni le savoir, ni la vertu, ni le statut social, ni la qualité spirituelle, rien n'est exigé comme prérequis pour être admis à l'école de Maître Jésus.

« Quand le disciple est prêt, le maître se présente ». Tel est l'axiome ésotérique que Jésus renverse en déclarant : « Quand le maître est prêt, le disciple se présente ». Maître Jésus ne fait passer aucun examen d'entrée à ses futures disciples. Il les prend tels qu'ils sont dans leur état de samaritain, de pêcheur, de publicain ou de prostituée. Quand le maître est prêt… « Ce n'est pas vous qui m'avez choisi, déclare Jésus à ses disciples, c'est moi qui vous ai choisis » (Jn 15,16). La gloire d'un maître, c'est sa couronne de disciples. Jésus retourne la gloire au Père : « Ce qui glorifie mon Père, c'est que vous soyez pour moi des disciples » (Jn 15,8).

Encore aujourd'hui Maître Jésus ne pose aucune condition discriminante. Sa parole est pour tous et pas seulement pour les chrétiens. Elle s'adresse toujours en priorité aux pauvres et aux maganés, qu'ils soient justes ou mécréants, qu'ils soient musulmans, bouddhistes ou catholiques. Il est urgent de redécouvrir Jésus comme Maître universel lié à aucune croyance ou appartenance. La spiritualité à venir, même sous sa forme la plus séculière, est invitée à se mettre à l'écoute de sa parole.

Le Maître précède toujours le disciple. Jésus de Nazareth est avant l'Église : il est antérieur à la réponse que les premiers chrétiens ont donnée à son enseignement. De fait cette réponse n'est ni homogène ni monolithique ; elle s'exprime dans le Nouveau Testament selon trois grands modèles bien caractérisés : le modèle évangélique, proposé dans les Synoptiques ; le modèle apostolique, rencontré dans les Épîtres et les Actes ; et le modèle mystique présenté dans les écrits johanniques. Chaque type de réponse comporte de surcroît une palette de nuances selon les auteurs.

Je ne suis pas naïf au point de penser qu'on puisse sauter à pieds joints par-dessus vingt siècles d'histoire et croire qu'il est possible de se brancher directement sur le Maître de Nazareth en faisant fi de toute une tradition d'interprétation. Ce n'est qu'à l'intérieur des réponses variées données par les disciples que le message de Jésus est parvenu à nos oreilles modernes. Même si le message est indissociable des réponses qu'il a reçues, il n'en demeure pas moins qu'on doive les distinguer comme deux moments constitutifs d'une même révélation. Grâce aux méthodes exégétiques appropriées et aux nombreuses sciences connexes (histoire, archéologie, anthropologie culturelle, linguistique, etc.) il est possible de remonter de la réponse de foi à l'enseignement de Maître Jésus lui-même. La recherche critique a accompli des avancées remarquables et opéré des acquis précieux sur le Jésus historique. S'il reste toujours difficile d'identifier dans les écrits évangéliques les *ipsissima verba Jesu*, les paroles mêmes de Jésus, on peut quand même affirmer avec certitude que les Évangiles révèlent le genre de Maître que Jésus a été, le genre de paroles qu'il a dites et le genre d'actions qu'il a posées.

Les Évangiles sont un écho fidèle de la voix du Maître. En les fréquentant, l'*homo spiritualis* contemporain peut y percevoir un message antique aux résonances nouvelles et y apporter une réponse originale, inédite. Toutes les réponses n'ont pas encore été données à la parole de Jésus. À l'instar de la culture grecque, au premier siècle de notre ère, la culture séculière est appelée à formuler sa propre réponse bien à elle. J'ai la certitude que le message de Maître Jésus contient des éléments très utiles pour l'élaboration d'une spiritualité porteuse d'avenir pour l'humanité[8].

8. Je signale les efforts de Gertrude Giroux pour ressusciter avec intelligence la figure de Jésus comme Maître. Voir ses deux ouvrages : *Jésus, l'homme avant l'Église,* Montréal, Éditions Carte blanche, 1998 ; et *Jésus, Maître spirituel,* Montréal, Éditions Carte blanche, 2000.

CONCLUSION

De conclusion, il n'y a point.

C'est à toi de la buriner dans le vif de ta chair et de la tracer dans le sable mouvant de ta vie.

Je t'ai offert un cadre générique dans l'espoir de t'aider à te déchiffrer comme *homo spiritualis*, à nommer ta vie spirituelle et à édifier ta propre spiritualité.

À quoi te servirait de connaître la route si tu ne t'y engages point ?

Maître Jésus te dit : « Lève-toi, prends ton grabat et marche. »

À toi de répondre : « Oui je me lèverai et j'irai vers moi-même, jusqu'au bout de moi-même, là où j'existe comme fils du Père. »

TABLE DES MATIÈRES